EL SUTRA DEL CORAZÓN

Convertirse en un
buda a través de
la meditación

El sutra del corazón

Colección: Osho Classics

Título original:
The Heart Sutra

© 1978. Osho International Foundation www.osho.com/copyrights

© De la traducción, Osho International Foundation

© 2026. De esta edición, **Ordinal LLC**

El material de este libro es una transcripción de una serie de conferencias llamadas *The Heart Sutra* que dio Osho en público. Todos los textos de Osho han sido publicados íntegramente en inglés y también están disponibles las grabaciones originales en audio. Ambas se pueden encontrar on-line en la biblioteca de la www.osho.com.

D.R. © 2026, derechos de edición en español | **Ordinal LLC**

Ordinal LLC – USA
www.ordinalbooks.com

Diseño de portada: Manuel Hernández
Diseño de interiores: Janduy Barreto
Cuidado de la edición: Yeana González
Daniella Gama | Karla Hernández

D.R. © Ordinal LLC

ISBN: 978-1-972050-07-1

EL SUTRA DEL CORAZÓN

Convertirse en un buda a través de la meditación

CONTENIDO

Capítulo 1

Los perdedores son los únicos que ganan en este juego

1. Om namo Bhagavatyai Arya-Prafnaparamitayai!

¡Homenaje a la perfección de la sabiduría, la adorable, la sagrada!

*2. Arya-Avalokitesvaro bodhisattvo gambhiram
prajnaparamitacaryam caramano vyavalokayati sma:
panca-skandhas tams ca svabhavasunyan pasyati sma.*

*Avalokita, el sagrado señor y bodhisattva, se internaba
en el profundo curso de la sabiduría que ha ido más allá.
Miró hacia abajo desde la altura, sólo vio cinco elementos,
y vio que en su propio ser estaban vacíos.*

Saludo al buda que hay en ti. Puede que no seas consciente de ello, puede que ni siquiera lo hayas soñado —que eres un Buda, que nadie puede ser otra cosa, que el estado de buda es el centro esencial de tu ser, que no es algo que tiene que suceder en el futuro, que ya ha sucedido—. Es la fuente de la que tú procedes; es la fuente y también la meta. Procedemos del estado de buda y vamos hacia él. Esta sola expresión «Estado de buda» lo contiene todo —el círculo completo de la vida, del alfa al omega.

Pero estás profundamente dormido, no sabes quién eres. No es que tengas que convertirte en un buda, sino únicamente tienes que reconocerlo, tienes que volver a tu propia fuente, tienes que mirar dentro de ti mismo. Una confrontación contigo mismo revelará tu estado de buda. El día que uno llega a verse a sí mismo, toda la existencia se ilumina. ¿Cómo puede una persona iluminarse? La idea misma de ser una persona es parte de la mente no iluminada. No es que yo me haya iluminado; uno tiene que abandonar el «yo» antes de poder iluminarse, así que ¿cómo puedo «yo» iluminarme? Es absurdo. El día que yo me iluminé, toda la existencia se iluminó. Desde ese momento no he visto otra cosa que budas —de muchas formas, con muchos nombres, con mil y un problemas, pero budas a pesar de todo. Así que saludo al buda que hay en ti.

Me alegra inmensamente el que tantos budas se hayan reunido aquí. El mero hecho de que hayan venido a mí a este lugar es el principio del reconocimiento. El respeto que hay en tu corazón por mí, el amor por mí que hay en tu corazón, es respeto y amor por tu propio estado de buda. La confianza en mí no es confianza en algo extrínseco a ti, la confianza en mí es confianza en ti mismo. Confiando en mí, aprenderás a confiar en ti mismo. Acercándote a mí, te acercarás a ti mismo. Sólo hay que lograr un reconocimiento. El diamante está ahí —te has olvidado de él, o nunca te has acordado de él desde el principio.

Hay un dicho muy conocido de Emerson: «El hombre es Dios en ruinas». Estoy y no estoy de acuerdo. La visión contiene algo de verdad —el hombre no es como debería de ser—. La visión está ahí, pero un poco trastocada. El hombre no es Dios en ruinas, el hombre es Dios haciéndose, el hombre es un Buda empezando a desarrollarse. El brote está ahí, puede florecer en cualquier momento: con sólo un poco de esfuerzo, con sólo un poco de ayuda. Y esta ayuda no va a producirlo —¡ya está ahí!—. Tu esfuerzo sólo te lo va a revelar, es una ayuda para descubrir lo que está ahí, escondido. Es un descubrimiento, pero la verdad ya está ahí. La verdad es eterna.

Escucha estos sutras porque son los más importantes de la extensa literatura budista. Por eso se los llama *El sutra del corazón*, es el auténtico corazón del mensaje budista.

Pero me gustaría empezar desde el principio. Sólo desde este punto de vista se hace el Budismo relevante: permite que tu corazón sepa que eres un buda. Ya sé que puede parecer presuntuoso, puede parecer muy hipotético, no puedes confiar en ello totalmente. Es natural. Lo comprendo. Pero permite que se aposente como una semilla. En torno a ese hecho comenzarán a suceder muchas cosas, y sólo en torno a ese hecho podrás comprender estos sutras. Son inmensamente poderosos —muy pequeños, muy condensados, como semillas—. Pero en este terreno, con esta visión en la mente: que eres un buda, que eres un buda floreciendo, que eres potencialmente capaz de convertirte en uno, que nada falta, que todo está listo, que sólo hay que poner las cosas en el orden correcto; que es necesario ser un poco más consciente, que se necesita un poco más de consciencia... El tesoro está ahí; tienes que traer una pequeña lámpara a tu casa. Una vez que la oscuridad desaparezca dejarás de ser un mendigo, serás un buda. Serás un soberano, un emperador. Todo este reino es para ti y lo es por pedirlo; sólo tienes que reclamarlo. Pero no puedes reclamarlo si crees que eres un mendigo. No puedes reclamarlo, no puedes ni siquiera soñar con reclamarlo, si crees que eres un mendigo. Esa idea de que eres un mendigo, de que eres ignorante, de que eres un pecador, ha sido predicada desde tantos púlpitos a través de los tiempos, que se ha convertido en una profunda hipnosis en ti. Esta hipnosis debe ser desbaratada. Para romperla, comienzo con: Saludo al buda que hay en ti.

Para mí, son budas. Todos tus esfuerzos para iluminarte son ridículos si no aceptas este hecho básico. Esto tiene que convertirse en un entendimiento tácito, ¡que tú eres eso! Éste es el comienzo *apropiado*, de otra forma te extraviarás. Éste es el comienzo apropiado. Comienza con esta visión, y no te preocupes porque esto vaya a crear algún tipo de ego —que «Yo soy un buda»—. No te preocupes, porque todo el proceso de *El sutra del corazón* te pondrá muy claro que el ego es la única cosa que no existe —¡la *única* cosa que no existe!—. Todo lo demás es real.

Ha habido guías que dicen que el mundo es ilusorio y el alma es existencial —el «yo» es verdadero y todo lo demás es ilusorio, *maya*—. Buda dice justo lo contrario; asegura que sólo el «yo» no es verdadero y todo lo demás es real. Y estoy más de acuerdo con Buda que con el otro punto de vista. La visión de Buda es muy penetrante, la más penetrante. Nunca nadie ha penetrado en esos reinos, profundidades y alturas de la realidad.

Pero comienza con esta idea, con este clima en torno a ti, con esta visión. Deja que quede proclamado a todas las células de tu cuerpo y a todos los pensamientos de tu mente; deja que quede proclamado a cada rincón y esquina de tu existencia, que «¡yo soy un buda!». Y no te preocupes por el «yo». ya nos ocuparemos de él.

«Yo» y «estado de Buda» no pueden existir juntos. Una vez que el estado de Buda queda revelado, el «yo» desaparece, de la misma forma que la oscuridad desaparece cuando entra una luz.

Antes de comentar los sutras, una pequeña armazón, una pequeña estructura facilitará la comprensión.

Las antiguas escrituras budistas hablan de siete templos. De la misma forma que los sufíes hablan de siete valles, y los hindúes hablan de siete chacras, los budistas hablan de siete templos.

El primer templo es el físico, el segundo templo es psicosomático, el tercer templo es psicológico, el cuarto templo es psicoespiritual, el quinto templo es espiritual, el sexto templo es espiritual-trascendental y el séptimo, el supremo —el templo de los templos—, es el trascendental.

Los sutras pertenecen al séptimo. Son declaraciones de alguien que ha entrado en el séptimo templo, el trascendental, el absoluto. Ése es el significado de la palabra sánscrita, *pragyaparamita* —la sabiduría del más allá, desde el más allá, en el más allá; la sabiduría que llega sólo cuando has trascendido todos los tipos de identificaciones —más bajas o más altas, más o menos mundanas; cuando has trascendido todos los tipos de identificaciones, cuando no estás identificado en absoluto, cuando sólo queda una llama pura de consciencia sin humo a su alrededor. Es por eso por lo que los budistas veneran este librito, este libro tan pequeño. Y lo han llamado El sutra del corazón —el mismísimo corazón de la religión, la mismísima médula.

El primero —el físico— puede corresponder en el mapa hindú al *chakra muladhar*; el segundo —el psicosomático—, al *chakra svadisthan*; el tercero —el psicológico—, al *manipura*; el cuarto —el psicoespiritual—, al *anahatta*; el quinto —el espiritual—, al *vissudha*; el sexto —el espiritual-trascendental—, al *agya*, y el séptimo —el trascendental—, al *sahasrar*. *Sahasrar* significa loto de los mil pétalos. Ése es el símbolo del florecimiento supremo: nada ha quedado oculto, todo se ha hecho patente, manifiesto. El loto de los mil pétalos se ha abierto, todo el cielo está lleno de su fragancia, su belleza, su bendición.

En el mundo moderno ha comenzado una gran búsqueda del más profundo núcleo del ser humano. Será bueno comprender hasta dónde nos conducen los esfuerzos modernos.

Pavlov, B. F. Skinner y los otros conductistas siguen girando alrededor del físico, el *muladhar*. Creen que el hombre es sólo el cuerpo. Se enredan demasiado en el primer templo, se enredan demasiado con lo físico, olvidan todo lo demás. Esa gente está intentando explicar al hombre tan sólo a través de lo físico, lo material. Esta actitud se convierte en un obstáculo, porque no están abiertos. Cuando ya desde el comienzo niegas —no hay nada más que el cuerpo—, entonces niegas la exploración misma. Esto se convierte en un prejuicio. Un comunista, un marxista, un conductista, un ateo —la gente que cree que el hombre es sólo el cuerpo —su misma creencia cierra las puertas a realidades más altas. Se vuelven ciegos. Y lo físico está ahí, lo físico es lo más aparente; no necesita pruebas. El cuerpo físico está ahí, no necesita probarlo. Como no necesita ser probado, se convierte en la única realidad. Eso es una tontería. Entonces el hombre pierde toda dignidad. Si no hay nada en lo cual crecer o hacia lo que crecer, no puede haber ninguna dignidad en la vida. Entonces el hombre se vuelve una cosa. Entonces no eres una apertura, entonces nada más va a sucederte —eres un cuerpo: comerás y defecarás, y comerás y harás el amor y producirás niños, y esto continuará y continuará, y un día mueres.

Una repetición mecánica de lo mundano, lo trivial — ¿cómo puede haber algún sentido, algún significado, alguna poesía? ¿Cómo puede haber alguna danza?

Skinner ha escrito un libro, *Más allá de la libertad y la dignidad*. Debería llamarse «Más *abajo* de la libertad y la dignidad», no más allá. Está por debajo, es el punto de vista más bajo sobre el hombre, el más feo. No hay nada malo en lo que al cuerpo se refiere, recuerda. No estoy en contra del cuerpo, es un bello templo. La fealdad aparece cuando piensas que eso lo es todo.

El hombre puede concebirse como una escalera con siete peldaños, y tú te identificas con el primer peldaño. Entonces no vas a ningún sitio. Y la escalera está ahí, y la escalera es un puente entre este mundo y el otro; la escalera es un puente entre la materia y Dios. El primer peldaño es perfectamente bueno si se usa en relación con la escalera completa. Si funciona como un primer peldaño es inmensamente bello: deberíamos estar agradecidos al cuerpo. Pero si comienzas a venerar al primer peldaño y te olvidas de los seis restantes, y te olvidas de que existe la escalera completa, y te cierras, te confinas al primer peldaño, entonces ya no es un peldaño en absoluto. Porque un peldaño es un peldaño sólo cuando conduce a otro peldaño. Un peldaño es un peldaño sólo cuando forma parte de una escalera. Si ya no es un peldaño, estás estancado en él. Por eso, la gente que es materialista está siempre estancada, siempre siente que falta algo, no siente que está yendo a algún sitio. Dan vueltas, se mueven en círculos, y llegan una y otra vez al mismo punto. Se cansan y aburren. Empiezan a considerar cómo suicidarse. Y su único esfuerzo en la vida es encontrar alguna sensación, para que algo nuevo pueda suceder. Pero ¿qué es lo «nuevo» que puede suceder? Todas las cosas con las que seguimos ocupados no son más que juguetes con los que entretenerse.

Piensa en estas palabras de Frank Sheed: «El alma del hombre llora clamando por un propósito o significado. Y el científico dice: "Aquí está el teléfono". O, "¡Mira, la televisión!" —exactamente igual que cuando uno trata de distraer a un niño, que llora llamando a su madre, ofreciéndole golosinas o haciéndole muecas graciosas. La saltarina corriente de la invención ha funcionado extraordinariamente bien para mantener al hombre ocupado, para alejarlo del recuerdo de eso que lo está perturbando».

Todo lo que te ha proporcionado el mundo moderno no es otra cosa que golosinas, juguetes con los que entretenerte —y tú llorabas llamando a tu madre, llorabas pidiendo consciencia y llorabas pidiendo algún significado en la vida—. Y ellos dicen, «¡Mira! El teléfono.

¡Mira! La televisión. ¡Mira! Hemos traído muchas cosas bonitas para ti». Y juegas un poco, y de nuevo estás harto, de nuevo te aburres, y de nuevo siguen ellos buscando juguetes para que tú juegues.

Este estado de cosas es ridículo. Es tan absurdo que parece casi incomprensible cómo seguimos viviendo en él. Hemos quedado atrapados en el primer peldaño.

Recuerda que estás en el cuerpo, pero no eres el cuerpo; permite que esto sea una consciencia continua en ti. Vives en el cuerpo, y el cuerpo es una bella morada. Recuerda, ni por un momento estoy insinuando que te hagas anti-cuerpo, que comiences a negar el cuerpo como los mal llamados espiritualistas han hecho a lo largo de los siglos. Los materialistas siguen pensando que el cuerpo es todo lo que hay, y hay gente que se va al extremo opuesto y empieza a decir que el cuerpo es ilusorio, ¡que el cuerpo no existe! «Destruye el cuerpo para que la ilusión se destruya y puedas llegar a ser realmente real».

Este otro extremo es una reacción. El materialista crea en el espiritualista su propia reacción, pero forman pareja en el mismo asunto; no son personas muy diferentes. El cuerpo es bello, el cuerpo es real, el cuerpo tiene que ser vivido, el cuerpo tiene que ser amado. El cuerpo es un gran regalo de Dios. No estés ni por un solo momento en contra del cuerpo y ni por un solo momento pienses que eres sólo él. Eres mucho más grande. Usa el cuerpo como una rampa de lanzamiento.

El segundo es psicosomático, *svadisthan*.

El psicoanálisis freudiano funciona ahí. Se eleva un poco más que Skinner y Pavlov. Freud penetra un poco más en los misterios de lo psicológico. No es tan sólo un conductista, pero nunca va más allá de los sueños. Continúa analizando los sueños.

El sueño existe como una ilusión en ti. Es indicativo, es simbólico, tiene un mensaje del inconsciente para ser revelado al consciente. Pero no tiene sentido quedarse atrapado en él. Usa el sueño, pero no te conviertas en el sueño. Tú no eres el sueño.

Y no hay necesidad de armar tanto lío acerca de ello, como siguen haciendo los freudianos. Todo su esfuerzo parece estar moviéndose en la dimensión del mundo de los sueños. Toma nota de tus sueños, adopta un punto de vista clarísimo respecto a ellos, comprende su mensaje, y realmente no hay necesidad de acudir a nadie para que los analice. Si tú no puedes analizar tus sueños, nadie más puede, porque tu sueño es tu sueño. Y tu sueño es tan personal que nadie más puede soñar de la forma que tú sueñas. Nadie ha soñado nunca tal como tú sueñas, nadie soñará jamás tal como tú sueñas. Nadie puede explicártelo. Su interpretación será su interpretación. Sólo tú puedes examinarlo. Y en realidad no hay necesidad de analizar los sueños: mira el sueño en su totalidad, con claridad, con atención, y verás el mensaje. ¡Es tan llamativo! No hay necesidad de acudir al psicoanalista durante tres, cuatro, cinco, siete años.

Una persona que sueña cada noche y por el día va al psicoanalista para ser analizada, con el tiempo se ve rodeada de material onírico. De la misma forma que el primero se volvía demasiado obsesionado con el *muladhara*, lo físico, el segundo se vuelve demasiado obsesionado con lo sexual. Porque el segundo —el reino de la realidad psicosomática— es sexo. El segundo comienza a interpretarlo todo en términos de sexo. Cualquier cosa que hagas, ve a ver al freudiano y él lo reducirá a sexo. Para él no existe nada más elevado. Vive en el lodo, no cree en el loto. Si le traes una flor de loto, la mirará y la reducirá a lodo. Dirá: «Esto no es nada, es sólo sucio lodo. ¿Es que no ha salido del sucio lodo? Si ha salido del sucio lodo entonces tiene que ser sucio lodo». Reduce todas las cosas a su causa, y eso es lo real.

De esta forma, todos los poemas son reducidos a sexo. Todo lo bello es reducido a sexo y perversión y represión. ¿Miguel Ángel es un gran artista? —entonces su arte tiene que ser reducido a algo sexual—. Y los freudianos llegan a extremos absurdos. Afirman: Miguel Ángel o Goethe o Byron, todas sus grandes obras de arte que llevan tanta alegría a millones de personas, no son otra cosa que sexo reprimido —quizá Goethe intentó masturbarse y se lo impidieron.

A millones de personas les han prohibido masturbarse, pero no se han transformado en Goethes. Es absurdo. Pero Freud es el maestro del mundo del cuarto de baño. Vive allí, ese es su templo. El arte se convierte en patología, la poesía se convierte en patología, todo se convierte en perversión. Si el análisis freudiano triunfase no habría Kalidas, ni Shakespeare, ni Miguel Ángel, ni Mozart, ni Wagner, porque todo el mundo sería normal. Estos son gente anormal. Según Freud, estos son gente psicológicamente enferma. Los más grandes quedan reducidos a los más bajos. Según Freud, Buda está enfermo —porque hable de lo que hable no es otra cosa que sexo reprimido.

Este enfoque reduce la grandeza humana a fealdad. Ojo con esto. Buda no está enfermo; en realidad, Freud está enfermo. El silencio de Buda, la alegría de Buda, la celebración de Buda —no es enfermedad, es el florecimiento completo del bienestar.

Pero para Freud la persona normal es la que nunca cantó una canción, la que nunca bailó, la que nunca celebró, nunca oró, nunca meditó, nunca hizo nada creativo, la que es simplemente normal: va a la oficina, vuelve a casa, come, bebe, duerme y muere; no deja ningún rastro de su creatividad, no deja ni una sola firma en algún sitio. Este hombre normal sería alguien muy mediocre, lerdo y muerto. Existe la sospecha de que como Freud no pudo crearse a sí mismo —era una persona sin creatividad— estuvo condenando la creatividad misma como patología. Todo parece indicar que era una persona mediocre. Es su mediocridad la que se siente ofendida por toda la gente grande del mundo.

La mente mediocre intenta reducir toda grandeza. La mente mediocre no puede aceptar que pueda haber algún ser más grande que él. Eso duele. Es una venganza del mediocre, todo este psicoanálisis y su interpretación de la vida humana. Cuidado con ello. Es mejor que el primero, sí, un poco más avanzado que el primero, pero hay que seguir, y seguir más y más allá.

El tercero es el psicológico. Adler vive en el mundo de lo psicológico, la voluntad de poder; al menos algo —muy egoísta, pero al menos algo; un poco más abierto que Freud—. Pero el problema es que, de la misma forma que Freud lo reduce todo a sexo, Adler va reduciéndolo todo al complejo de inferioridad. La gente intenta hacerse grande porque se siente inferior. Una persona que intenta iluminarse es una persona que se siente inferior, y una persona que intenta iluminarse es una persona que está en un «sueño de poder». Esto está absolutamente equivocado, porque hemos visto personas —Buda, Cristo, Krishna...— tan absolutamente entregadas, que sus conductas no pueden ser calificadas de «sueños de poder». Y cuando Buda florece no tiene ideas de superioridad en absoluto. Reverencia a la totalidad de la existencia. No tiene ninguna idea de ser más sagrado que nadie, en absoluto. Todo es sagrado, incluso el polvo es divino. No, no está considerándose superior, y no está luchando para hacerse superior. No se sentía inferior en absoluto. Había nacido rey; no había ningún problema de inferioridad. Estaba en la cumbre desde el principio, no había ningún problema de inferioridad. Era el hombre más rico del país, el hombre más poderoso de su país: no había más poder que conseguir, más riquezas que conseguir. Era uno de los hombres más bellos que han nacido en esta Terra, su amada era una de las mujeres más hermosas. Todo estaba a su alcance.

Pero Adler seguiría buscando alguna inferioridad porque no podía creer que un hombre pueda tener otra meta que el ego.

Es mejor, mejor que Freud, un poco más elevado. El ego está un poco más alto que el sexo; no mucho más, pero sí un poco más alto. El cuarto es psicoespiritual, *anahatta*, el centro del corazón. Jung, Assagioli y otros penetran en este reino. Van más alto que Pavlov, Freud, Adler, abren más posibilidades. Aceptan el mundo de lo irracional, el inconsciente. No se limitan a la razón. Son gente más razonable —aceptan también la sinrazón—. No niegan lo irracional sino que lo aceptan. Aquí es donde la psicología moderna se detiene —en el cuarto peldaño—. Y el cuarto peldaño está justo en la mitad de la escalera: tres peldaños por este lado y tres peldaños por el otro.

La psicología moderna no es todavía una ciencia completa. Está a medio camino, colgando. Es muy inestable, no está segura de nada. Es más hipotética que experiencial. Está aún luchando por existir.

El quinto es el espiritual: islam, hinduismo, cristianismo —las religiones organizadas de masas permanecen estancadas en el quinto—. No van más allá del espiritual. Todas las religiones organizadas, las iglesias, se quedan ahí.

El sexto es el espiritual-trascendental —yoga y otros métodos—. Por todo el mundo, a lo largo de los siglos, se han desarrollado muchos métodos que se parecen menos a una iglesia organizada, que no son dogmáticos sino más experienciales. Tienes que hacer algo con tu cuerpo y tu mente; tienes que crear una cierta armonía dentro de ti para que puedas cabalgar en esa armonía, para que puedas montarte en esa nube de armonía y alejarte mucho de tu realidad ordinaria. El yoga puede incluir todo esto; eso es el sexto.

Y el séptimo es el trascendental: Tantra, Tao, Zen. La actitud de Buda pertenece al séptimo —*pragyaparamita*—. Significa sabiduría que es trascendental, sabiduría que llega a ti sólo cuando todos los cuerpos han sido atravesados y te has convertido en pura consciencia, sólo un testigo, pura subjetividad.

A no ser que el hombre alcance el trascendental, tendrá que ser provisto de juguetes, golosinas. Tendrá que ser provisto de falsos significados.

El otro día encontré un anuncio de un coche norteamericano. Decía —mostrando un bello coche—, encima del coche «Algo en lo que creer».

¡El hombre nunca ha caído tan bajo! Algo en lo que creer... ¿crees en un coche? Sí, la gente cree en sus casas, la gente cree en sus coches, la gente cree en sus cuentas bancarias. Si miras alrededor, te sorprenderás —Dios ha desaparecido, pero la creencia no ha desaparecido—. Dios ya no está allí: ¡ahora hay un Cadillac o un Lincoln! Dios ha desaparecido, pero el hombre ha creado nuevos dioses —Stalin, Mao—. Dios ha desaparecido y el hombre ha creado nuevos dioses —estrellas de cine.

Esta es la primera vez en la historia de la consciencia humana que el hombre ha caído tan bajo. E incluso si a veces te acuerdas de Dios, sólo es una palabra vacía. Quizá cuando tienes dolor, quizá cuando estás frustrado, entonces usas a Dios —como si Dios fuese una aspirina—. Eso es lo que las llamadas religiones te han hecho creer; dicen: «Toma Dios tres veces al día y no sentirás ningún dolor». Dios no es una aspirina. Dios no es un calmante. Pero en cuanto tienes dolor te acuerdas de Dios.

Algunos pocos recuerdan a Dios habitualmente, otros pocos recuerdan a Dios profesionalmente. Un sacerdote lo recuerda profesionalmente. No tiene nada que ver con Dios, le pagan por ello. Se ha hecho eficiente. Unos pocos recuerdan a Dios habitualmente, otros profesionalmente, pero nadie parece recordar a Dios con profundo amor. Algunos invocan Su nombre cuando son desdichados; nadie Lo recuerda cuando está alegre, celebrando. Y ese es el momento adecuado para recordar —porque estás cerca de Dios cuando estás alegre, inmensamente alegre—. Cuando eres desdichado, estás lejos; cuando eres desdichado, estás cerrado. Cuando eres feliz, estás abierto, fluyendo; puedes estrechar la mano de Dios.

Tú recuerdas habitualmente porque te lo han enseñado ya desde la infancia. Se ha convertido en una especie de hábito, como fumar: si fumas habitualmente, no disfrutas mucho; si no te acuerdas de Dios cada mañana, cada tarde, no consigues nada, porque la rememoración no es del corazón, es sólo verbal, mental, mecánica. Pero si no recuerdas, empiezas a sentir que falta algo. Se ha convertido en un ritual.

Cuidado con hacer de Dios un ritual, y cuidado con volverse profesional de ello.

He oído una historia muy famosa:

La historia trata de un gran yogui, muy famoso, al que un rey había prometido que, si era capaz de entrar en un profundo *samadhi* y permanecer bajo tierra durante un año, le daría el mejor caballo del reino como premio. El rey sabía que el yogui estaba muy encariñado con los caballos, que era un gran amante de los caballos.

El yogui estuvo de acuerdo; lo enterraron vivo por un año. Pero en el curso del año el reino fue derrocado y nadie se acordó de desenterrar al yogui.

Unos diez años después alguien recordó: «¿Qué fue del yogui?». El rey envió a unos pocos a investigar. El yogui fue desenterrado; estaba aún en trance profundo. Un mantra previamente acordado le fue susurrado al oído y se despertó, y la primera cosa que dijo fue: «¿Dónde está mi caballo?».

Después de diez años de permanecer en silencio bajo tierra. La mente no había cambiado en absoluto. «¿Dónde está mi caballo?».

¿Estaba este hombre realmente en trance, en *samadhi*? ¿Estaba pensando en Dios? Debía haber estado pensando en el caballo. Pero era profesionalmente eficiente, un experto. Debía haber aprendido la técnica de cómo detener la respiración y cómo entrar en una especie de muerte, pero era un técnico.

¡Permaneciendo diez años en semejante silencio profundo, la mente no ha cambiado ni tan siquiera un poco! Es exactamente lo mismo que si esos diez años no hubieran pasado. Si recuerdas a Dios técnicamente, si recuerdas a Dios profesionalmente, habitualmente, si recuerdas a Dios mecánicamente, entonces nada va a suceder. Todo es posible, pero todas las posibilidades pasan por el corazón. De ahí el nombre de esta escritura: *El sutra del corazón*.

A no ser que hagas algo con gran amor, con gran compromiso, con gran entrega, con sinceridad, con autenticidad, con tu ser total, nada va a suceder.

Para algunos, la religión es como un miembro artificial: no tiene calor ni vida. Y aunque les ayuda a ir dando traspiés, nunca se hace parte de ellos; tienen que ajustárselo cada día.

Recuerda, esto les ha sucedido a millones de personas en la tierra, esto puede sucederte a ti también. No crees un miembro artificial. Deja que crezcan en ti miembros reales. Sólo entonces tendrá tu vida calor, sólo entonces tendrá tu vida alegría —no una sonrisa falsa en los labios, no una especie de pseudofelicidad que simulas, no una máscara, sino algo real—. Generalmente vas vistiendo cosas: algunos visten una bella sonrisa, otros visten un rostro muy compasivo, algunos otros visten una personalidad muy amorosa —pero es como ropa que te pones—. En lo profundo sigues igual.

Estos sutras pueden convertirse en una revolución.

Lo primero, el comienzo, es siempre la pregunta «¿Quién soy yo?». Y hay que seguir preguntando. Cuando preguntas por primera vez «¿Quién soy yo?», el *muladhar* responderá: «¡Eres el cuerpo! ¡Qué tontería! No hay necesidad de preguntar, ya lo sabes». Entonces el segundo dirá: «Eres sexualidad». Luego, el tercero dirá: «Eres un sueño de poder, un ego» —etcétera, etcétera.

Recuerda, tienes que parar sólo cuando no llegue ninguna respuesta, no antes. Si llega alguna respuesta: «Eres esto, eres esto», entonces ten bien presente que algún centro te está dando la respuesta. Cuando los seis centros han sido atravesados y anuladas todas sus respuestas... sigues preguntando «¿Quién soy yo?», y ninguna respuesta llega de ningún sitio, es silencio total. Tu pregunta resuena en ti: «¿Quién soy yo?», y hay silencio, ninguna respuesta surge de ningún sitio, de ningún rincón. Estás absolutamente presente, absolutamente silencioso, y no hay ni siquiera una vibración. «¿Quién soy yo?» —y sólo silencio; entonces sucede un milagro: ni siquiera puedes formular la pregunta—. Las respuestas se han vuelto absurdas. Primero desaparecen las respuestas, luego la pregunta desaparece también —porque sólo pueden vivir juntas—. Son como las dos caras de una moneda —si una se ha ido, la otra no puede ser retenida—. Primero desaparecen las respuestas, luego desaparece la pregunta. Y con la desaparición de pregunta y respuesta, llegas a darte cuenta: eso es trascendental. Sabes, y sin embargo no puedes decir; sabes, sin embargo no puedes articular palabra acerca de ello. Sabes desde tu ser quién eres, pero no puedes verbalizarlo. Es conocimiento de vida; no es de escritura, no es prestado, no es de otros. Ha brotado en ti.

Y con este brote, eres un Buda. Y entonces empiezas a reírte porque llegas a saber que has sido un Buda desde el mismo comienzo. Sólo que nunca habías mirado tan profundo. Estabas dando vueltas y vueltas alrededor de tu ser, nunca habías entrado en tu casa.

El filósofo Arthur Schopenhauer caminaba por una calle solitaria. Inmerso en sus pensamientos, tropezó accidentalmente con otro peatón. Enojado por el golpe y la aparente indiferencia del filósofo, el peatón gritó: «¡Pero bueno! ¿Quién se ha creído que es?».

Perdido aún en sus pensamientos, el filósofo dijo: «¿Quién soy yo? Cómo me gustaría saberlo».

Nadie lo sabe.

Sabiendo esto —que no sé quién soy— el viaje comienza.

El primer sutra:

¡Homenaje a la perfección de la sabiduría, la adorable, la sagrada!

Es una invocación. Todas las escrituras indias comienzan con una invocación por una cierta razón. Esto no es así en otros países y en otras lenguas; esto no es así en Grecia. La comprensión india es esta: que somos bambúes huecos, sólo el infinito huye a través de nosotros. El infinito tiene que ser invocado, nos convertimos en meros instrumentos suyos. Lo invocamos, lo llamamos para que fluya a través de nosotros. Ésa es la razón por la que nadie sabe quién escribió este *Sutra del corazón*. No ha sido firmado porque la persona que lo escribió no creía que fuera su escritor. Era sólo un instrumento. Era sólo como un taquígrafo; el dictado era del más allá. Le fue dictado, él lo ha escrito fielmente, pero no es su autor —a lo más, sólo el escritor.

¡Homenaje a la perfección de la sabiduría, la adorable, la sagrada!

Ésta es la invocación, unas pocas palabras, pero cada palabra está totalmente llena de significado.

Homenaje a la perfección de la sabiduría...

«Perfección de la Sabiduría» es la traducción de *pragyaparamita. Pragya* significa sabiduría. Recuerda, no significa conocimiento. Conocimiento es lo que viene a través de la mente, conocimiento es lo que viene del exterior. ¡El conocimiento *nunca* es original! *No puede ser* original, por su propia naturaleza; es prestado. La sabiduría es tu visión original: no viene del exterior, crece en ti. No es como una flor artificial de plástico que vas y compras en el mercado. Es una rosa auténtica que crece en el árbol, por medio del árbol. Es la canción del árbol. Procede de su centro más profundo, surge desde su profundidad —un día está sin expresar, otro día está expresada; un día estaba sin manifestar, otro día se ha vuelto manifiesta.

Pragya significa sabiduría, pero incluso en inglés[1] «sabiduría» tiene una connotación diferente. En inglés, conocimiento significa «sin experiencia»: vas a la universidad, reúnes conocimientos. Sabiduría significa: vas a la vida y reúnes experiencia. De forma que un joven puede tener conocimientos pero nunca ser sabio, porque la sabiduría necesita tiempo. Un joven puede tener títulos. Puede ser doctor en Filosofía o doctor en Literatura —eso no es difícil— pero sólo un anciano puede ser sabio. «Sabiduría» significa conocimiento acumulado a través de la propia experiencia, pero aún es del exterior.

Pragya no es conocimiento ni sabiduría tal como se entienden ordinariamente. Es un florecimiento interno, no a través de la experiencia, no a través de otros, no a través de la vida y los encuentros de la vida, no —sino sólo entrando en tu ser en completo silencio, y permitiendo que explote eso que está oculto allí... Llevas la sabiduría como una semilla en tu interior, sólo necesita el terreno adecuado para que pueda germinar. La sabiduría siempre es original. Es siempre tuya, y sólo tuya.

Pero recuerda de nuevo, cuando digo «tuya» no quiero decir que haya algún ego involucrado en ella. Es tuya en el sentido de que procede de tu propia naturaleza, pero no pertenece al ego —porque de nuevo el ego es parte de la mente, no de tu silencio interno. «Paramita» significa del más allá, desde el más allá, más allá del tiempo y el espacio, cuando llegas a un estado en el que el tiempo desaparece, cuando llegas a un lugar interno en el que el espacio desaparece, cuando pierdes la noción de lugar y de tiempo, cuando ambas referencias han desaparecido. El tiempo está fuera de ti, y también el espacio se halla fuera de ti. Hay un punto de cruce en ti en el que el tiempo desaparece.

Alguien preguntó a Jesús: «Dinos algo sobre el reino de Dios.

¿Qué habrá de especial allí?». Y se dice que Jesús respondió: «Ya no habrá tiempo». Hay eternidad, un momento intemporal. Eso es el más allá —un espacio *inespacial* y un tiempo intemporal—. Ya no estás confinado, así que no puedes decir dónde estás.

Ahora mírame: no puedo decir que estoy aquí, porque también estoy allí. Y no puedo decir que estoy en India, porque también estoy en China. Y no puedo decir que estoy en este planeta, porque no estoy. Cuando el ego desaparece, eres simplemente uno con el todo. Estás en todos los sitios y en ningún sitio. No existes como entidad separada, estás disuelto.

---

1 La charla original fue dada en inglés. (N. del T.)

¡Mira! Por la mañana, sobre una bella hoja, hay una gota de rocío brillando al sol matinal, *bellísima*. Y luego comienza a deslizarse y se desliza en el océano. Estaba ahí sobre la hoja: había tiempo y espacio, tenía una definición, una personalidad propia. Ahora bien, una vez que se ha dejado caer en el océano no puedes encontrarla en ningún sitio —no porque se haya hecho no-existencial, no—. Ahora está en todas partes; por eso no puedes encontrarla en ningún sitio. No puedes localizarla porque ahora su ubicación es el océano entero. Ya no existe en forma separada.

Cuando no existes separado del todo, surge pragyaparamita, la sabiduría que es perfecta, la sabiduría que es del más allá.

¡Homenaje a la perfección de la sabiduría, la adorable, la sagrada!

Una bella provocación. Dice: Mi homenaje es para esa sabiduría que llega cuando entras en el más allá. Y es adorable, y es sagrada, sagrada porque te has hecho uno con el todo; adorable porque ese ego que creaba todo tipo de fealdad en tu vida ya no existe.

Satyam, savum, sunderam: es verdad, es buena, es bella. Éstas son las tres cualidades.

Homenaje a la perfección de la sabiduría —verdad...

Eso es lo que la verdad es: la perfección de la sabiduría, la adorable, la bella, la sagrada, la buena.

¿Por qué se la llama sagrada? Porque los Budas nacen de ella. Es el útero de los Budas. Te transformas en un Buda en el momento en que participas de esta perfección de la sabiduría. Te transformas en un Buda cuando la gota de rocío desaparece en el océano, pierde la separación, ya no está luchando contra el todo, se ha entregado, está con el todo, ya no está contra él. De aquí mi insistencia en estar con la naturaleza; nunca estés contra ella. Nunca intentes dominarla, nunca intentes conquistarla, nunca intentes derrotarla. Si intentas derrotarla, estás destinado a fracasar, porque la parte no puede vencer al todo —y eso es lo que todo el mundo está intentando hacer—. De aquí que haya tanta frustración, por eso todo el mundo parece un fracaso. Todo el mundo está intentando conquistar el todo, intentando empujar al río. Naturalmente, un día te cansas, acabas exhausto —tienes una fuente de energía muy limitada; el río es enorme—. Un día te atrapa, y te rindes frustrado.

Si puedes rendirte gozosamente, eso se convierte en entrega. Entonces ya no es derrota, es una victoria. Sólo ganas con Dios, nunca contra Dios. Y recuerda, Dios no está intentando derrotarte. Tu derrota es autogenerada. Eres derrotado porque luchas. Si quieres ser derrotado, lucha; si quieres vencer, ríndete. Ésta es la paradoja: que los que están dispuestos a darse por vencidos se convierten en vencedores. Los perdedores son los únicos ganadores en este juego. Intenta vencer y tu derrota es absolutamente segura —es sólo una cuestión de tiempo, de cuándo— pero es segura, va a suceder.

Es sagrada, porque eres uno con el todo. Lates con él, danzas con él, cantas con él. Eres como una hoja al viento: la hoja simplemente baila con el viento, no tiene voluntad propia. Este estado de no-voluntad es lo que llamo *sannyas*, lo que este sutra llama sagrado.

La palabra sánscrita para sagrado es *bhagavati*. Y es incluso más importante comprender esta que comprender la palabra «sagrado», porque la palabra «sagrado» puede acarrear alguna connotación cristiana. *Bhagavati*...

Bhagavati es el femenino de *bhagavam*. Primero, el sutra no usa la palabra *bhagavan*, usa *bhagavati*, el femenino —porque la fuente de todo es femenina, no masculina. Es yin, no yang, es una madre, no un padre.

El concepto cristiano de Dios como padre no es tan bello. No es otra cosa que ego masculino. El ego masculino no puede pensar que Dios sea «ella». El ego masculino quiere que Dios sea «él». Y ya ves toda la trinidad cristiana: las tres personas son hombres, la mujer no está incluida allí —Dios el Padre, Cristo el Hijo y el Espíritu Santo—. Es un club sólo para hombres. Y recuerda bien que lo femenino es mucho más fundamental en la vida que el hombre, porque sólo la mujer tiene útero, sólo la mujer puede dar nacimiento a la vida, a la nueva vida. Viene a través de lo femenino.

¿Por qué viene a través de lo femenino? No es meramente accidental. Viene a través de lo femenino porque sólo lo femenino puede dejarla venir, porque lo femenino es receptivo. Lo masculino es agresivo; lo femenino puede recibir, absorber, puede convertirse en un pasadizo.

El sutra dice *bhagavati*, no *bhagavan*. Esto es de inmensa importancia. Esa sabiduría perfecta de la que todos los Budas vienen es un elemento femenino, una madre. El útero tiene que ser una madre. En cuanto piensas en Dios como en un padre es que no comprendes lo que estás haciendo. El padre es una institución antinatural. La paternidad no existe en la naturaleza. La paternidad ha existido sólo durante unos pocos miles de años; es una institución humana. La madre existe en todas partes, la madre es natural.

El padre vino al mundo a causa de la propiedad privada. El padre es parte de la economía, no de la naturaleza. Y una vez que la propiedad privada desaparezca —si alguna vez desaparece—, el padre desaparecerá, la madre permanecerá por siempre. No podemos concebir un mundo sin la madre, un mundo sin el padre se puede concebir muy fácilmente. Y la sola idea es agresiva. ¿No lo has observado? Sólo los alemanes llaman a su país «padre tierra», todos los demás países lo llaman «madre tierra». ¡Son gente peligrosa! «Madre tierra» está bien. Llamar a tu país «padre tierra». estás comenzando algo peligroso, estás poniendo en pie algo peligroso. Tarde o temprano la agresión vendrá, la guerra vendrá. La semilla está ahí.

Todas las religiones que han pensado en Dios como «padre» han sido religiones agresivas. El cristianismo es agresivo, el islam también. Y sabes perfectamente bien que el Dios judío es un Dios muy colérico y arrogante. El Dios judío proclama: «Si no estás conmigo, estás contra mí, y te destruiré, y soy un Dios muy celoso; ¡adórame sólo a mí!». La gente que ha pensado en Dios como «madre» ha sido gente no violenta.

Los budistas nunca han hecho una guerra en nombre de la religión. Nunca han intentado convertir a ni un sólo ser humano por la fuerza, por ninguna clase de coerción. Los mahometanos han intentado convertir a la gente con la espada, contra su voluntad, contra su conciencia, contra su consciencia. Los cristianos han intentado manipular a la gente para volverlos cristianos por cualquier medio —a veces por la espada, a veces por medio del pan, a veces mediante otras persuasiones—. El budismo es la única religión que nunca ha convertido a ni un sólo ser humano contra su conciencia. Sólo el budismo es una religión no-violenta, porque el concepto de la realidad última es femenino.

¡Homenaje a la perfección de la sabiduría, la adorable, la sagrada!

Y recuerda, la verdad es bella. La verdad es belleza porque la verdad es una bendición. La verdad no puede ser fea, y lo feo no puede ser verdad; lo feo es ilusorio.

Cuando veas una persona fea, no te dejes engañar por su fealdad; busca un poco más profundo y encontrarás una bella persona oculta allí. No te dejes engañar por la fealdad. La fealdad está en tu interpretación. La vida es bella, la verdad es bella, la existencia es bella, no conoce fealdad.

Y es adorable, es femenina y es sagrada. Pero recuerda, «sagrada» no quiere decir lo que generalmente significa —como si fuese de otro mundo, como si fuese sagrada en contra de lo mundano y lo profano—.

No. Todo es sagrado. No hay nada que pueda ser llamado mundano o profano. Todo es sagrado, porque todo está fundido en uno.

¡Hay muchos tipos de Budas! —árboles-Buda y perros-Buda y pájaros-Buda y hombres-Buda y mujeres-Buda—, pero todos son Budas.

¡Todos están en el Camino! El hombre no es Dios en ruinas, es Dios haciéndose, en el camino.

El segundo sutra:

> *Avalokita, el sagrado señor y bodhisattva*
> *se internaba en el profundo curso de la sabiduría*
> *que ha ido más allá.*
> *Miró hacia abajo desde la altura,*
> *sólo vio cinco elementos,*
> *y vio que en su ser estaban vacíos.*

Avalokita es un nombre de Buda. Significa literalmente, alguien que mira desde arriba —*avalokita*—, alguien que mira desde arriba, alguien que está en el séptimo centro, *sahasrar*, el trascendental, y mira desde allí. Naturalmente, cualquier cosa que ves está contaminada por tu punto de vista, está contaminada por el espacio en el que estás.

Si un hombre que vive en el primer peldaño —el cuerpo físico— mira cualquier cosa, la mira desde ese punto de vista. Un hombre que sólo vive en el físico mira tu cuerpo cuando te mira. No puede mirar más que eso, no puede ver más que eso. Tu visión de las cosas depende desde dónde estás mirando.

Un hombre que está perturbado sexualmente, inmerso en fantasías sexuales, sólo mira desde ese punto de vista. Un hombre que está hambriento mira desde ese punto de vista. Obsérvalo en tu propio ser. Miras a las cosas, y cada vez que miras, las cosas parecen diferentes porque tú eres diferente. Por la mañana el mundo parece un poco más bello que por la tarde. Por la mañana estás fresco, por la mañana has llegado de las profundidades del gran sueño, del dormir profundo, del dormir sin sueños. Has saboreado algo de lo trascendental, aunque inconscientemente. Así que por la mañana todo parece bello. La gente es más compasiva, más amorosa; la gente es más pura por la mañana, la gente es más inocente por la mañana. Para cuando llegue el atardecer, esta misma gente se volverá más corrompida, más calculadora, más astuta, manipuladora, fea, violenta, engañadora. Es la misma gente, pero por la mañana estaban más cerca de lo trascendental. Al atardecer han vivido demasiado en lo mundano, en lo terrenal, en lo físico, y se han quedado fijos ahí.

El hombre de perfección es el que puede moverse a través de los siete chacras con facilidad —ése es el hombre libre— el que no está fijo en ningún punto, el que es como un cuadrante: puedes ajustarlo a cualquier campo visual. A ése se le llama *mukta*, alguien que es realmente libre. Puede moverse en todas las dimensiones sin ser tocado por ellas. Su pureza no se pierde nunca, su pureza sigue siendo de lo trascendental. Buda puede venir y tocar tu cuerpo y sanar tu cuerpo. Puede hacerse cuerpo, pero esa es su libertad. Puede hacerse mente y puede hablarte y explicarte cosas, pero nunca es la mente. Llega y se pone tras la mente, la usa, al igual que tú conduces tu coche —tú nunca te conviertes en el coche—. Él usa todos estos peldaños, él es toda la escalera. Pero en última instancia, su perspectiva sigue siendo de lo trascendental. Ésa es su naturaleza.

«Avalokita» significa el que mira al mundo desde el más allá.

El sutra dice: este estado del más allá no es una cosa estática. Es un movimiento, es un proceso, como un río. No es un sustantivo, es un verbo. Continúa abriéndose. Por esto los hindúes lo llaman el loto de los mil pétalos —«mil» significa simplemente infinitos—. Es simbólico del infinito. Pétalos sobre pétalos, siguen abriéndose pétalos sobre pétalos sin fin. El viaje comienza pero nunca finaliza. Es una peregrinación eterna.

Avalokita, el sagrado señor y bodhisattva se internaba en el profundo curso de la sabiduría que ha ido más allá.

Estaba fluyendo como un río en el mundo del más allá. Es llamado el sagrado señor y bodhisattva. De nuevo hay que recordar el término sánscrito. El término sánscrito es *iswara*, que es traducido como «sagrado señor». «*Iswara*» significa alguien que se ha hecho absolutamente rico por sus propias riquezas, alguien cuyas riquezas son de su propia naturaleza; nadie puede arrebatárselas, nadie puede robarlas, no pueden perderse. Todas las riquezas que tú tienes pueden ser perdidas, pueden ser robadas, serán *perdidas* —un día vendrá la muerte y se lo llevará todo—. Cuando alguien ha llegado a ese diamante interno que es su propio ser, la muerte no puede llevárselo. La muerte es irrelevante para él. Su ser no puede ser robado, no puede perderse. Entonces uno se ha convertido en *iswara*, entonces uno se ha convertido en un sagrado señor. Entonces uno se ha convertido en *bhagavan*. La palabra *bhagavan* simplemente significa «el bendito». Entonces uno se ha convertido en el bendito. Ahora su bendición es eternamente suya, no depende de nada, es independiente. No está causada por nada, así que no puede ser arrebatada. Es inmotivada, es la propia naturaleza intrínseca de uno.

Y es llamado *bodhisattva*. *Bodhisattva* es un concepto muy bello en el budismo. *Bodhisattva* significa alguien que se ha vuelto un Buda pero aún está manteniéndose a sí mismo en el mundo del tiempo y espacio —para ayudar a los otros—. *Bodhisattva* significa «esencialmente un Buda», está listo para abandonarse y desaparecer, está listo para entrar en nirvana. No queda nada por resolver, todos los problemas están resueltos. No tiene ninguna necesidad de estar aquí, pero aún está aquí. No hay nada más que aprender aquí, pero aún está aquí. Y se mantiene en forma de cuerpo, en forma de mente —mantiene toda la escalera—. Se ha ido al más allá, pero conserva toda la escalera, para ayudar, por compasión.

Se cuenta la historia de que Buda llegó a las puertas de lo supremo, nirvana. Las puertas estaban abiertas, los ángeles danzaban y cantaban para recibirlo —porque en millones de años sucede muy raramente que un ser humano llegue a ser un Buda—. Esas puertas se abren y, naturalmente, ese día es un gran día de celebración. Todos los Budas anteriores se habían reunido, y había gran regocijo, y se derramaban flores, y se tocaba música, y todo estaba decorado; era un día de celebración.

Pero Buda no entró por la puerta. Y los Budas más antiguos, todos con las manos enlazadas, le pedían, le rogaban que entrara: «¿Por qué estás ahí fuera?». Y se cuenta que Buda dijo: «A no ser que todos los demás que vienen detrás de mí, entren, yo no entraré. Me quedaré fuera, porque una vez que entre, desapareceré. Entonces no podré ayudar a toda esta gente. Veo millones de personas tropezando y buscando a tientas en la oscuridad. Yo mismo he estado buscando a tientas de la misma forma durante millones de vidas. Me gustaría darles mi mano. Cierren la puerta, por favor. Cuando todo el mundo haya venido, yo mismo llamaré, entonces podrán recibirme».

Una bella historia. A eso se le llama estado de *bodhisattva*, el que está listo para desaparecer pero aún se mantiene —en cuerpo, en mente, en el mundo, en el tiempo y el espacio— para ayudar a otros. Buda dice: la meditación es suficiente para solucionar tus problemas, pero le falta algo: compasión. Si también está ahí la compasión, entonces puedes ayudar a otros a resolver sus problemas. Él dice: la meditación es oro puro; es perfecta en sí misma. Pero si hay compasión entonces el oro tiene además una fragancia —una perfección más elevada, un nuevo tipo de perfección, oro con fragancia—. Por sí mismo, el oro ya es suficiente —muy valioso— pero con compasión la meditación tiene fragancia.

La compasión mantiene a un Buda como *bodhisattva*, justo en la línea fronteriza. Sí, durante unos pocos días, unos pocos años, uno puede mantenerse, pero no durante mucho tiempo —porque poco a poco las cosas comienzan a desaparecer por sí mismas—. Cuando no estás apegado al cuerpo, te dislocas de él. Puedes venir a veces, con esfuerzo. Puedes usar el cuerpo, con esfuerzo, pero ya no estás asentado allí. Cuando ya no estás en la mente, puedes usarla algunas veces, pero ya no funciona tan bien como solía hacerlo antes. Ya no estás fluyendo en ella. Cuando no estás usándola, está yacente ahí: es un mecanismo, empieza a oxidarse.

Cuando un hombre ha alcanzado el séptimo peldaño, puede usar los otros seis durante unos pocos días, durante unos pocos años. Puede volver y usarlos, pero poco a poco empiezan a romperse. Poco a poco, empiezan a morir. Un *bodhisattva* puede estar aquí sólo por una vida, como mucho. Luego tiene que desaparecer, porque el mecanismo desaparece.

Pero todos los que han llegado a la realización han intentado hasta donde han podido, usar el cuerpo-mente para ayudar a los que están en el cuerpo y en la mente, para ayudar a los que sólo pueden comprender el lenguaje del cuerpo y de la mente, para ayudar a los discípulos.

Avalokita, el sagrado señor y bodhisattva
se internaba en el profundo curso de la sabiduría
que ha ido más allá.
Miró hacia abajo desde la altura,
sólo vio cinco elementos,
y vio que en su ser estaban vacíos.

Cuando miras desde ese punto... Por ejemplo, estaba diciéndoos que saludo al Buda que hay en vosotros. Ésa es una visión desde el más allá: yo os veo como Budas potenciales. Y otra visión es que os veo como conchas vacías.

Lo que ustedes piensan que son no es más que una concha vacía. Hay quien piensa que es un hombre; ésa es una idea vacía. La consciencia no es ni hombre ni mujer. Hay quien piensa que tiene un bello cuerpo, que es hermoso, fuerte, esto y lo otro —esa es una idea vacía, es sólo el ego, engañándote—. Alguien piensa que sabe mucho —eso no tiene sentido—. Su mecanismo ha acumulado recuerdos y él es engañado por esos recuerdos. Todo esto son cosas vacías.

Así que, visto desde lo trascendental, por una parte los veo como Budas floreciendo, por otra parte sólo los veo como conchas vacías.

Buda ha dicho que el hombre consta de cinco elementos, cinco *skandhas*, y que están todos vacíos. Y a causa de la combinación de los cinco, surge un producto derivado llamado ego, el yo. Es igual al funcionamiento de un reloj: va haciendo tictac, puedes escuchar, el tictac está ahí; puedes abrir el reloj, puedes separar todas las partes para encontrar de dónde viene el tictac. ¿Dónde está el tictac? No lo encontrarás en ningún sitio. El tictac es un producto derivado. Es sólo una combinación de varias cosas. Varias cosas funcionando juntas creaban el tictac.

Eso es lo que es tu «yo» —cinco elementos funcionando juntos que crean el tictac llamado «yo»—. Pero está vacío, no hay nada en él. Si te pones a buscar algo sustancial en él no lo encontrarás.

Ésta es una de las intuiciones, de las visiones más profundas de Buda: que la vida está vacía, que la vida tal como nosotros la conocemos está vacía. Y la vida está llena también, pero no sabemos nada acerca de ella. Desde este vacío tienes que ir hacia una plenitud, pero esa plenitud es inconcebible ahora mismo —porque esa plenitud parecerá únicamente vacía desde este estado—. Desde ese otro estado, tu plenitud parece vacía: un rey parece un mendigo; un hombre de conocimiento, un hombre erudito, parece estúpido, ignorante.

Una pequeña historia:

Cierto hombre santo aceptó un discípulo y le dijo: «Sería bueno que intentaras escribir todo lo que comprendes sobre la vida religiosa y lo que te ha llevado a ella».

El discípulo se fue y comenzó a escribir. Un año más tarde volvió al maestro y dijo: «He trabajado duramente en esto, y aunque dista mucho de estar completo, éstas son las principales razones de mi lucha».

El maestro leyó la obra —muchos miles de palabras— y luego dijo al joven: «Está admirablemente razonado y claramente expuesto, pero es un poco largo. Trata de acortarlo un poco». Así que el novicio se fue y, después de cinco años, volvió con solamente cien páginas.

El maestro sonrió y, después de haberlo leído, le dijo: «Ahora te estás aproximando verdaderamente al corazón de la cuestión. Tus pensamientos tienen claridad y fuerza. Pero aún es un poco largo; intenta condensarlo, hijo mío».

El novicio se fue muy triste, porque había trabajado duramente para alcanzar la esencia. Pero volvió al cabo de diez años, e inclinándose ante el maestro le ofreció tan sólo cinco páginas y dijo: «Éste es el núcleo de mi fe, el centro de mi vida, y pido tus bendiciones por haberme llevado a ello».

El maestro lo leyó lenta y cuidadosamente. «Es verdaderamente maravilloso, en su simplicidad y belleza», dijo, «pero aún no es perfecto. Intenta alcanzar una clarificación definitiva».

Y cuando el maestro, llegado el tiempo señalado, estaba preparándose para su fin, el discípulo regresó de nuevo y arrodillándose ante él para recibir sus bendiciones, le ofreció una sola hoja de papel en la que no había nada escrito.

Entonces el maestro puso las manos en la cabeza de su amigo y dijo: «Ahora... ahora has comprendido».

Desde esa visión transcendental, lo que tú tienes está vacío. Desde tu visión, tu visión neurótica, lo que yo tengo está vacío.

A ti, Buda te parece vacío —sólo puro vacío—. A causa de tus ideas, a causa de tus apegos, a causa de tu posesividad con las cosas, Buda parece vacío. ¡Buda está lleno! Tú estás vacío. Y su visión es absoluta; tu visión es muy relativa.

El sutra dice:

> *Avalokita, el sagrado señor y bodhisattva*
> *se internaba en el profundo curso de la sabiduría*
> *que ha ido más allá.*
> *Miró hacia abajo desde la altura,*
> *sólo vio cinco elementos,*
> *y vio que en su ser estaban vacíos.*

El vacío es la clave del budismo —*shunyata*—. Iremos penetrando más y más en él al entrar en los reinos más profundos del *Sutra del corazón*.

Medita sobre estos sutras —medita con amor, con simpatía, no con lógica y razonamiento—. Si te acercas a estos sutras con lógica y razonamiento, matarás su espíritu. No los disecciones. Intenta comprenderlos. Intenta comprenderlos tal y como son, y no introduzcas tu mente: tu mente será una interferencia.

Si puedes mirar estos sutras sin tu mente, se producirá en ti una gran claridad.

Capítulo 2

Entrega es comprensión

La primera pregunta:

> A veces cuando estoy tranquilamente sentado, la pregunta surge en
> la mente: ¿Qué es la verdad? Pero cuando llego aquí, me doy cuenta
> de que no soy capaz de preguntar. No obstante, ¿puedo preguntar
> qué ocurre en esos momentos en los que esa pregunta surge con tan-
> ta fuerza que si hubieras estado cerca te la habría formulado? Y, de
> no haberme respondido, te habría cogido por las barbas o el cuello y
> preguntado: «¿Qué es la verdad, Osho?».

Ésa es la pregunta más importante que puede surgir en la mente de cualquiera, pero no hay respuesta para ella. La pregunta más importante, la
pregunta última, no puede tener ninguna respuesta; por eso es la última.

Cuando Poncio Pilato preguntó a Jesús: «¿Qué es la verdad?», Jesús
permaneció en silencio. No sólo eso, la historia dice que cuando Poncio
Pilato formuló la pregunta «¿Qué es la verdad?», no esperó a escuchar la
respuesta. Dejó la habitación y se alejó. Esto es muy extraño. Poncio Pilato
también piensa que no puede haber una respuesta para ella, así que no
esperó la respuesta. Jesús también permaneció en silencio porque también
sabe que no puede ser respondida. Pero estas dos comprensiones no son lo
mismo, porque estas dos personas son diametralmente opuestas. Poncio

Pilato piensa que no puede ser respondida porque no hay verdad; ¿cómo podrías responderla? Ésa es la mente lógica, la mente romana. Jesús permanece en silencio no porque no haya verdad, sino porque la verdad es tan inmensa que no puede ser definible. La verdad es así de descomunal, de enorme; no puede ser confinada a una palabra, no puede ser reducida a lenguaje. Está ahí. Uno puede ser ella, pero no puede decirla.

Por dos razones diferentes se comportaron casi de la misma forma: Poncio no esperó a escuchar la respuesta, sabía de antemano que no hay verdad. Jesús permaneció en silencio porque *conocía* la verdad, y sabía que no puede ser dicha.

Chidvilas ha formulado esta pregunta. La pregunta es absolutamente significativa. No hay pregunta más elevada que esa, porque no hay religión más elevada que la verdad. Tiene que ser comprendida; la pregunta tiene que ser analizada. Analizando la pregunta, intentando comprender la pregunta misma, puedes tener una visión de lo que es la verdad. Yo no la responderé, no puedo responderla. Nadie puede responderla. Pero podemos profundizar en la pregunta. Profundizando en la pregunta, la pregunta comenzará a desaparecer. Cuando la pregunta haya desaparecido, encontrarás la respuesta ahí, en el mismo centro de tu corazón. Tú eres la verdad, así que, ¿cómo puedes perderla? Quizá te has olvidado de ella, quizá le has perdido la pista, quizá te has olvidado de cómo entrar en tu propio ser, en tu propia verdad.

La verdad no es una hipótesis, la verdad no es un dogma. La verdad no es ni hindú, ni cristiana, ni mahometana. La verdad no es mía ni tuya. La verdad no pertenece a nadie, pero todo el mundo pertenece a la verdad. Verdad significa «eso que es»: ése es exactamente el significado de la palabra. Viene de una raíz latina, *verus*. *Verus* significa: «eso que es». En inglés hay varias palabras derivadas de la raíz latina verus: *was*, *were*, vienen de verus. En alemán, *war* viene de *verus*. Verus significa lo que es, sin interpretar. En cuanto aparece la interpretación, lo que conoces es la realidad, no la verdad. Esa es la diferencia entre verdad y realidad. La realidad es la verdad interpretada.

Así que en el momento en que respondes a «¿Qué es la verdad?», se convierte en realidad. Ya no es la verdad. La interpretación ha entrado en ella, la mente la ha coloreado. Y hay tantas realidades como mentes. Existen multirrealidades; la verdad es una, porque la verdad sólo se conoce cuando la mente no está ahí. Es la mente la que te mantiene separado de mí, separado de los otros, separado de la existencia. Si miras a través de la mente, entonces la mente te dará una imagen de la verdad. Será sólo una imagen, una fotografía de lo que es. Y, por supuesto, la fotografía depende de la cámara, de la película empleada, de los químicos, de cómo ha sido revelada, de cómo ha sido impresa, de quién la ha hecho. Aparecen mil y una cosas; se transforma en la realidad.

Comprender la palabra «realidad» es también hermoso. Viene de la raíz *res*, que significa cosa o cosas. La verdad no es una cosa. Una vez interpretada, una vez que la mente se la ha apropiado, la ha definido, demarcado, se convierte en una cosa.

Cuando te enamoras de una mujer, hay algo de verdad —si te pilló totalmente desprevenido, si no lo has «hecho» de ninguna forma, si no has actuado, si no lo has dirigido, si ni siquiera has pensado en ello. De pronto ves una mujer, la miras a los ojos, ella mira los tuyos, y algo se mueve. Tú no eres el que lo hace, simplemente eres poseído por ello, simplemente caes en ello. No tiene nada que ver contigo. Tu ego no está implicado, al menos justo al principio, cuando el amor es virgen. En ese momento hay verdad, pero no hay interpretación. Por eso el amor permanece indefinible.

Pronto entra la mente, comienza a dirigir las cosas, toma posesión de ti. Empiezas a pensar en la chica como si fuera tu novia, empiezas a pensar en cómo casarte, empiezas a pensar en la mujer como si fuera tu esposa. Esto ya son cosas; la novia, la esposa —eso son cosas—. La verdad ya no está allí, ha retrocedido. Ahora las cosas se están volviendo más importantes. Lo definible es más seguro, lo indefinible es inseguro. Has empezado a matar, a envenenar la verdad. Tarde o temprano habrá una esposa y un marido, dos cosas. Pero la belleza se ha ido, la alegría ha desaparecido, se acabó la luna de miel.

La luna de miel acaba en el momento exacto en que la verdad se convierte en realidad, en que el amor se convierte en relación. La luna de miel es muy corta, desgraciadamente; no hablo de la luna de miel a la que se va de viaje. La luna de miel es muy corta. Quizá estuvo allí tan sólo un instante, pero su pureza, su cristalina pureza, su divinidad, su cualidad del más allá —es de la eternidad, no pertenece al tiempo—. No forma parte de este mundo terrenal, es como un rayo entrando en un oscuro agujero. Viene de lo trascendental. Es absolutamente apropiado llamar Dios al amor, porque el amor es la verdad. En la vida ordinaria, el amor es lo que más te acerca a la verdad.

Chidvilas pregunta: «¿Qué es la verdad?».

El preguntar tiene que desaparecer; sólo entonces sabes.

Si preguntas «¿Qué es la verdad?», ¿qué estás preguntando? Si yo digo que A es la verdad, B es la verdad, C es la verdad, ¿será eso la respuesta? Si digo que A es la verdad, entonces ciertamente A no puede ser la verdad: es otra cosa que estoy usando como sinónimo de verdad. Si es absolutamente sinónimo, será una tautología. Entonces puedo decir «La verdad es la verdad», pero eso es una tontería, sin significado. Nada se resuelve con ello. Si es exactamente lo mismo, si A es la verdad, entonces significará que la verdad es la verdad. Si A es diferente, si no es exactamente la verdad, entonces estoy falsificando. Entonces, decir que A es la verdad será sólo aproximado. Y recuerda, no puede ser algo aproximado. La verdad es, o no es. Así que no puedo decir que A es la verdad.

Ni siquiera puedo decir que «Dios es la verdad», porque si Dios es la verdad, entonces es una tautología —«la verdad es la verdad»—. Entonces no estoy diciendo nada. Si Dios es diferente de la verdad, entonces estoy diciendo algo, pero entonces estoy diciendo algo equivocado. Entonces Dios es diferente, entonces ¿cómo puede ser Él la verdad? Si digo que es aproximado, lingüísticamente parece correcto, pero no es correcto. «Aproximadamente» significa que hay alguna mentira en ello, que hay algo falso en ello. De otra forma, ¿por qué no es ciento por ciento verdad? Si es noventa y nueve por ciento verdad, entonces hay algo ahí que no es verdad. Y la verdad y la no-verdad no pueden existir juntas, de la misma forma que la oscuridad y la luz no pueden existir juntas —porque la oscuridad no es nada más que ausencia—. Ausencia y presencia no pueden existir juntas, la verdad y la no-verdad no pueden existir juntas. La no-verdad no es otra cosa que la ausencia de verdad.

Así que ninguna respuesta es posible, de ahí que Jesús permaneciese en silencio. Pero si lo miras con profunda comprensión, si miras el silencio de Jesús, tendrás una respuesta. El silencio es la respuesta. Jesús está diciendo: «Quédate en silencio, como yo estoy en silencio, y sabrás» —sin decirlo con palabras—. Es un gesto, es muy al estilo del zen. En ese momento en que Jesús permaneció en silencio, se acercó mucho al enfoque zen, al enfoque budista. Él es un Buda en ese momento. Buda jamás respondió esas preguntas. Él tenía una lista con once preguntas: dondequiera que fuese, sus discípulos iban de aquí para allá diciendo a la gente: «Nunca preguntas estas once cuestiones a Buda» —preguntas que son fundamentales, preguntas que son *realmente* significativas—. Podías preguntar cualquier otra cosa, y Buda siempre estaba dispuesto a responder. Pero no preguntes lo fundamental, porque lo fundamental sólo puede ser experimentado.

Y la verdad es lo más fundamental; la verdad es la sustancia misma de la existencia.

Entra en la pregunta. La pregunta es significativa, está surgiendo en tu corazón: «¿Qué es la verdad?» —un deseo de conocer lo que es está surgiendo—. No lo eches a un lado, entra en ello. Cada vez, Chidvilas, que suceda de nuevo cierra los ojos, entra en la pregunta. Permite que la pregunta quede absolutamente fijada —«¿Qué... es... la... verdad?»—. Permite que surja una gran concentración. Olvídate de todo, como si toda tu vida dependiera de esa simple pregunta: «¿Qué es la verdad?». Permite que se convierta en un asunto de vida o muerte. Y no intentes responderla, porque no sabes la respuesta.

Puede que vengan respuestas: la mente siempre intenta ofrecer respuestas. Pero observa el hecho de que no sabes; por eso estás preguntando. Así que, ¿cómo puede tu mente ofrecerte una respuesta? La mente no sabe, así que dile a la mente: «Quédate callada». Si supieras, entonces no habría necesidad de la pregunta. No sabes, de ahí la pregunta.

Así que no te dejes embaucar por los juguetes de la mente. La mente te da juguetes; dice: «¡Mira!, está escrito en la Biblia. ¡Mira!, está escrito en los Upanishads. Ésta es la respuesta. ¡Mira!, esto está escrito por Lao Tse, esta es la respuesta». La mente puede arrojarte todo tipo de escrituras: la mente puede citar, la mente puede suministrarte datos de la memoria. Has oído muchas cosas, has leído muchas cosas; la mente lleva el recuerdo de todo eso. Puede repetir de un modo mecánico. Pero observa este fenómeno: la mente no sabe, y todo lo que la mente repite es prestado. Y lo prestado no puede ayudar.

Sucedió en un paso a nivel. Las barreras estaban cerradas, tenía que pasar el tren, y un hombre estaba sentado en su coche, esperando a que pasara, leyendo un libro. Un borracho que estaba sentado justo al lado de las barreras se acercó, llamó en la ventanilla del coche, que tenía aire acondicionado. El hombre abrió la ventanilla y dijo: «¿Qué puedo hacer por usted? ¿Necesita ayuda?».

Y el vagabundo dijo: «Sí, no he comido absolutamente nada durante dos días. ¿Me puede dar dos rupias? Sólo dos rupias, eso será suficiente». El hombre se rio y dijo: «Nunca prestes ni tomes prestado dinero», y mostró el libro al vagabundo y añadió: «Shakespeare, Shakespeare lo dijo. Mira».

El vagabundo sacó de su bolsillo un libro muy sucio y respondió al hombre: «Hijo de puta. D. H. Lawrence».

¡Ojo con la mente! La mente sigue citando, la mente lo sabe todo sin saber nada. A la mente le gusta aparentar. Observa este fenómeno: esto es lo que llamo visión. No es una cuestión de pensar. Si piensas en ello, de nuevo es la mente. Tienes que penetrar más y más. Tienes que mirar profundamente en el fenómeno mismo, el funcionamiento de la mente, cómo funciona la mente. Toma prestado de aquí y de allá, sigue tomando prestado y acumulando. Es una acaparadora, una acaparadora de conocimiento. La mente se vuelve muy erudita, y entonces, siempre que preguntas una cuestión que es realmente importante, la mente da una respuesta sin importancia: fútil, superficial, basura.

Un hombre compró un loro en una tienda de animales domésticos. El dueño le aseguró que el pájaro aprendería a decir «Hola» en media hora. De vuelta a casa, estuvo una hora diciéndole «Hola» al loro, pero ni una palabra salió del pájaro. Cuando ya se iba, perdida toda esperanza, el pájaro dijo: «¡Número ocupado!».

Un loro es un loro. Debía haberlo oído en la tienda de animales. Y este hombre seguía y seguía: «Hola, hola, hola», y el pájaro estaba escuchando, y esperando a que parase. Entonces podría decir: «¡Número ocupado!».

Puedes seguir preguntando a la mente: «¿Qué es la verdad, qué es la verdad, qué es la verdad?». Y en el momento en que pares, la mente dirá inmediatamente: «Número ocupado» o algo por el estilo. La mente te dará una respuesta. ¡Cuidado con la mente!

La mente es el diablo, no hay otro diablo. Y es tu mente. Esta visión tiene que ser desarrollada —penetrando más y más. Corta la mente en dos con un golpe seco de espada. Esa espada es la consciencia. Corta la mente en dos y pasa a través de ella, ¡ve más allá! Y si puedes ir más allá de la mente a través de la mente, y un momento de no-mente surge en ti, ahí está la respuesta —no una respuesta verbal, no una escritura citada, no unas comillas, sino auténticamente tuya, una experiencia. La verdad es una experiencia existencial.

La pregunta es sumamente significativa, pero tendrás que ser muy respetuoso con la pregunta. No tengas prisa por encontrar alguna respuesta, de otra forma alguna tontería matará tu respuesta. No permitas que tu mente mate la pregunta. Y la forma en que la mente mata la pregunta es ofreciendo respuestas, no vividas, no experimentadas.

¡Tú eres la verdad! Pero sólo puede suceder en completo silencio, cuando no se mueve un sólo pensamiento, cuando la mente no tiene nada que decir, cuando no hay ni una sola ondulación en tu consciencia. Cuando no hay ninguna ondulación en tu consciencia, tu consciencia permanece sin distorsionar. Cuando hay una ondulación, hay distorsión.

Sólo tienes que irte a un lago. De pie, en la orilla, mira tu reflejo. Si hay olas, ondulaciones en el lago, y el viento está soplando, tu reflejo es tembloroso. No te puedes hacer una idea de lo que es —dónde está tu nariz y dónde están tus ojos—, sólo puedes adivinar. Pero cuando el lago está silencioso y el viento no está soplando y no hay ni una sola ondulación en la superficie, de repente estás ahí. El reflejo está ahí, con absoluta perfección. El lago se convierte en un espejo.

En cuanto haya un pensamiento moviéndose en tu consciencia, producirá distorsión. Y hay muchos pensamientos, millones de pensamientos, continuamente precipitándose, y siempre es hora punta. Es hora pico las veinticuatro horas del día, y el tráfico sigue, sigue y sigue, y cada pensamiento está asociado a otros miles de pensamientos. Están todos tomados de la mano, unidos e interconectados, y esa multitud está precipitándose en torno a ti. ¿Cómo puedes saber lo que es la verdad? Sal de esa multitud.

Eso es la meditación, de eso se trata la meditación: una consciencia sin mente, una consciencia sin pensamientos, una consciencia sin ningún oleaje —una consciencia inalterable—. Entonces está ahí con toda su belleza y bendición. Entonces la verdad está ahí —llámala Dios, llámala nirvana, o como quieras llamarla—. Está ahí, y está ahí como una experiencia. Tú estás en ella y ella está en ti.

Usa esa pregunta. Hazla más penetrante. Hazla muy penetrante; ponlo todo en juego para que la mente no pueda engañarte con sus respuestas superficiales. Una vez que la mente desaparece, una vez que la mente no juega ya sus viejos trucos, sabrás lo que es la verdad. Lo sabrás en silencio. Lo sabrás en un estado de consciencia sin pensamientos.

La segunda pregunta:

> Mi entrega está orientada a una meta. Me estoy entregando para alcanzar la libertad, así que no es entrega real en absoluto. Lo estoy observando, pero el problema es: siempre soy yo el que está observando. Por eso, cualquier comprensión que surge de esa observación es un refuerzo para el ego. Me siento engañado por mi ego.

Tú no has comprendido lo que es la entrega.

Lo primero que hay que comprender acerca de la entrega es: tú no puedes hacerla. No es una acción. Puedes evitar que suceda, pero no puedes arreglártelas para que suceda. Tu poder con respecto a la entrega es solamente negativo: puedes evitarla, pero no puedes traerla.

La entrega no es algo que tú puedas hacer. Si la haces, no es entrega, porque el hacedor está ahí. Entrega es la tremenda comprensión de que «yo no soy». Entrega es la comprensión repentina de que el ego no existe, de que no estás separado. La entrega no es un acto, sino una comprensión.

En primer lugar, *tú* eres falso. ¡La separación es falsa! Ni por un instante puedes existir separado del universo. El árbol no puede existir desarraigado de la tierra. El árbol no puede existir si el sol desaparece mañana. El árbol no puede existir si el agua no llega a sus raíces. El árbol no puede existir si no puede respirar. El árbol está enraizado en los cinco elementos —lo que los budistas llaman *skandhas*, los cinco grupos de los que hablábamos el otro día. *Avalokita*... cuando Buda alcanzó la visión trascendental, cuando atravesó todas las etapas, cuando atravesó todos los peldaños de la escalera y llegó al séptimo, desde allí miró hacia abajo, miró hacia atrás. ¿Qué vio? Sólo vio cinco montones sin nada sustancial en ellos, sólo vacío, *shunyata*.

El árbol no puede existir si estos cinco elementos no están constantemente vertiendo energía en él. El árbol es solamente una combinación de estos cinco elementos. Si el árbol empieza a pensar «Yo soy», entonces habrá sufrimiento para el árbol. El árbol creará el infierno para sí mismo. Pero los árboles no son tan tontos, no tienen nada de mente. Están ahí, y si mañana desaparecen, simplemente desaparecen. No se aferran; no hay nadie para que se aferre. El árbol está constantemente entregado a la existencia. Cuando digo entregado quiero decir que nunca está separado. No se le ha ocurrido esa estúpida idea del ego. Y así están los pájaros, así están las montañas, así están las estrellas. Es sólo el hombre el que ha convertido su gran oportunidad de ser consciente en ser autoconsciente. El hombre tiene consciencia. Si la consciencia crece, puede aportarle la mayor felicidad que es posible. Pero si algo resulta mal y la consciencia se vuelve rancia y se convierte en autoconsciencia, entonces crea infierno, entonces crea sufrimiento. Ambas alternativas están siempre abiertas; tú tienes que elegir.

Lo primero que hay que comprender respecto al ego es que no existe. Nadie existe separado. Eres tan uno con el universo como yo, como Buda, como Jesús. Yo lo sé, tú no lo sabes. La diferencia es solamente de reconocimiento. La diferencia no es existencial, ¡en absoluto! Así que tienes que observar esta estúpida idea de la separación. Ahora bien, si comienzas a tratar de entregarte, significa que aún crees que estás separado. Ahora estás pensando: «Me entregaré, ahora yo voy a entregarme», pero piensas que eres.

Observando la idea misma de la separación, un día encuentras que no estás separado, así que ¿cómo puedes tú entregarte? ¡No hay nadie para poder entregarse! ¡Nunca ha habido nadie para poder entregarse! *El que se entrega no está ahí*, en absoluto —nunca se le ha encontrado en ninguna parte—. Si entras en ti mismo no encontrarás al que se entrega en ningún sitio. En ese momento hay entrega. Cuando no se encuentra al que se entrega, en ese momento hay entrega. Tú no puedes *producirla*. Si tú la produces, es una cosa falsa. De la falsedad sólo surge falsedad. *Tú eres falso*, así que cualquier cosa que tú hagas será falsa, más falsa. Y una falsedad conduce a otra, y así sucesivamente. Y la falsedad fundamental es el ego, la idea de que «Yo existo separado».

En tu pregunta, dices: «Mi entrega está orientada a una meta». El ego siempre está orientado a una meta. Siempre es avaricioso, siempre está apropiándose de algo. Siempre está buscando más y más y más. Vive en el más. Si tienes dinero, quiere más dinero; si tienes una casa, quiere tener una casa más grande; si tienes una mujer, quiere tener una mujer bella —pero siempre quiere más—. El ego está constantemente hambriento. Vive en el futuro y en el pasado. En el pasado vive como un acaparador —«Tengo esto, esto y esto»—. Eso le da una gran satisfacción: «He conseguido algo» —poder, prestigio, dinero—. Esto le da una especie de realidad. Da la impresión de que cuando tienes estas cosas, tú debes estar ahí. Y vive en el futuro con la idea de más. Vive como memoria y como deseo.

¿Qué es una meta? Un deseo: «Tengo que llegar allí, tengo que ser eso, tengo que lograrlo». El ego no vive, no puede vivir en el presente, ¡porque el presente es real! Y el ego es falso —nunca se encuentran—. El pasado es falso, ya no es. Fue una vez, pero cuando era presente, el ego no estaba allí. Una vez que ha desaparecido, que ya no es existencial, el ego empieza a apropiárselo, a acumularlo. Se apropia de cosas muertas, las acumula. El ego es un cementerio: colecciona cadáveres, huesos muertos.

O bien, vive en el futuro. De nuevo, el futuro no es todavía —es imaginación, fantasía, sueño—. El ego también puede vivir con eso, muy fácilmente. Las falsedades van juntas perfectamente bien, suavemente bien. Trae algo existencial y el ego desaparece. De aquí la insistencia en estar en el presente, en estar aquí-ahora. Justo en este momento... Si eres inteligente, no hay necesidad de pensar en lo que estoy diciendo; ¡puedes simplemente verlo en este mismo momento! ¿Dónde está el ego? Hay silencio, y no hay pasado, y no hay futuro, sólo este momento... y este perro ladrando. Este momento, y tú no eres. Permite que este momento sea, y tú ya no eres. Y hay inmenso silencio, hay profundo silencio, dentro y fuera. Y entonces no hay necesidad de entrega porque sabes que no eres. Saber que no eres, es entrega.

No se trata de entregarse a mí. No se trata de entregarse a Dios. ¡No es cuestión de entrega en absoluto! Entregarse es ver, es una comprensión de que «yo no soy». Viendo: «Yo no soy, yo soy nada, vacío», la entrega crece. La flor de la entrega crece en el árbol del vacío. No puede estar orientada a una meta.

El ego está orientado a una meta. El ego está anhelando el futuro. Puede incluso anhelar la otra vida, puede anhelar el cielo, puede anhelar el nirvana. No importa lo que anhele —anhelar es lo que importa, desear es lo que importa, proyectar hacia el futuro es lo que importa.

¡Míralo! ¡Examínalo! No digo que pienses en ello. Si piensas en ello no lo entenderás. Pensar significa de nuevo pasado y futuro. Míralo —¡*avalokita*!— examínalo. La palabra inglesa «*look*» procede de la misma raíz que avalokita. Mira dentro de ello, y hazlo ahora mismo. No te digas a ti mismo: «Bueno, me iré a casa y lo haré». El ego ha entrado, la meta ha llegado, el futuro ha entrado. En cuanto el tiempo entra ya estás cayendo en la falsedad de la separación.

Deja que sea aquí, en este mismo momento. Y entonces de pronto ves que eres, y no vas a ningún sitio, y no vienes de ningún sitio. Siempre has estado aquí. *Aquí* es el único tiempo, el único espacio. *Ahora* es la única existencia. En ese ahora, hay entrega.

«Mi entrega está orientada a una meta», dices. «Me estoy entregando para alcanzar la libertad.»

¡Pero tú *eres* libre! Nunca has estado preso. Eres libre, pero de nuevo hay el mismo problema: quieres ser libre, pero no comprendes que sólo puedes ser libre cuando seas libre de ti mismo —no hay otra libertad—. Cuando piensas en la libertad, piensas que *tú* estarás allí y libre. Tú no estarás allí; habrá libertad. Libertad significa librarse del *yo*, no un yo libre. En el momento en que desaparece la prisión, el prisionero desaparece también, ¡porque el prisionero es la prisión! En el momento en que sales de la prisión, también dejas de ser. Hay cielo puro, espacio puro. Ese espacio puro es llamado nirvana, *moksha*, liberación.

Intenta comprender en vez de intentar alcanzar algo. «Me estoy entregando para alcanzar la libertad».

Entonces estás utilizando la entrega como un medio, y la entrega es la meta, es el fin en sí misma. Cuando digo que la entrega es la meta, no estoy diciendo que la entrega tiene que ser lograda en algún momento del futuro. Estoy diciendo que la entrega no es un medio, es un fin en sí misma. No es que la entrega traiga la libertad, ¡la entrega es la libertad! Son sinónimos, significan lo mismo. Estás mirando la misma cosa desde dos ángulos diferentes.

«Así que no es entrega real en absoluto.» No es ni real ni irreal. No es entrega en absoluto. Ni siquiera es irreal.

«Lo estoy observando, pero el problema es: siempre soy "yo" el que está observando. Por eso, cualquier comprensión que surge de esa observación es un refuerzo para el ego. Me siento engañado por mi ego».

¿Quién es ese «yo» del que hablas, que se siente engañado por el ego? Es el ego mismo. El ego es tal que puede dividirse a sí mismo en fragmentos, en partes, y entonces el juego comienza. Eres el cazador y el cazado. Es como un perro que intenta morder su propia cola, y sigue saltando. Y miras y ves lo absurdo de todo ello —pero tú ves el absurdo, el perro no puede verlo—. Cuanto más difícil le resulta morderse la cola, más loco se pone, más salta. Y cuanto más rápido y grande es el salto, más rápidos y mayores son los saltos que da su cola. Y el perro no puede concebir qué está sucediendo; él, que es tan bueno atrapándolo todo, y no puede alcanzar esta cola normal y corriente.

Esto es lo que te está sucediendo. Es el «yo» el que está intentando atrapar, y es él mismo el que atrapa y el atrapado. Ve lo ridículo que es todo esto, y en ese mismo «ver», libérate de ello.

No hay ni una sola cosa que hacer, ni una sola cosa, yo te digo. Porque ya eres eso en lo que quieres convertirte. Son Budas, nunca habéis sido de otra forma. Ver es suficiente.

Y cuando dices: «Estoy observando», es de nuevo el «yo». Observando, el «yo» será creado de nuevo, porque observar es otra vez un acto. Hay un esfuerzo implícito. ¡Tú estás observando! —luego ¿quién está observando? Relájate. En la relajación —cuando no hay nada que observar y nadie como observador, cuando no estás dividido en una dualidad— surge un modo de presenciar de diferente cualidad. No es una observación. Es simplemente consciencia pasiva; pasiva, digo —recuerda—. No tiene nada agresivo en ella. Observar es muy agresivo; se necesita esfuerzo, tienes que estar tenso. Pero no estés tenso, relájate. Simplemente permanece ahí. En esa consciencia, cuando simplemente estás ahí, sentado sin hacer nada, la primavera llega y la hierba crece por sí sola.

Ese es el todo del enfoque budista: que cualquier cosa que hagas creará e intensificará a «el que hace» —observar también, pensar también, entregarse también—. Cualquier cosa que hagas creará la trampa. No necesitas hacer nada. Simplemente sé... y deja que las cosas sucedan. No trates de dirigir, no trates de manipular. Deja que pase la brisa, deja que lleguen los rayos del sol, deja que la vida dance, y deja que llegue la muerte y que dance también dentro de ti.

Éste es para mí el significado de *sannyas*: no es algo que tú haces; cuando abandonas todo hacer, y ves el absurdo del hacer... ¿Quién eres tú para hacer nada? Eres sólo una ola en este océano. Un día eres, otro día desaparecerás; el océano continúa. ¿Por qué tienes que estar tan preocupado? —vienes, desapareces—. Mientras tanto, durante este pequeño intervalo, te preocupas y te poner muy tenso, y tomas todas las cargas sobre tus hombros, y llevas rocas en tu corazón —sin motivo alguno.

¡Eres libre en este mismo momento!

Proclamo tu iluminación en este mismo momento. Pero tú no confías en mí. Tú dices: «Eso está bien, Osho, pero dinos tan sólo cómo iluminarnos».

Ese llegar a, ese conseguir, ese desear, continúa saltando sobre cualquier objeto que encuentras. A veces es el dinero, a veces es Dios. A veces es el poder, a veces es la meditación —cualquier objeto, y tú empiezas a agarrarlo—. No agarrar es el camino para vivir la vida auténtica, la vida verdadera; no agarrar, no poseer.

Deja que las cosas sucedan, deja que la vida sea un suceso, y hay alegría, hay gozo. Porque entonces no hay frustración, nunca. Como nunca habías esperado nada en primer lugar, cualquier cosa que viene es buena, es bienvenida. No hay fracaso, ni éxito. Ese juego del fracaso y el éxito ha sido abandonado. El sol viene por la mañana y te despierta, y la luna llega al atardecer y canta una canción de cuna y te vas a dormir. Viene el hambre y comes, y así sucesivamente. Eso es lo que quieren decir los maestros zen cuando dicen: Cuando tengas hambre, come; cuando tengas sueño, duerme, y no hay nada más que hacer.

Y no estoy enseñándoles no-acción. No estoy diciendo que no vayan a trabajar, no estoy diciendo que no se ganen el pan, no estoy diciendo que renuncien al mundo y que vivan de los demás y se conviertan en explotadores; no, en absoluto. Pero no sean el que hace. Sí, cuando tienes hambre, tienes que comer, y cuando tienes que comer, tienes que ganarte el pan —pero no hay nadie haciéndolo—. Es la misma hambre la que está trabajando; no hay nadie más haciéndolo. Es la sed misma la que te está llevando hacia el pozo o hacia el río. Es la sed misma moviéndose; no hay nadie que tenga sed. Renuncia a los sustantivos y a los pronombres en tu vida y deja que vivan los verbos.

Buda dice: verdad es cuando ves un bailarín y no hay bailarín, sino sólo baile. Cuando ves un río y no hay río, sino sólo riada. Cuando ves un árbol y no hay árbol, sino sólo arboleda. Cuando ves una sonrisa y no hay nadie que esté sonriendo, hay sólo sonrisa, sonriendo. Cuando ves amor y no hay nadie que sea un amante, sino sólo amando. La vida es un proceso.

Pero estamos acostumbrados a pensar en términos de sustantivos estáticos. Eso crea problemas. Y no hay nada estático —todo es flujo y fluyendo—. Fluye con esto, fluye con este río, y nunca seas un hacedor. Incluso cuando estés haciendo, no seas el que hace. Hay un haciendo, pero no hay un hacedor. Una vez que esta comprensión se aposenta en ti, no hay nada más.

La iluminación no es algo como una meta que haya que alcanzar. Es la misma vida ordinaria, esta simple vida que te rodea. Pero cuando no estás luchando, esta vida ordinaria se vuelve extraordinariamente bella. Entonces los árboles son más verdes, entonces los pájaros cantan con tonos más ricos, entonces todo lo que está sucediendo alrededor es precioso. entonces los guijarros ordinarios se convierten en diamantes.

Acepta esta vida simple, ordinaria. Simplemente abandona al que hace. Y cuando digo abandona al que hace, ¡no te conviertas en alguien que abandona! Examinando su realidad, desaparece.

La tercera pregunta:

> ¿Existe alguna diferencia entre el *shunyavada* de Nagarjuna y el *avyakritopadesh*, la enseñanza indefinible y no hablaba de Buda, el Señor?

No existe diferencia en absoluto. Si aparece alguna diferencia es sólo a causa de la formulación. Nagarjuna es un gran filósofo, uno de los más grandes del mundo. Sólo unas pocas personas en el mundo, muy pocas, tienen la capacidad de penetración que tiene Nagarjuna. Así que su forma de hablar es muy filosófica, lógica, absolutamente lógica. Buda es un místico, no un filósofo. Su forma de decir las cosas es más poética que filosófica. La aproximación es diferente, pero Nagarjuna está diciendo exactamente lo mismo que Buda. Su formulación es ciertamente diferente, pero lo que están diciendo tiene que ser comprendido.

Tú preguntas, la pregunta es de Omanath Bharti: «¿Hay alguna diferencia entre el *shunyavada*...?». *Shunyavada* significa la teoría, la filosofía de la nada. En inglés no hay palabra que pueda ser equivalente, apropiadamente equivalente a *shunya*. *Shunya* significa vacío, pero no negativo; vacío muy positivo. Significa nada, pero tampoco es sólo nada, significa no-cosa. *Shunya* significa vacío, vacío de todas las cosas. Pero el vacío mismo está ahí, con absoluta presencia, así que no es sólo vacío. Es como el cielo que está vacío, que es espacio puro, pero que es. Todo llega a él y se va, y él permanece.

Shunya es como el cielo... pura presencia. No puedes tocarlo, aunque vives en él. No puedes verlo, aunque nunca puedes estar sin él. Existes en él; de la misma forma que el pez existe en el océano, tú existes en el espacio, en shunya. *Shunyavada* significa que todo surge de la no-cosa.

Hace sólo unos pocos minutos estaba diciéndonos la diferencia entre verdad y realidad. Realidad significa el mundo de las cosas, y verdad significa el mundo de la no cosa, la nada —*shunya*—. Todas las cosas surgen de la nada y se vuelven a disolver en la nada.

En los Upanishads hay una historia:

Svetaketu ha vuelto de la casa de su maestro a la de sus padres. Lo ha aprendido todo. Su padre, Udallaka, un gran filósofo, le mira y dice: «Svetaketu, sal y trae un fruto de aquel árbol».

Él sale, trae un fruto. Y el padre dice: «Pártelo. ¿Qué ves en él?». Y hay muchas semillas dentro. Y el padre le manda: «Toma una semilla y pártela. ¿Qué ves en ella?».

Y él responde: «Nada».

Y el padre dice: «Todo surge de esta nada. Este gran árbol, tan grande que mil carros de bueyes pueden descansar bajo él, ha surgido de tan sólo una semilla. Y partes la semilla y no encuentras nada allí. Ése es el misterio de la vida —todo surge de la nada—. Y un día el árbol desaparece, y no sabes dónde ha ido; no puedes encontrarlo en ningún sitio».

Así es el hombre: surgimos de la nada, y somos la nada, y desaparecemos en la nada. Esto es *shunyavada*.

¿Y qué es el *avyakritopadesh* de Buda, la enseñanza no hablada e indefinible? Es lo mismo. Él nunca lo expresó filosóficamente tan claro como Nagarjuna. Por eso nunca habló de ello. Por eso dice que es indefinible; no puede traerse al nivel del lenguaje. Mantuvo silencio acerca de ello.

¿Conoces el *Sermón de la flor*? Un día Buda llega con una flor de loto en la mano y se sienta en silencio, sin decir nada. Y los diez mil discípulos están allí, los diez mil *bhikkus* están allí, y están esperando que diga algo, y él continúa mirando la flor de loto. Hay un gran silencio, y también hay una gran agitación. La gente comienza a ponerse nerviosa —«¿Qué está haciendo? Nunca lo ha hecho antes».

Y entonces un discípulo, Mahakashyapa, sonríe.

Buda llama a Mahakashyapa, le da la flor de loto, y dice a la asamblea: «Lo que puede ser dicho os lo he dicho. Y lo que no puede ser dicho se lo he dado a Mahakashyapa».

Esto es *avyakritopadesh*, este es el mensaje indefinible. Éste es el original del budismo zen, la transmisión. Algo fue transmitido por Buda a Mahakashyapa, algo que es nada —en el plano visible, nada, ni palabra, ni escritura, ni teoría—. Pero algo ha sido transmitido. ¿Qué? Los monjes zen han estado meditando sobre esto durante dos mil quinientos años: «¿Qué? ¿Qué fue transmitido? ¿Qué fue exactamente lo que fue dado?». En realidad, Buda no le dio nada a Mahakashyapa; Mahakashyapa ha comprendido algo de pronto. Comprendió el silencio, comprendió el silencio penetrante. Comprendió ese momento de claridad, ese momento de absoluto no pensamiento. En ese momento, se hizo uno con Buda. Eso es entrega. No es que él lo estuviera haciendo; Buda estaba en silencio y él estaba en silencio, y los dos silencios se encontraron, y los dos silencios se disolvieron el uno en el otro. Y los dos silencios no pueden permanecer separados, recuerda. Porque un silencio no tiene límites, un silencio es ilimitado, un silencio está simplemente abierto, abierto por todas partes. En aquella gran asamblea de diez mil monjes hubo dos silencios aquel día —Buda y Mahakashyapa—. Todos los demás permanecieron fuera. Mahakashyapa y Buda se encontraron: por eso sonrió —porque ése era el sermón más grandioso que Buda había predicado. Sin decir una sola palabra lo había dicho todo, todo lo que podía ser dicho —y todo lo que no podía ser dicho, eso también.

Mahakashyapa comprendió y se rio. En esa risa Mahakashyapa desapareció totalmente, se convirtió en un Buda. La llama de la lámpara de Buda saltó a Mahakashyapa. A eso se le llama «transmisión más allá de las escrituras» —el *Sermón de la flor*—. Es único en la historia de la consciencia humana. Eso es lo que se llama *avyakritopadesh*: la palabra no dicha, la palabra no pronunciada.

El silencio se hizo tan sustancial, tan sólido; el silencio se hizo tan real, tan existencial; el silencio se hizo tangible en aquel momento. Buda era una nada, Mahakashyapa también comprendió lo que significa ser una nada, estar absolutamente vacío.

No hay diferencia entre el *shunyavada* de Nagarjuna y el mensaje impronunciado de Buda. Nagarjuna es uno de los más grandes discípulos de Buda, y uno de los más grandes intelectos de todos los tiempos. Sólo unas pocas personas —de vez en cuando un Sócrates, un Shankara— pueden compararse a Nagarjuna. Él era muy, muy inteligente. Lo más grande que el intelecto puede hacer es suicidarse; lo más supremo, el mayor crescendo que puede sucederle al intelecto es que vaya más allá de sí mismo —eso es lo que Nagarjuna ha hecho—. Ha atravesado todos los dominios del intelecto, y ha ido más allá.

Los positivistas lógicos dicen que la nada es una mera abstracción. Partiendo de algunas proposiciones negativas, como por ejemplo: esto no es dulce, no estoy bien, no estaba allí, no le agradé, etcétera, etcétera, afirman que la negación no tiene sustancia en sí misma. Eso es lo que dicen los positivistas lógicos. Buda no está de acuerdo, Nagarjuna no está de acuerdo. Martin Heidegger, uno de los intelectos más penetrantes de la era moderna, no está de acuerdo.

Heidegger dice que existe una experiencia real de la nada. No es solamente algo creado por el lenguaje; hay una experiencia real de la nada. Está estrechamente ligada al ser. La experiencia que atestigua esto es la del terror. Kierkegaard, el filósofo danés, también pregunta: «¿Qué efecto produce la nada?», y responde: «Engendra terror».

La nada es una experiencia real. Puedes experimentarla en profunda meditación o cuando llega la muerte. Muerte y meditación son las dos posibilidades de experimentarla. Sí, a veces también puedes experimentarla en el amor. Si te disuelves en alguien, con profundo amor, puedes experimentar un tipo de «nada». Por eso la gente tiene miedo al amor —sólo llegan hasta ahí, entonces surge el pánico, entonces se asustan—. Es por eso por lo que tan poco gente ha permanecido orgásmica —porque el orgasmo te da una experiencia de la nada—. Desapareces, te fundes con algo, y no sabes lo que es. Entras en lo indefinible, *avyakrit*. Vas más allá de lo social. Entras en alguna unidad donde la separación ya no es válida, donde el ego no existe. Y da miedo, porque es como la muerte. Así que es la experiencia, o bien del amor, que la gente ha aprendido a evitar —tantos siguen anhelando el amor, y siguen destrozando todas las posibilidades de lograrlo, debido al miedo a la nada —o, de la profunda meditación, cuando el pensamiento se detiene— simplemente ves que no hay nada dentro, pero que esa «nada» tiene una presencia; no es simplemente ausencia de pensamiento, es la presencia de algo desconocido, misterioso, algo inmenso —o, de la muerte, si estás alerta—. Ordinariamente, la gente muere en la inconsciencia. A causa del miedo a la nada se vuelven inconscientes. Si mueres conscientemente... Y puedes morir conscientemente sólo si aceptas el fenómeno de la muerte, y para eso uno tiene que aprender durante toda la vida, prepararse. Hay que amar para estar preparado para morir, y hay que meditar para estar preparado para morir. Sólo un hombre que ha amado y meditado será capaz de morir conscientemente. Y una vez que mueres conscientemente, ya no hay necesidad de que regreses, porque has aprendido la lección de la vida. Entonces desapareces en el todo; eso es el nirvana.

Los positivistas lógicos parecen muy lógicos, pero algo se les escapa, porque la realidad es mucho más que lógica. En la experiencia ordinaria sólo llegamos a lo que ellos dicen: esta silla está aquí; la retiramos y entonces decimos que no hay ninguna silla ahí. Con ello indicamos simplemente ausencia —la silla ha sido retirada—. Estos son ejemplos ordinarios de «nada»: una vez hubo una casa y luego fue demolida; ya no está allí. Es sólo una ausencia.

Pero en lo profundo de tu ser, en el mismísimo centro. En el mismo centro de la vida, existe la muerte. La muerte es el centro del ciclón.

En el amor te acercas a eso, en la meditación te acercas a eso, en la muerte física también te acercas a eso. En el sueño profundo, cuando desaparecen los sueños, te acercas a ello. Y da mucha vida, acrecienta la vida. Un hombre que no puede dormir profundamente se pone enfermo, porque es sólo en el sueño profundo, al morir en su máxima profundidad, cuando recobra vida, energía, vitalidad. Por la mañana está de nuevo fresco y lleno de entusiasmo, de placer; vibrante, vibrante de nuevo.

¡Aprende a morir! Ese es el mayor arte que puede aprenderse, la mayor habilidad que existe.

Heidegger dice... Su punto de vista se acerca mucho al de Buda, y su lenguaje es muy moderno. Por eso le cito: «Todo ser, en la medida en que es un ser, está hecho de la nada». También hay una doctrina cristiana paralela, muy abandonada —porque los teólogos cristianos no pueden vérselas con ella; es demasiado; es la doctrina *creatio ex nihilo*: la creación sale de la nada.

Si preguntas al físico moderno estará de acuerdo con Buda: cuanto más penetras en la materia, más desaparecen las cosas. Llega un momento, cuando el átomo está dividido, en el que la materialidad desaparece completamente. Entonces hay electrones, pero ya no son cosas, son «nadas». Es muy difícil de entender. Pero la física, la física moderna, se ha acercado mucho a la metafísica —porque cada día se acerca más y más a la realidad—. Se está aproximando a través de la materia, pero está llegando a la nada. Y sabrás que la materia no existe ya en física moderna. La materia es sólo una ilusión: sólo lo parece, pero no está ahí. Su solidez, su sustancialidad, todo son ilusiones; nada es sustancial, todo es flujo y energía. La materia no es otra cosa que energía. Y cuando penetras en la energía, la energía no es una cosa, es una nada.

La muerte es el punto en el que el conocimiento falla, y nos abrimos a ser —esa ha sido la experiencia budista a lo largo de los tiempos—. Buda solía enviar a sus discípulos, cuando alguien había muerto, a ver el cuerpo ardiendo en la pira funeraria: «Meditad allí, meditad en la nada de la vida». La muerte es el punto en el que el conocimiento fracasa, y cuando el conocimiento fracasa, la mente fracasa. Y cuando la mente fracasa, aparece la posibilidad de que la muerte penetre en ti. Pero la gente no sabe. Cuando alguien muere, no sabes qué hacer, estás muy desconcertado. Cuando alguien muere, se presenta una gran ocasión para meditar.

Siempre pienso que todas las ciudades necesitan un Centro de la muerte. Cuando alguien se estuviera muriendo y la muerte fuese verdaderamente inminente, debería ser llevado al Centro de la muerte. Éste sería un pequeño templo donde las personas que pueden entrar en profunda meditación se sentarían a su alrededor, le ayudarían a morir y participarían en su ser cuando desapareciese en la nada. Cuando alguien desaparece en la nada, se libera una gran energía. La energía que estaba allí, rodeándolo, es liberada. Si estás en un espacio silencioso alrededor de él, te irás en un gran viaje. Ningún psicodélico puede llevarte allí. El hombre está liberando naturalmente una gran energía; si puedes absorber esa energía, tú también morirás con él, en cierta forma. Y verás lo supremo: la fuente y la meta, el principio y el fin.

«El hombre es el ser a través del cual la nada llega al mundo», dice Jean-Paul Sartre. «La consciencia no es este o aquel objeto, no es un objeto en absoluto; pero ¿es ciertamente ella misma?». «No», contesta Sartre, «eso es precisamente lo que no es. La consciencia nunca es idéntica a sí misma. Así, cuando me reflejo en mí mismo, el yo que se refleja es otro que el yo que refleja. Cuando intento expresar lo que soy yo, fracaso, porque mientras estoy hablando, esto mismo que hablo se desliza hacia el pasado y se convierte en lo que yo era. Soy mi pasado y mi futuro, y sin embargo no soy. He sido el uno y seré el otro. Pero en el presente, existe la nada».

Si alguien te pregunta: «¿Quién eres tú?», ¿qué vas a decir? Puedes responder según el pasado, que ya no es, o bien puedes responder según el futuro, que aún no eres. ¿Pero quién eres tú en este mismo momento? Un «nadie», una «nada». Esta «nada» es el mismo centro, el corazón. el corazón de tu ser.

La muerte no es el hacha que tala el árbol de la vida, es el fruto que crece en él. La muerte es la misma sustancia de la que estás hecho. La nada es tu mismo ser. Alcanza esta nada, a través del amor o de la meditación, y sigue teniendo visiones momentáneas de ella. Esto es lo que Nagarjuna quiere decir con *shunya*. Esto es lo que Buda transmitió el día que dio el *Sermón de la flor*. Esto es lo que Maha-kashyapa comprendió cuando se rio. Vio la nada, y su pureza, su inocencia, su inocencia original, su resplandor, su inmortalidad —porque la nada no puede morir—. Las cosas mueren; la nada es inmortal, eterna.

Si estás identificado con cualquier cosa, sufrirás la muerte. Pero si sabes que eres la muerte, ¿cómo puedes sufrir la muerte? Entonces nada puede destruirte; la nada es indestructible.

Una parábola budista narra que el rey del infierno preguntó a un espíritu recién llegado si durante su vida se había encontrado con los tres mensajeros celestes, y cuando respondió: «No, mi Señor, no me los encontré», le preguntó si alguna vez había visto un viejo encorvado por la edad, o un enfermo pobre y sin amigos, o un muerto. Los budistas llaman a estos tres «los mensajeros de Dios»; vejez, enfermedad, muerte —los tres mensajeros de Dios—. ¿Por qué? Porque sólo a través de estas experiencias de la vida te haces consciente de la muerte. Y si te haces consciente de la muerte y empiezas a aprender cómo entrar en ella, cómo darle la bienvenida, cómo recibirla, te liberas de la esclavitud, de la rueda de la vida y la muerte.

Heidegger asegura, y también lo afirma Soren Kierkegaard, que la nada crea terror. Eso es sólo la mitad de la historia. Porque ellos dos son sólo filósofos: por eso la nada crea terror.

Si preguntas a Buda, a Mahakashyapa, a Nagarjuna, si me preguntas a mí, te diremos que la muerte observada parcialmente produce terror; observada absolutamente, totalmente, te libera de todo terror, de toda angustia, de toda ansiedad, te liberará del *samsara*. Porque si miras parcialmente, entonces crea el miedo de que vas a morir, de que te convertirás en nada, de que pronto desaparecerás. Y, naturalmente, te sientes nervioso, agitado, desarraigado. Si miras a la muerte totalmente, entonces sabes que eres la muerte, que estás hecho de ella. Así que nada va a desaparecer, y nada va a permanecer. Sólo la nada es.

El budismo no es una religión pesimista como ha pensado mucha gente. El budismo es el camino para deshacerse del optimismo y del pesimismo, para deshacerse de la dualidad.

Empieza a meditar sobre la muerte. Y siempre que sientas la muerte cerca, entra en ella —a través de la puerta del amor, a través de la puerta de la meditación, a través de la puerta de un hombre que está muriéndose—. Y si un día, y el día va a llegar algún día, estás muriéndote, recíbelo con alegría, con bendición. Y si puedes recibir a la muerte con alegría y bendición, alcanzarás la cima más grande, porque la muerte es el crescendo de la vida. Escondido en ella está el mayor orgasmo, porque escondida en ella está la mayor libertad.

La muerte es hacer el amor con Dios, o Dios haciéndote el amor. La muerte es orgasmo cósmico, total. Así que abandona todas esas ideas que puedas tener sobre la muerte —son peligrosas—. Te hacen antagonista de la más grande experiencia que necesitas tener. Si desaprovechas la muerte, volverás a nacer. A no ser que hayas aprendido cómo morir, seguirás naciendo una y otra vez. Esta es la rueda, *samsara*, el mundo. Una vez que hayas conocido el mayor orgasmo, entonces no hay necesidad de volver; desapareces, y permaneces en ese orgasmo para siempre. No permaneces como tú, no permaneces como una entidad, no permaneces definido, identificado con alguna cosa. Permaneces como el todo, no como la parte.

Éste es el *shunyavada* de Nagarjuna, y este es el mensaje no hablado de Buda, la palabra no hablada. Ambos son lo mismo.

La última pregunta:

Tengo miedo de tomar *sannyas*, aunque me atrae inmensamente. Tengo miedo por mi marido. No creo que pueda comprenderlo.

No eres muy respetuosa con tu marido. ¿Crees que es estúpido o algo así? ¿Por qué no podría entenderlo? Si te ama, lo comprenderá. Amor es comprensión. Si no te ama, entonces tomes o no tomes *sannyas*, no te comprenderá.

La segunda cosa: si no comprende el que tú tomes *sannyas*, es su problema. Tú tienes que vivir tu vida. Nunca transijas, de otra forma mucho es lo que te vas a perder. ¡Nunca transijas! Si tienes ganas de hacerte *sannyasin*, hazte *sannyasin*. Corre el riesgo. Si él te ama no hay problema, lo comprenderá —porque el amor da libertad—. Si no te ama, entonces habrá dificultades para él, porque sentirá que te estás saliendo de su posesión, que te estás volviendo independiente, que estás intentando ser tú misma. Pero doblegarse a tales expectativas es suicida. Ése es *su* problema. Tú tienes que vivir tu vida, él tiene que vivir su vida. Nadie debería intentar imponerle algo al otro.

Pero mi impresión es que tú también debes estar imponiéndole cosas; por eso tienes miedo. Si no estás imponiéndole nada, puedes ser independiente. Pero es un arreglo mutuo: las personas son esclavas unas de otras. Y siempre que conviertes a alguien en un esclavo, recuerda, también estás convirtiendo a alguien en tu dueño. Es un arreglo mutuo. Debes estar intentando manipular a tu marido, debes estar intentando imponerle cosas, debes estar volviéndole un lisiado. Ahora quieres ser independiente, y muy en lo profundo tienes miedo de que si te haces independiente, él también afirmará su independencia. Entonces él querrá seguir su camino, y eso no te lo puedes permitir. Ése es el verdadero temor.

Pero si no haces algo que te gusta, que querías hacer, que querías ser, nunca podrás perdonarlo. Y te vengarás, y te enfadarás, y estarás rabiosa, porque pensarás constantemente que querías hacerte *sannyasin*, y es sólo por culpa de este hombre por lo que... Y te sentirás enjaulada, aprisionada. A nadie le gusta estar aprisionado. Entonces uno odia a la persona que es la causa de su aprisionamiento, entonces uno trata de vengarse de forma sutil. Eso destruirá tu matrimonio.

Nunca crees una situación tal que no puedas perdonar al otro. Sólo dos personas independientes pueden perdonarse. Los esclavos no pueden perdonar. Y ¿quién sabe?, podría ayudarle a él también, de alguna forma.

El otro día leí una anécdota:

Dos exploradores se encontraron en las regiones salvajes del Amazonas. El siguiente diálogo tuvo lugar:

Primer explorador: «Vine aquí porque llevo en la sangre la pasión de vagabundear. La civilización me pone enfermo. Me gusta ver la naturaleza en su estado primitivo. Me gustaría poner mis huellas donde ningún otro ser humano lo ha hecho antes. ¿Y tú? ¿Por qué viniste aquí».

Segundo explorador: «Mi esposa se ha hecho *sannyasin* de Osho, hace Meditación caótica por la mañana y Kundalini al atardecer —¡por eso vine!».

¡Pues muy bien! Si tu marido se va al Amazonas y se hace explorador, eso es darle una buena oportunidad de hacer algo.

Capítulo 3

La negación del conocimiento

Iha Sariputra rupam sunyata sunataiva rupam,
rupan na prithak sunyata sunyataya na prithag rupam, yad rupam sa sunyata
ya sunyata tad rupam; evam eva vedana-samjana-samskara-vijnanam.

Aquí, ¡oh! Sariputra, la forma es vacío y el vacío mismo es forma;
el vacío no se diferencia de la forma, la forma no se diferencia del vacío;
todo lo que es forma, es vacío; todo lo que es vacío, es forma, y lo mismo es
aplicable a los sentimientos, las percepciones, los impulsos y la consciencia.

Iha Sariputra sarva dharmah sunyata-laksana, anutpanna aniruddha,
amala avimala, anuna aparipurnah.

Aquí, ¡oh! Sariputra, todos los dharmas se caracterizan por el vacío,
ni son producidos ni detenidos, no están mancillados ni inmaculados,
ni son deficientes ni completos.

Los conocimientos son la maldición, la calamidad, el cáncer. El hombre se separa del todo a través de los conocimientos. Los conocimientos crean la distancia.

Te encuentras una flor silvestre en las montañas, no sabes lo que es, tu mente no tiene nada que decir sobre ella, la menta está silenciosa. Miras la flor, ves la flor, pero no surge en ti ningún conocimiento —hay asombro, hay misterio—. La flor está ahí, tú estás ahí. Con el asombro no te separas, te conectas.

Si sabes que es una rosa, o una caléndula, o cualquier otra cosa, ese mismo saber te desconecta. La flor está ahí, tú estás aquí, pero no hay puente —¡tú sabes!—. El conocimiento crea distancia. Cuanto más sabes, mayor es la distancia; y cuanto menos sabes, menor es la distancia. Y cuando estás en un momento sin conocimientos, no hay distancia, estás conectado.

Te enamoras de una mujer o de un hombre —el día que te enamoras no hay distancias. Sólo hay asombro, emoción, excitación, éxtasis, pero no conocimiento—. No sabes quién es esa mujer. Sin conocimiento, nada te divide. De ahí la belleza de esos primeros momentos de amor. Sólo has vivido con la mujer veinticuatro horas y ya ha surgido conocimiento. Ahora ya tienes algunas ideas sobre la mujer: sabes quién es ella, hay una imagen. Veinticuatro horas han creado un pasado. Esas veinticuatro horas han dejado huellas en la mente: miras a la misma mujer, ya no existe el mismo misterio. Estás descendiendo de la colina, la cumbre está perdida.

Comprender esto es comprender mucho. Comprender que los conocimientos dividen, que los conocimientos crean distancia, es comprender el misterio mismo de la meditación. La meditación es un estado de no saber. La meditación es espacio puro, espacio sin perturbar por el conocimiento. Sí, la historia bíblica es verdad: el hombre ha caído a causa del conocimiento, comiendo el fruto del árbol del conocimiento. Ninguna otra escritura del mundo sobrepasa a ésta. Esa parábola es la última palabra; ninguna otra parábola ha alcanzado esa altura, esa visión.

Parece muy ilógico que el hombre haya caído a causa del conocimiento. Parece ilógico, porque la lógica es parte del conocimiento. La lógica está a favor del conocimiento. Parece ilógico, porque la lógica es la causa básica de la caída del hombre. Un hombre que es absolutamente lógico, absolutamente cuerdo, un hombre que siempre está cuerdo, que nunca permite nada ilógico en su vida, es un loco. La cordura necesita ser equilibrada con la demencia, la lógica necesita ser equilibrada con lo ilógico. Los opuestos se encuentran y se equilibran. Un hombre que es sólo racional no es razonable —se perderá muchas cosas—. De hecho, seguirá perdiéndose todo lo que es bello y todo lo que es verdad. Coleccionará trivialidades, su vida será una vida mundana. Será un hombre mundano.

Esa parábola bíblica contiene una enorme comprensión. ¿Por qué el hombre ha caído a causa del conocimiento? —porque el conocimiento crea distancia, porque el conocimiento crea el «yo» y el «tú», porque el conocimiento crea el sujeto y el objeto, el que conoce y lo conocido, el observador y lo observado—. El conocimiento es básicamente esquizofrénico; crea una escisión. Y luego no hay forma de tender puentes. Por eso, cuantos más conocimientos tiene un hombre, menos religioso es. Cuanto más educado es un hombre, menores son sus posibilidades de aproximarse a Dios.

Jesús tiene razón cuando dice: «Sólo los niños podrán entrar en mi reino...», sólo los niños.

¿Cuál es el don que tiene un niño y que tú has perdido? El niño tiene el don de la inocencia, el don del estado sin conocimientos. El niño mira con asombro, sus ojos son absolutamente limpios. El niño mira profundamente, pero no tiene prejuicios, ni opiniones, ni ideas a priori. No proyecta; de aquí que llegue a conocer lo que es.

El otro día hablábamos de la diferencia entre realidad y verdad. El niño conoce la verdad, tú sólo conoces la realidad. La realidad es lo que tú has creado en torno a ti —proyectando, deseando, pensando—. La realidad es tu interpretación de la verdad. La verdad es simplemente lo que es; la realidad es lo que tú has llegado a comprender —es tu idea de la verdad—. La realidad se compone de cosas, todas separadas. La verdad consta de una sola energía cósmica. La verdad consiste en unidad, la realidad se compone de multiplicidad. La realidad es una multitud, la verdad es integración.

Antes de que entremos en los sutras, esto tiene que convertirse en el fundamento: los conocimientos son una maldición.

Krishnamurti ha dicho: «Negar es silencio». Negar ¿qué? —negar el conocimiento, negar la mente, negar esa constante ocupación en tu interior; crear un espacio sin ocupar—. Cuando estás desocupado, estás en armonía con el todo. Cuando estás ocupado, te has salido de la armonía. Por eso, cuando logras alcanzar un momento de silencio, hay una inmensa alegría. En ese momento la vida tiene significado, en ese momento la vida tiene una grandeza más allá de las palabras. En ese momento la vida es una danza. En ese momento, incluso si llega la muerte será una danza y una celebración, porque ese momento no conoce otra cosa que alegría. Ese momento es gozoso, es feliz.

Hay que negar el conocimiento. Pero no porque lo diga yo, o porque lo diga Krishnamurti, o porque lo haya dicho Gautama Buda. Si lo niegas porque yo lo digo, entonces negarás tu conocimiento y tomará su lugar lo que yo estoy diciendo, lo sustituirás. La negación no tiene que venir de la mente, de lo contrario la mente se vuelve muy astuta. Entonces lo que yo digo se convierte en tu conocimiento, empiezas a aferrarte a ello. Arrojas tus viejos ídolos y los reemplazas por otros nuevos. Pero es el mismo juego jugado con nuevas palabras, nuevas ideas, nuevos pensamientos.

Entonces, ¿cómo negar el conocimiento? No mediante otro conocimiento: simplemente examinando el hecho de que el conocimiento crea distancia; examinar este hecho intensamente, totalmente, es suficiente. No se trata de que lo sustituyas por otra cosa; esa intensidad es fuego, esa intensidad reducirá tus conocimientos a cenizas. Esa intensidad es suficiente. Esa intensidad es lo que se conoce como «visión interna». Esa visión quemará tus conocimientos y estos no serán sustituidos por otros conocimientos. Entonces hay vacío, *shunyata*. Entonces hay nada, porque entonces no hay contenido. Hay verdad sin perturbar, sin distorsionar.

Tienes que ver lo que digo, no tienes que aprender lo que digo. Aquí, sentado conmigo cada día, escuchándome, no empieces a amontonar conocimientos. Aquí, escuchándome, no empieces a acumular. Escucharme deberá ser un experimento de visión interna. Deberías escucharme con intensidad, con totalidad, con tanta consciencia como te sea posible. En esa misma consciencia verás la cuestión, ¡y ese mismo ver es la transformación! No es que tengas que hacer algo más después; el mismo ver trae el cambio. Si necesitas algo de esfuerzo, eso simplemente muestra que no lo has entendido. Si vienes mañana y me dices: «He comprendido que el conocimiento es la maldición, que el conocimiento crea distancia. Pero ¿cómo dejarlo?» —entonces no lo entendiste—. Si surge el «cómo», entonces no lo has entendido. El «cómo» no puede surgir, porque el «cómo» está pidiendo más conocimientos. El «cómo» está pidiendo métodos, técnicas: «¿Qué hay que hacer?». Y la «visión» es suficiente; no necesita ser ayudada por ningún esfuerzo. Su fuego es más que suficiente para quemar todos los conocimientos que llevas dentro de ti. ¡Sólo hay que verlo!

Al escucharme, ¡ve conmigo! Al escucharme, toma mi mano y entra en los espacios a los que trato de ayudarte a entrar. Y ve lo que digo, no discutas. No digas sí, no digas no. No estás de acuerdo, no estés en desacuerdo. ¡Simplemente *quédate conmigo* en este momento! —y de pronto la visión estará ahí—. Si estás escuchando atentamente... Y con «atención» no quiero decir concentración; con «atención» simplemente quiero decir que estás escuchando con consciencia, no con una mente embotada; que estás escuchando con inteligencia, con viveza, abierto. Estás aquí, ahora, conmigo. Eso es lo que quiero decir con atención: que no estás en otro sitio. No estás comparando en la mente, lo que digo, con tus viejos pensamientos. No estás comparando en absoluto, no estás juzgando. No estás juzgando dentro, en tu interior, lo que digo, si es correcto o no, o hasta qué punto es correcto.

Precisamente el otro día estuve hablando con un buscador. Tiene las cualidades de un buscador, pero está cargado de conocimientos. Mientras le hablaba, sus ojos se llenaron de lágrimas. Su corazón estaba a punto de abrirse, y en ese mismo momento entró la mente y destrozó la belleza de todo ello. Estaba aproximándose al corazón y abriéndose, pero inmediatamente su mente se introdujo. Las lágrimas que estaban a punto de ser derramadas desaparecieron. Sus ojos se secaron. ¿Qué había sucedido? —dije algo con lo que él no podía estar de acuerdo—. Él estuvo de acuerdo conmigo hasta llegar a un cierto punto. Luego dije algo que iba contra su formación judía, que iba contra la Cábala. E inmediatamente toda la energía cambió. Dijo: «Todo está bien. Todo lo que dices está bien, excepto esto: que Dios no tiene un objetivo, que la existencia existe sin ningún propósito —con esto no puedo estar de acuerdo—. Porque la Cábala dice justo lo contrario —que la vida tiene un propósito, que Dios tiene propósitos, que Él nos está conduciendo hacia un cierto destino, que hay un destino».

Puede que él ni siquiera lo haya visto así: que en ese momento se desvió porque apareció la comparación. ¿Qué tiene que ver la Cábala conmigo? Cuando estés conmigo, aparta todos tus conocimientos acerca de la Cábala, del yoga, del tantra, de esto y aquello. Cuando estés conmigo, estate conmigo. Si estás totalmente conmigo. Y no estoy diciendo que estés de acuerdo conmigo, recuerda. No estoy diciendo que estés de acuerdo conmigo: no es cuestión de estar de acuerdo o en desacuerdo.

Cuando ves una rosa, ¿estás de acuerdo o estás en desacuerdo con ella? Cuando ves el amanecer, ¿estás de acuerdo o en desacuerdo? Cuando por la noche ves la luna, ¡simplemente la ves! O la ves o no la ves, pero no es una cuestión de acuerdo o desacuerdo.

Estate conmigo de esa forma, esa es la forma de estar con un maestro. Simplemente estate conmigo. No estoy tratando de convencerte de nada. No estoy tratando de convertirte a ninguna teoría, filosofía, dogma, a ninguna iglesia, ¡no! Simplemente estoy compartiendo lo que me ha sucedido. Y en ese mismo compartir, si participas, también a ti puede sucederte. Es contagioso. La visión interna transforma.

Cuando digo que el conocimiento es una maldición, puedes estar de acuerdo, no estar de acuerdo. ¡entonces no lo has entendido! Sólo hay que escucharlo, sólo hay que verlo, penetrar en todo el proceso del conocimiento. Y ver cómo el conocimiento crea distancia, cómo el conocimiento se convierte en una barrera, cómo el conocimiento separa, cómo el conocimiento continúa creciendo y la distancia sigue agrandándose, cómo se pierde la inocencia a causa del conocimiento, cómo el asombro queda destrozado, paralizado, asesinado a causa del conocimiento, cómo la vida se vuelve un asunto pesado y aburrido a causa del conocimiento. El misterio se ha perdido, y con el misterio, Dios se ha perdido. El misterio desaparece porque empiezas a tener la idea de que sabes.

Cuando sabes, ¿cómo puede haber misterio? El misterio es posible sólo cuando no sabes.

Y recuerda, ¡el hombre nunca ha sabido nada! Todo lo que hemos almacenado es sólo basura. Lo esencial permanece fuera de nuestro alcance. Lo que hemos almacenado son sólo hechos, la verdad sigue sin ser tocada por nuestros esfuerzos. Y ésa no es solamente la experiencia de Buda, Krishna, Krishnamurti y Rama; esa es la experiencia incluso de Edison, Newton, Albert Einstein. Esa es la experiencia de los poetas, los pintores, los bailarines. Todas las grandes inteligencias del mundo —ya sean místicos, ya sean poetas, ya sean científicos— están totalmente de acuerdo respecto a una cosa: que cuanto más sabemos, más comprendemos que la vida es un absoluto misterio. Nuestro conocimiento no destruye su misterio. Sólo los estúpidos piensan que como saben un poco, ya no hay más misterio en la vida. Sólo la mente mediocre se aferra demasiado a los conocimientos. La mente inteligente permanece por encima de los conocimientos. Los usa, claro que los usa —son útiles, prácticos—, pero sabe perfectamente bien que todo lo que es verdadero está oculto, permanece oculto. Podemos seguir sabiendo y sabiendo, pero Dios sigue sin agotarse.

Escucha con visión interna, con atención, totalmente. Y en esa misma visión verás algo; ese ver te cambia. Ya no preguntas «cómo». Eso es lo que Krishnamurti quiere decir con «Negar es silencio».

La visión niega. Y cuando se niega algo y no se pone nada en su lugar, cuando algo ha sido destruido y no se ha puesto nada reemplazándolo, hay silencio. Porque hay espacio. Hay silencio porque lo viejo ha sido desechado y no se ha introducido nada nuevo. Buda llama *shunyata* a ese silencio. Ese silencio es vacío, nada. Y sólo esa nada puede operar en el mundo de la verdad.

El pensamiento no puede operar allí. El pensamiento sólo funciona en el mundo de las cosas porque el pensamiento es también una cosa —sutil, pero también material—. Por eso el pensamiento puede ser registrado, por eso el pensamiento puede ser transmitido, expresado. Puedo lanzarte un pensamiento; tú puedes cogerlo, puedes tenerlo. El pensamiento puede darse y tomarse, es transferible, porque es una cosa. Es un fenómeno material.

El vacío no se puede dar, no se te puede lanzar. Puedes participar en él, puedes entrar en él, pero nadie puede dártelo. Es intransferible. Y sólo el vacío opera en el mundo de la verdad. La verdad sólo se conoce cuando la mente no está. Para conocer la verdad, la mente tiene que cesar, tiene que dejar de funcionar. Tiene que estar en calma, silenciosa, inmóvil.

El pensamiento no puede operar en la verdad, pero la verdad puede operar por medio de los pensamientos. No puedes alcanzar la verdad pensando, pero cuando la has alcanzado puedes poner el pensamiento a su servicio. Eso es lo que yo hago, eso es lo que hizo Buda, eso es lo que todos los maestros han hecho.

Lo que yo digo es un pensamiento, pero detrás de este pensamiento está el vacío. Ese vacío no ha sido producido por el pensamiento, ese vacío está más allá del pensamiento. El pensamiento no puede tocarlo, el pensamiento ni siquiera puede mirarlo.

¿Has observado este fenómeno? No puedes pensar acerca del vacío, no puedes hacer del vacío un pensamiento. No puedes pensar en él, es inimaginable. Si puedes pensar en él, no será vacío en absoluto. El pensamiento tiene que irse para que venga el vacío; nunca se encuentran. Una vez que el vacío ha llegado, puede utilizar todo tipo de estratagemas para expresarse.

La visión interna es un estado sin pensamientos. Siempre que ves algo, lo ves cuando no hay pensamientos. Aquí también, escuchándome, estando conmigo, a veces ves. Pero esos momentos son brechas, intervalos. Un pensamiento se ha ido, otro pensamiento tiene que llegar, y hay una brecha; en ese intervalo algo se mueve, algo empieza a vibrar. Es como alguien que toca un tambor; el tambor está vacío por dentro, por eso se puede tocar en él. Ese vacío vibra. Ese bello sonido que sale de él surge a partir del vacío. Cuando tú estás, sin un pensamiento, entonces algo es posible, inmediatamente posible. Entonces puedes ver lo que estoy diciendo. Entonces no será simplemente una palabra oída, entonces se convertirá en una intuición, una comprensión, una visión. Has mirado dentro de ello, lo has compartido conmigo.

La visión interna es un estado en el que no piensas, un estado sin pensamientos. Es una brecha, un intervalo en el proceso del pensamiento, y en esa brecha está la visión instantánea, la verdad.

La palabra inglesa *empty* (vacío) viene de una raíz que significa ocioso, desocupado. Es una bella palabra si vas a la raíz. La raíz es muy significativa: quiere decir ocioso, desocupado. Siempre que estás desocupado, ocioso, estás vacío. Y recuerda, el proverbio que dice que la mente vacía es el taller del diablo, es una estupidez. La verdad es justo lo contrario: la mente ocupada es el taller del diablo. La mente vacía es el taller de Dios, no el del diablo. Pero tienes que comprender lo que quiero decir con «vacía» —ociosa, relajada, sin tensión, sin movimiento, sin deseos, sin ir a ninguna parte, simplemente estando aquí, *totalmente* aquí—. Una mente vacía es pura presencia. Y todo es posible en esa presencia pura, porque toda la existencia procede de esa presencia pura.

Estos árboles crecen de esa presencia pura, estas estrellas nacen de esa presencia pura, nosotros estamos aquí, todos los Budas han salido de esa presencia pura. En esa presencia pura estás con Dios, eres Dios. Ocupado, caes: ocupado, tienes que ser expulsado del jardín del Edén. Desocupado, has vuelto al jardín, desocupado, has vuelto a casa.

Cuando la mente no está ocupada por la realidad, por las cosas, por los pensamientos, entonces queda lo que es. Y lo que es, es la verdad. Sólo en el vacío hay un encuentro, una fusión. Sólo en el vacío te abres a la verdad y la verdad entra en ti. Sólo en el vacío te llenas de verdad.

Éstos son los tres estados de la mente. El primero está formado por los contenidos y la consciencia. La mente siempre está conteniendo algo: un pensamiento que se mueve, un deseo que surge, ira, avaricia, ambición. Siempre tienes algún contenido en la mente; la mente nunca está desocupada. El tráfico continúa, día tras día. Está ahí mientras estás despierto, está ahí mientras duermes. Cuando estás despierto lo llamas pensar, cuando duermes lo llamas soñar —es el mismo proceso—. Soñar es un poco más primitivo, nada más —porque se piensa con imágenes—. El sueño no utiliza conceptos, utiliza imágenes. Es más primitivo; es como un niño pequeño, piensa con imágenes. Por eso en los libros para niños pequeños hay que poner grandes imágenes, llenas de color, porque piensan con imágenes. Mediante las imágenes aprenderán las palabras. Esas imágenes se van haciendo más y más pequeñas, y luego desaparecen.

El hombre primitivo también piensa en imágenes. Las lenguas más antiguas son las lenguas pictóricas. El chino es una lengua pictórica: no tiene alfabeto. Es la lengua más antigua. Por la noche te vuelves primitivo de nuevo, olvidas tu sofisticación del día y empiezas a pensar con imágenes, pero es lo mismo.

La investigación del psicoanalista es valiosa: examina tus sueños. Ahí hay más verdad, porque eres más primitivo. No estás tratando de engañar a nadie, eres más auténtico. Durante el día tienes una personalidad en torno a ti que te oculta —capas sobre capas de personalidad—. Es muy difícil encontrar al verdadero hombre. Tendrás que cavar profundo, y eso duele, el hombre se resistirá. Pero por la noche, a la vez que te quitas la ropa, te quitas también la personalidad. Ya no son necesarias porque no vas a comunicarte con nadie, vas a estar sólo, en tu cama. Y no estás en el mundo, estarás totalmente en tu reino privado. No hay necesidad de esconder ni hay necesidad de simular. Por eso el psicoanalista intenta entrar en tus sueños, porque muestran más claramente quién eres tú. Pero es el mismo juego jugado con lenguajes diferentes; el juego no es diferente. Éste es el estado ordinario de la mente; mente y contenido, consciencia más contenidos.

El segundo estado de la mente es la consciencia sin contenidos; eso es la meditación. Estás completamente alerta, y hay una brecha, un intervalo. No encuentras ningún pensamiento, no hay ningún pensamiento ante ti. No estás dormido, estás despierto —pero no hay ningún pensamiento—. Esto es meditación. El primer estado se llama mente, el segundo estado se llama meditación.

Y luego hay un tercer estado. Cuando el contenido ha desaparecido, cuando el objeto ha desaparecido, el sujeto no puede permanecer mucho tiempo —porque existen juntos—. Se producen el uno al otro. Cuando el sujeto está sólo, permanece tan sólo un poco más, a causa del impulso del pasado. Sin el contenido, la consciencia no puede estar ahí por mucho tiempo; no será necesaria. Porque una consciencia es siempre una consciencia de algo. Cuando se dice «consciente», se puede preguntar: «¿De qué?». Se dice «Soy consciente» —ese objeto es necesario, es imprescindible para que el sujeto exista—. Una vez que el objeto ha desaparecido, el sujeto también tendrá pronto que desaparecer. Primero se van los contenidos, luego la consciencia desaparece.

El tercer estado de la mente se llama *samadhi* —sin contenidos, sin consciencia—. Pero recuerda, este estado sin contenidos, sin consciencia, no es un estado de inconsciencia. Es un estado de supraconsciencia, de consciencia trascendental. Ahora la consciencia es sólo consciente de sí misma. La consciencia se ha vuelto sobre sí misma; el círculo está completo. Has llegado a casa. Este es el tercer estado, *samadhi*; y a este tercer estado es al que se refiere Buda al decir *shunyata*.

Primero abandonas el contenido —te vuelves medio vacío, luego abandonas la consciencia— te vacías totalmente. Y este completo vacío es lo más bello que puede suceder, la mayor bendición.

En esta nada, en este vacío, en esta ausencia de yo, en este *shunyata*, hay una completa seguridad y estabilidad. Te sorprenderá saber esto, la completa seguridad y estabilidad que hay cuando tú no estás. Todos los miedos desaparecen. Porque ¿cuál es el miedo básico? —el miedo básico es el miedo a la muerte—. Todos los demás miedos son sólo reflejos del miedo básico. Todos los demás miedos pueden reducirse a un miedo: el miedo a la muerte, el miedo a que un día tengas que desaparecer, a que un día tengas que morir. «Yo soy, pero se aproxima el día en que no seré». Esto asusta, ese es el miedo.

Para evitar ese miedo empezamos a conducirnos de tal forma que podamos vivir el máximo tiempo posible. E intentamos asegurar nuestras vidas. Empezamos a hacer concesiones, empezamos a volvernos más y más seguros, a ponernos más y más a salvo —a causa del miedo—. Nos paralizamos, porque cuanto más seguro estás, cuanto más a salvo estás, menos vivo estarás.

La vida existe en los desafíos, la vida existe en las crisis, la vida necesita inseguridad. Crece en el terreno de la inseguridad. Siempre que estés inseguro, te encontrarás a ti mismo más vivo, más alerta. Por eso la gente rica se vuelve insulsa: una especie de estupidez y una especie de letargo los rodea. Están demasiado seguros; no hay desafío. Están demasiado seguros, no necesitan ser inteligentes. Están tan seguros —¿para qué necesitan la inteligencia?—. La inteligencia se necesita cuando hay un desafío, la inteligencia es estimulada por los desafíos.

Así que a causa del miedo a la muerte luchamos por la seguridad, por una cuenta bancaria, por seguros, por el matrimonio, por una vida estable, por un hogar; nos hacemos parte de un país, nos afiliamos a un partido político, nos incorporamos a una iglesia —nos hacemos hindúes, cristianos, mahometanos—. Todas estas son formas de encontrar seguridad. Todas estas son formas de encontrar algún lugar al que pertenecer —un país, una iglesia—. A causa de este miedo los políticos y los sacerdotes continúan explotándote. Si no tienes miedo, ningún político, ningún sacerdote puede explotarte. Sólo a causa del miedo pueden explotarte, porque pueden ofrecerte —al menos pueden prometerte— que esto hará que te sientas seguro: «Esto será tu seguridad. Te lo puedo garantizar». Puede que lo prometido nunca llegue —ésa es otra cuestión—, pero la promesa... Y la promesa mantiene a la gente explotada, oprimida. La promesa mantiene a la gente en la esclavitud.

Una vez que conoces este vacío interior ya no hay miedo, porque la muerte ya ha sucedido. Ha sucedido en ese vacío. En ese vacío has desaparecido. ¿Cómo puedes tener ya miedo? ¿De qué? ¿De quién?

¿Y quién puede tener miedo? En este vacío, todo el miedo desaparece porque la muerte ya ha sucedido. Ahora ya no es posible ninguna muerte. Sientes una especie de inmortalidad, de intemporalidad. La eternidad ha llegado. Ya no buscas seguridad; no es necesario.

Éste es el estado de un *sannyasin*. Éste es el estado en el que un hombre no necesita formar parte de un país, no necesita formar parte de una iglesia, o estupideces por el estilo.

Sólo cuando te has hecho «nada» puedes ser tú mismo. Parece paradójico.

Y entonces no necesitas hacer concesiones, porque las concesiones se hacen a causa del miedo y la avaricia. Y puedes vivir en rebelión porque no hay nada que perder. Puedes ser una rebelión; no hay nada que temer. Nadie puede matarte, eso ya lo has hecho tú mismo. Nadie puede quitarte nada; has abandonado todo lo que te podían quitar. Ahora estás en la nada, eres la nada. De aquí el paradójico fenómeno: en esta «nada» surge una gran seguridad, una estabilidad, porque ya no es posible ninguna muerte.

Y con la muerte, el tiempo desaparece. Con la muerte desaparecen todos los problemas creados por la muerte y el tiempo. Después de que todo esto desaparece, lo que queda es un cielo puro. Este cielo puro es *samadhi*, nirvana. De esto está hablando Buda.

Estos sutras fueron dirigidos a uno de los más grandes discípulos de Buda, Sariputra. ¿Por qué a Sariputra?

El primer día os dije que hay siete planos, siete peldaños en la escalera. El séptimo es el trascendental: Zen, Tantra, Tao. El sexto es el espiritual-trascendental: Yoga. Hasta el sexto, el método sigue siendo importante, el «cómo» sigue siendo importante. Hasta el sexto, la disciplina sigue siendo importante, el ritual sigue siendo importante, las técnicas siguen siendo importantes. Sólo cuando alcanzas el séptimo ves que para ser no se necesita nada.

Estos sutras están dirigidos a Sariputra porque él estaba en el sexto centro, el sexto peldaño. Sariputra era uno de los más grandes discípulos de Buda. Buda tuvo ochenta grandes discípulos; Sariputra es uno de los principales entre esos ochenta. Era el hombre con más conocimientos entre los que rodeaban a Buda. Era el más erudito, la mayor lumbrera alrededor de Buda. Cuando llegó a Buda, él mismo tenía cinco mil discípulos. Cuando llegó a Buda por primera vez, había venido a debatir, a discutir con Buda para vencerlo. Había venido con sus cinco mil discípulos —para impresionar—. Y cuando estuvo delante de Buda, Buda se rio. Buda le dijo: «Sariputra, tú sabes mucho, pero no sabes nada en absoluto. Puedo ver que has acumulado grandes conocimientos, pero estás vacío. Has venido a discutir, a debatir, a vencerme, pero si *realmente* quieres discutir conmigo, tendrás que esperar al menos un año».

Sariputra dijo: «¿Un año? ¿Para qué?».

Buda dijo: «Tendrás que permanecer en silencio durante un año; ése será el precio por pagar. Si puedes permanecer en silencio durante un año, entonces podrás discutir conmigo, porque lo que voy a decirte saldrá del silencio. Necesitas experimentarlo un poco. Y veo, Sariputra, que no has saboreado ni siquiera un momento de silencio. Estás repleto de conocimientos, tu cabeza es pesada. Siento compasión por ti, Sariputra. Has llevado esa carga durante muchas vidas. Tú no eres brahmín sólo en esta vida, Sariputra, tú has sido brahmín durante muchas vidas. Y durante muchas vidas has llevado los Vedas y las escrituras. Ha sido tu estilo durante muchas vidas, pero veo una posibilidad. Eres un erudito, sin embargo la promesa está ahí. Eres un erudito, pero tus conocimientos no han bloqueado totalmente tu ser; todavía quedan algunas ventanas. Me gustaría limpiar esas ventanas durante un año, entonces habrá alguna posibilidad de que nos encontremos, de que hablemos, de que seamos. Estate aquí durante un año». Esto era extraño. Sariputra había estado viajando por todo el país, venciendo a otros. Era algo que se hacía en India: las personas eruditas solían viajar por todo el país venciendo en grandes debates y discusiones, debates maratonianos. Y esto se consideraba como una de las cosas más grandes que podían hacerse. El quedar como vencedor por todo el país y derrotar a todos los eruditos era una gran satisfacción para el ego. A ese hombre se le tenía por más grande que los reyes, que los emperadores. Se consideraba que ese hombre era más grande que los ricos. Sariputra estaba viajando. Y, naturalmente, uno no podía proclamarse vencedor si no había derrotado a Buda. Así que había venido para eso. Y dijo: «Buda, si tengo que esperar un año, esperaré». Y durante un año estuvo sentado en silencio con Buda. En un año, el silencio se asentó en él.

Y después de un año Buda le dijo: «Ahora puedes discutir conmigo y vencerme, Sariputra. Me sentiré muy feliz si me derrotas».

Y Sariputra se rio, y tocó sus pies, y dijo: «Iníciame. En este silencio de un año, escuchándote, ha habido unos pocos momentos en los que la comprensión ha venido a mí. A pesar de que había venido como antagonista, pensé: "Mientras esté aquí sentado durante un año, ¿por qué no escuchar a este hombre, por qué no escuchar lo que está diciendo?". Así que empecé a escuchar por curiosidad. Pero a veces esos momentos vinieron y tú penetraste en mí y tocaste mi corazón, e hiciste sonar mi órgano interno; he oído la música. Me has vencido sin vencerme».

Sariputra se hizo discípulo de Buda, y sus cinco mil discípulos también se hicieron discípulos de Buda. Sariputra era uno de los eruditos más conocidos de aquellos días. Estos sutras están dirigidos a Sariputra.

«Aquí, ¡oh! Sariputra, la forma es vacío y el vacío mismo es forma;
el vacío no se diferencia de la forma, la forma no se diferencia del vacío;
todo lo que es forma es vacío; todo lo que es vacío es forma,
y esto mismo es aplicable a los sentimientos, las percepciones,
los impulsos y la consciencia.» Aquí, ¡oh! Sariputra...

¿Qué quiere decir Buda con «Aquí»? Quiere decir su espacio. Él dice: «Desde la visión de mi mundo, desde el punto de vista trascendental, el espacio en el que yo existo y la eternidad en la que yo existo...».

Aquí, ¡oh! Sariputra, la forma es vacío
y el vacío mismo es forma.

Ésta es una de las afirmaciones más importantes. Todo el enfoque budista se basa en esto: que lo manifiesto es lo inmanifiesto; que la forma no es otra cosa que la forma del vacío mismo, y que el vacío tampoco es otra cosa que la forma, la posibilidad de la forma. Esta afirmación es ilógica y obviamente parece ser una tontería. ¿Cómo puede la forma ser el vacío? Son opuestos. ¿Cómo puede el vacío ser la forma? Son polaridades.

Hay algo que tiene que ser comprendido antes de que entremos debidamente en el sutra: Buda no es lógico, Buda es dialéctico.

Hay dos aproximaciones a la realidad: una es lógica. Aristóteles es el padre de esa aproximación en Occidente. Se mueve simplemente en una línea, una línea muy precisa. Nunca permite el opuesto; el opuesto tiene que ser desechado. Esta aproximación dice que A es A y nunca es no A. A no puede ser no A. Esta es la formulación de la lógica aristotélica —y parece absolutamente correcta, porque todos hemos sido educados con esa lógica en las escuelas, colegios, universidades. El mundo está dominado por Aristóteles: A es A y nunca es no A.

La segunda aproximación a la realidad es dialéctica. En Occidente esa aproximación está asociada a los nombres de Heráclito, Hegel.

El proceso dialéctico dice: la vida se mueve mediante polaridades, mediante opuestos —de la misma forma que un río fluye entre dos orillas que se oponen la una a la otra, pero esas orillas opuestas mantienen al río fluyendo entre ellas—. Esto es más existencial. La electricidad tiene dos polos, positivo y negativo. Si la lógica de Aristóteles es existencial, entonces la electricidad es completamente ilógica. Entonces Dios mismo es ilógico, porque produce nueva vida del encuentro de un hombre y una mujer, que son opuestos —yin y yang, masculino y femenino—. Si Dios hubiera sido educado por Aristóteles, en una lógica aristotélica, en la lógica lineal, entonces la homosexualidad habría sido la norma y la heterosexualidad habría sido perversión. Entonces los hombres amarían a los hombres y las mujeres amarían a las mujeres. Entonces los opuestos no podrían encontrarse.

Pero Dios es dialéctico. Por todas partes, los opuestos se están encontrando. En ti, el nacimiento y la muerte se están encontrando.

¡Los opuestos están encontrándose por todas partes! —el día y la noche, el verano y el invierno—. La espina y la flor; se están encontrando, están en la misma rama, proceden de la misma fuente. Hombre y mujer, juventud y vejez, belleza y fealdad, cuerpo y alma, el mundo y Dios —todos son opuestos—. Ésta es la sinfonía de los opuestos. Los opuestos no sólo se están encontrando sino que están creando una gran sinfonía —sólo los opuestos pueden crear una sinfonía—. De otra forma la vida sería monotonía, no una sinfonía. La vida sería un aburrimiento. Si sólo hubiera una sola nota que se repitiese continuamente, es seguro que crearía aburrimiento. Hay notas opuestas: la tesis encontrándose con la antítesis, creando una síntesis, y a su vez, la síntesis se convierte de nuevo en tesis, crea una antítesis, y se desarrolla una síntesis más elevada. Así es como se mueve la vida.

La aproximación de Buda es dialéctica, y es más existencial, más verdadera, más válida.

Un hombre ama a una mujer, una mujer ama a un hombre —pero aún hay algo más que tenemos que comprender—. Los biólogos dicen ahora, y los psicólogos están de acuerdo, que el hombre no es sólo hombre, es también mujer. Y que la mujer no es sólo mujer, es hombre también. Así que cuando un hombre y una mujer se encuentran, no hay dos personas encontrándose, sino cuatro personas encontrándose. El hombre está encontrándose con la mujer, pero el hombre tiene una mujer oculta en sí mismo; como también la mujer tiene un hombre oculto en sí misma; ellos también están encontrándose. El encuentro se produce en dos planos. Es más intrincado, más complejo, más entrelazado. Un hombre es hombre y mujer, ambos. ¿Por qué? —porque procede de ambos—. Tu padre ha contribuido con algo y tu madre ha contribuido con algo. Un hombre fluye en tu sangre y una mujer también. Tú tienes que ser ambos porque eres el encuentro de los polos opuestos. ¡Eres una síntesis! Es imposible negar uno y ser sólo el otro. Eso es lo que se ha hecho.

Aristóteles ha sido seguido literalmente, en todos los aspectos, y eso ha creado muchos problemas para el hombre —y problemas tales que parecen imposibles de solucionar si se sigue a Aristóteles—. Al hombre se le ha enseñado a ser sólo hombre: a nunca mostrar ninguna característica femenina, a nunca mostrar ninguna suavidad en el corazón, receptividad, a ser siempre agresivo; al hombre se le ha enseñado a no llorar nunca —porque las lágrimas son demasiado femeninas—. A las mujeres se les ha enseñado a no ser nunca como los hombres: a no mostrar nunca su agresividad, a no expresarse nunca, a permanecer siempre pasivas, receptivas. Esto está en contra de la realidad y ha lisiado a ambos. En un mundo mejor, con una comprensión mayor, un hombre será ambos, una mujer será ambos —porque un hombre a veces necesita ser una mujer—. Hay momentos en los que necesita ser suave —momentos tiernos, momentos de amor—. Y hay momentos en los que una mujer necesita ser expresiva y agresiva —enfadarse, defenderse, rebelarse—. Si una mujer es únicamente pasiva, automáticamente se volverá una esclava. Una mujer pasiva está destinada a convertirse en una esclava —eso es lo que ha sucedido a lo largo de los tiempos. Y un hombre agresivo, categóricamente agresivo y jamás tierno, está destinado a crear guerras, neurosis en el mundo, violencia. El hombre ha estado luchando, luchando continuamente. Parece que el hombre existe en el mundo sólo para luchar. ¡Ha habido cinco mil guerras en tres mil años! La guerra continúa en un sitio o en otro. La Tierra nunca está íntegra y sana. Nunca hay un momento sin guerra.

Ya sea en Corea, o en Vietnam, o en Israel, o en India-Pakistán, o en Bangladesh; la masacre tiene que continuar en algún sitio. El hombre tiene que matar. tiene que matar para seguir siendo hombre. El setenta y cinco por ciento de la energía se invierte en la guerra, en crear más bombas, bombas de hidrógeno, bombas de neutrones, etcétera, etcétera. Parece que todo el propósito del hombre, aquí en la tierra, es la guerra. Los héroes de guerra son los más respetados. Los políticos de la guerra se convierten en grandes personajes históricos: Adolf Hitler, Winston Churchill, Joseph Stalin, Mao Tse-tung —estos nombres perdurarán—. ¿Por qué? Porque hicieron grandes guerras, destruyeron. Ya fuesen agresores o se defendieran —esa no es la cuestión—, pero fueron traficantes de guerras. Y nadie sabe nunca quién era el agresor —el que Alemania sea o no la agresora depende de quién escriba la historia—. El que gane, escribirá la historia, y probará que el otro era el agresor. La historia sería completamente distinta si Adolf Hitler hubiese resultado vencedor. Sí, el juicio de Núremberg habría tenido lugar, pero los generales y políticos norteamericanos, ingleses y franceses habrían sido juzgados. Y la historia habría sido escrita por los alemanes; naturalmente, ellos tendrían una visión diferente.

Nadie sabe cuál es la verdad. Una cosa es segura: que el hombre pone toda su energía en la guerra. ¿La razón? —la razón es que al hombre le han enseñado a ser sólo hombre, la mujer que hay en él ha sido negada—. ¡Así que ningún hombre está completo! Y lo mismo sucede con la mujer —¡ninguna mujer está completa!—. Se le ha negado su parte masculina. Cuando era una niña no podía pelearse con los chicos, no podía trepar a los árboles; tenía que jugar con muñecas, tenía que jugar a las «cocinitas». Esta es una visión de las cosas totalmente distorsionada.

El hombre es ambos, la mujer también —y los dos son necesarios para crear un ser humano realmente armonioso—. La existencia es dialéctica, y los opuestos no son solamente opuestos, son también complementarios.

Buda dice: *Aquí, ¡oh! Sariputra* —en mi mundo, Sariputra, en mi espacio, en mi tiempo, Sariputra, en el séptimo peldaño de la escalera, en este estado sin mente, en este estado de *samadhi*, en este estado de nirvana, de iluminación, *la forma es vacío*—. El hombre es mujer y la mujer es hombre, y la vida es muerte y la muerte es vida. Los opuestos no son opuestos, Sariputra; están penetrándose mutuamente, existe el uno mediante el otro. Para mostrar esta visión básica, Buda dice: la forma es lo sin forma y lo sin forma es forma; lo que está sin manifestar se hace manifiesto, y lo manifiesto vuelve a estar sin manifestar. No son cosas diferentes, Sariputra, son una. La dualidad es sólo aparente. En lo profundo todo es uno.

El vacío no se diferencia de la forma,
la forma no se diferencia del vacío;
todo lo que es forma, es vacío; todo lo que es vacío, es forma,
y lo mismo es aplicable a los sentimientos,
las percepciones, los impulsos y la consciencia.

Toda la vida y toda la existencia consiste en polos opuestos, pero sólo son diferentes en la superficie. Estos opuestos son como mis dos manos: yo puedo hacer que se opongan, puedo incluso conseguir una especie de conflicto, una lucha entre ellas. Pero ambas son mías, tanto la mano izquierda como la mano derecha. Dentro de mí, son una. Éste es exactamente el caso.

¿Por qué dice Buda esto a Sariputra? —porque si comprendes esto, tus preocupaciones desaparecen—. Ya no hay más preocupación. La vida es la muerte, la muerte es la vida. Ser es un camino hacia no ser, y no ser es un camino hacia ser. Es el mismo juego. Y entonces no hay miedo, entonces no hay problema. Con esta visión surge una gran aceptación.

Aquí, ¡oh! Sariputra,
todos los dharmas se caracterizan por el vacío,
ni son producidos ni detenidos,
no están mancillados ni inmaculados,
ni son deficientes ni completos.

Buda dice: todos los dharmas están llenos de vacío. Esa nada existe en el centro de todas las cosas: esa nada existe en un árbol, esa nada existe en una roca, esa nada existe en una estrella.

Los científicos están actualmente de acuerdo: dicen que cuando una estrella se acaba, se convierte en un agujero negro, en nada. Pero esa nada no es sólo nada, es inmensamente poderosa, está muy llena, rebosante.

El concepto, la hipótesis de los agujeros negros, tiene un valor inmenso para comprender a Buda. Una estrella tiene una existencia de millones y trillones de años, pero un día tiene que morir. Todo lo que nace tiene que morir. El hombre existe durante setenta años, ¿qué sucede entonces? Exhausto, cansado, desaparece. Vuelve a la unidad original. Tarde o temprano, esto mismo va a sucederle a todas las cosas. Los Himalayas desaparecerán un día, también esta Tierra desaparecerá un día, también este Sol desaparecerá un día. Pero cuando una gran estrella desaparece, ¿dónde desaparecerá? —cae dentro de sí misma—. Una masa tan grande, y se desploma. Igual que un hombre —un anciano— que camina por la calle y se desploma; si lo dejas allí, tarde o temprano su cuerpo desaparecerá, se desintegrará en el barro, en la tierra. Si lo dejas allí durante muchos años, también los huesos desaparecerán en el polvo. El hombre estuvo ahí un día, caminando, viviendo, amando, luchando, ya ahora todo ha desaparecido en un agujero negro. Lo mismo sucede con las estrellas: cuando una estrella se desploma sobre sí misma se convierte en un agujero negro. ¿Por qué se les llama agujeros negros? —porque ya no hay masa, sólo hay vacío puro, lo que Buda llama *shunyata*—. Y el *shunyata*, el vacío puro, es tan poderoso que si entras en su campo, si te aproximas a él, te arrastrará, te arrastrará al vacío, y tú también te desplomarás y desaparecerás.

Éste va a ser un problema en el futuro para los viajes espaciales, porque hay muchas estrellas que se han convertido en agujeros negros. Y no puedes verlos porque son «nada», son sólo ausencia. No puedes verlos, pero puedes encontrártelos. Si una nave espacial se acerca a uno, si entra en su campo gravitatorio, será arrastrada dentro de él. Y ya no hay forma de salir, es imposible encontrar una forma de salir de él. La atracción es tan grande que simplemente la arrastrará dentro, y desaparecerá, se desplomará. Y nunca más se volverá a oír hablar de la nave espacial, adónde fue, qué le sucedió, qué sucedió con los astronautas.

Estos agujeros negros son parecidísimos al concepto del vacío de Buda. Todas las formas se derrumban y desaparecen en la negrura, y entonces, cuando han descansado durante mucho tiempo, emergen como una burbuja: una estrella ha nacido de nuevo. Esto continúa: vida y muerte, vida y muerte —esto continúa—. Es así como se mueve la existencia.

Primero se manifiesta, luego se cansa, entra en lo sin manifestar, entonces renueva otra vez su energía a través del descanso, la relajación, y se hace manifiesta de nuevo. Trabajas todo el día, te cansas; por la noche desapareces en tu sueño en un agujero negro. Apagas las luces, te deslizas bajo la manta, cierras los ojos; en unos momentos la consciencia se va. Te has desplomado hacia tu interior. Hay momentos en los que ni siquiera hay sueños, entonces es cuando duermes más profundamente. En ese sueño profundo estás en un agujero negro, estás muerto. Durante ese tiempo estás en la muerte, descansando en la muerte. Y por la mañana estás otra vez de vuelta, lleno de energía y entusiasmo y vida, rejuvenecido de nuevo. Si dormiste realmente bien, profundamente, sin sueños, la mañana será fresquísima, muy vital, radiante, eres joven otra vez. Si sabes cómo dormir profundamente, sabes cómo renovarte una y otra vez. Al atardecer estás de nuevo desplomándote, cansado, exhausto por las actividades del día. Esto mismo les sucede a todas las cosas. El hombre es una miniatura de la existencia entera. Lo que le sucede al hombre le sucede a toda la existencia a mayor escala, eso es todo. Cada noche desapareces en la nada, cada mañana recobras la forma. Forma, no forma, forma, no forma, así es como se mueve la vida, estos son los dos pasos.

Aquí, ¡oh! Sariputra,
todos los dharmas se caracterizan por el vacío,
ni son producidos ni detenidos...

Y Buda dice: no hay que hacer nada, sólo es necesario comprender.

Ésta es una afirmación radical. Puede transformar toda tu vida si captas la idea.

... ni son producidos ni detenidos...

Nadie está produciendo estas formas y nadie está dándoles fin. Buda no cree en un Dios manipulador, controlador, creador, no. Eso sería una dualidad, una hipótesis innecesaria. Buda dice que todo está sucediendo por sí solo; es natural, nadie está haciéndolo.

No es que Dios piense primero: «Que se haga la luz» —como dice la Biblia— y así hay luz. Y luego un día diga: «Ahora, que ya no haya luz» —y la luz desaparece—. ¿Para qué introducir a este Dios? ¿Y por qué darle un trabajo tan feo? Y que tenga que hacerlo eternamente:

«Que se haga la luz», «Que se vaya la luz», «Que se haga la luz», «Ahora que este hombre esté ahí», «Ahora, que se muera» —¡piensa en Él y en su aburrimiento!—. Buda lo libera, dice que ese Dios es innecesario.

Todo es natural. Los árboles traen semillas, luego las semillas traen árboles, y los árboles traen semillas otra vez. ¿Qué es una semilla? —la desaparición del árbol—. El árbol ha ido a lo sin forma. Puedes llevar una semilla en el bolsillo, puedes llevar mil semillas en tu bolsillo, pero no puedes llevar mil árboles en el bolsillo. Los árboles tienen forma, volumen, masa; la semilla no tiene nada. Y si miras el interior de la semilla no encontrarás nada. Si no lo hubieses visto, si no supieras que una semilla se convierte en un árbol, y alguien te diera una semilla y te dijera: «Mira, esta semilla es increíblemente mágica, puede convertirse en un gran árbol, y dará frutos durante muchos años, y muchas hojas, y flores, y verdor, y los pájaros vendrán y harán sus nidos en él», tú dirías: «¿Pero de qué estás hablando? ¿De este pequeño guijarro? ¿Te crees que soy tonto o algo así? ¿Cómo puede suceder? No puede ser».

Pero sabes que sucede, por eso no le prestas atención. Está sucediendo un milagro. La pequeña semilla lleva todo el proyecto del árbol, de las hojas —su forma y su tamaño y su número— y de las ramas, y la forma de las ramas, y la longitud, y la altura del árbol, y la vida, y cuántos frutos y cuántas flores saldrán de él, y cuántas semillas producirá finalmente esta semilla. Los científicos dicen que incluso una sola semilla es suficiente para cubrir de verde toda la Tierra. Tiene un potencial inmenso. No sólo toda la Tierra —una sola semilla puede llenar todos los planetas de verdor—. Porque una semilla puede producir millones de semillas, luego cada semilla produciría nuevos millones, y así sucesivamente. La existencia entera puede volverse verde con una sola semilla. ¡Esa nada está llena de potencial, es muy poderosa! ¡Inmensa! ¡Enorme! ¡Vasta!

Buda dice que nadie la produce y que nadie deja de producirla. Buda dice que no hay necesidad de ir a un templo a rezar y decirle a Dios: «Haz esto, no hagas eso» —no hay nadie allí.

¿Y cuál es el mensaje de Buda? Él dice: «Acéptalo. Es así. Está en la naturaleza de las cosas. Es natural, las cosas vienen y se van».

En esta aceptación, en este *tathata*, en esta identidad, todas las preocupaciones desaparecen; quedas liberado de las preocupaciones. Ya no hay problemas. Y nada puede ser parado, y nada puede ser cambiado y nada puede ser producido. Las cosas son como son y las cosas van a ser como van a ser, así que no tienes que hacer nada. Sólo puedes mirar cómo sucede todo esto. Puedes participar en todo esto. Sé... en ese ser hay silencio, en ese ser hay alegría. Ese ser es libertad.

No están mancillados ni inmaculados...

Esta existencia no es ni impura ni pura. No hay nadie que sea un pecador ni nadie que sea un santo.

La visión de Buda es absolutamente revolucionaria: dice que nada puede ser impuro y nada puede ser puro; las cosas son sencillamente como son. Sólo jugamos con trucos mentales, y creamos la idea de la pureza —y entonces llega la impureza—. Creamos la idea del santo —y entonces llega el pecador.

¿Quieres que desaparezcan los pecadores? Sólo pueden desaparecer cuando hayan desaparecido los santos, nunca antes. Existen juntos. ¿Quieres que desaparezca la inmoralidad? —entonces tiene que desaparecer la moralidad—. Es la moralidad la que crea la inmoralidad. Son los ideales morales los que crean la condena para la poca gente que no puede seguirlos, que no puede armonizarse con ellos. Y se puede convertir en inmoral cualquier cosa —sólo hay que crear una idea: esto es moral—. Puedes convertir cualquier cosa en vaca sagrada, y entonces se vuelve un problema.

Buda dice que nada es nunca impuro y que nada es nunca inmaculado. La pureza, la impureza, son actitudes de la mente. ¿Puedes decir de un árbol que es moral o inmoral? ¿Puedes decir de un animal que es un pecador o un santo? Intenta captar esta visión última: no hay pecadores, ni santos; nada moral, nada inmoral. Con esta aceptación, ¿dónde está la posibilidad de preocuparse? ¡Tampoco hay nada que mejorar! Y no hay meta, porque no hay valores. Este viaje es un viaje sin ninguna meta. Es puro viaje; es un juego, un *leela*. Y no hay nadie detrás de él, haciéndolo. Todo está sucediendo, y no hay nadie haciéndolo. Si «el que hace» está ahí, entonces surge el problema —entonces rezas al hacedor, entonces persuades al hacedor, entonces te haces amigo del hacedor—. Así piensas que te beneficiarás, y que los que no sean amigos del hacedor serán privados de ese beneficio —sufrirán en el infierno—. Eso es lo que piensan los cristianos, los hindúes, los mahometanos. Los mahometanos creen que los que son mahometanos irán al cielo, y los que no lo sean, pobrecitos, irán al infierno. Y pasa lo mismo con los cristianos y los hindúes: los hindúes piensan que los que no son hindúes no tienen ninguna posibilidad, los cristianos creen que los que no van a la iglesia, los que no pasan por la iglesia, sufrirán el infierno *eterno* —sin límites, ilimitado, para siempre. Buda dice: No hay pecadores, ni santos, nada es puro, nada es impuro, las cosas son como son. Persuade a un árbol y pregúntale: «¿Por qué eres verde? ¿Por qué no eres rojo?». Y si el árbol te escucha, se volverá neurótico —«¿Por qué no soy rojo? ¿Por qué? La pregunta es realmente pertinente. ¿Por qué soy verde?»—. Condena el verde y alaba el rojo, y tarde o temprano encontrarás al árbol en el diván de algún psicoanalista, analizándose, recibiendo ayuda.

Primero creas el problema, y luego llega el salvador. Es un bello negocio.

Buda corta la raíz misma. Dice: eres como eres. No hay nada que mejorar, ningún sitio a donde ir. Y éste es también todo mi enfoque: eres tan perfecto como puedes ser, más no es posible. El «más» sólo creará problemas para ti. La idea del «más» te volverá loco. Acepta la naturaleza, vive naturalmente, sencillamente, espontáneamente, momento a momento, y entonces hay santidad —porque estás completo, no porque te hayas hecho un santo.

... ni mancillados ni inmaculados, ni deficientes ni completos.

Nada está completo y nada está incompleto; esos valores no tienen sentido. Dice Buda: Aquí, ¡oh! Sariputra, donde yo existo, nada es bueno, nada es malo. Aquí, donde yo existo, el *samsara* y el nirvana son lo mismo. No hay distinción entre este mundo y ese mundo. No hay distinción entre lo profano y lo sagrado. Aquí, donde yo existo, todas las distinciones han desaparecido porque las distinciones están hechas por el pensamiento. Cuando el pensamiento desaparece, las distinciones desaparecen.

El pensamiento crea los pecadores, y el pensamiento crea los santos. El pensamiento crea lo bueno y lo malo. Es únicamente el pensamiento el que hace distinciones. Buda dice: Cuando el conocimiento desaparece, el pensamiento desaparece. No hay dualidad. Todo es unidad.

Hay un famoso dicho de Sosan:

En los más elevados reinos de la verdadera identidad no hay ni yo ni
otra cosa que yo.

> Cuando se busca la identificación directa, sólo podemos decir «no hay dos».
>
> Uno en todo, todo en uno: si se comprende esto, ya no hay preocupaciones por no ser perfecto.

«Uno en todo, todo en uno: si se comprende esto, ya no hay preocupaciones por no ser perfecto». No hay perfección, ni imperfección. ¡Velo, y velo ahora mismo! No vengas más tarde a preguntarme cómo hacerlo. Tampoco hay ningún «cómo». El «cómo» trae conocimientos y el conocimiento es la maldición.

Sin el instrumento distorsionante del pensamiento, vuelves a la unidad con el todo. Cuando no funciona ningún pensamiento entre tú y lo real, todas las distinciones desaparecen, estás conectado. Y eso es lo que el hombre está anhelando constantemente. Te sientes desarraigado, desarraigado de la totalidad. Ése es tu dolor. Y estás desarraigado a causa del instrumento distorsionante del pensamiento. Abandona este instrumento distorsionante del pensamiento, abandona estos intermediarios, mira la realidad tal como es, sin ninguna idea de cómo debería de ser. Mira con inocencia. Mira sin saber, y entonces todas las preocupaciones desaparecen. Con esta desaparición de las preocupaciones te conviertes en un Buda.

¡Tú eres un Buda! Pero no te das cuenta porque llevas a tu alrededor medios distorsionantes. Tus ojos son perfectos, pero tú llevas gafas. Esas gafas están distorsionando, están coloreando, están haciendo las cosas como no son en realidad. ¡Tira esas gafas! Eso es lo que quiero decir con «Abandona la mente». Niega la mente y entonces hay silencio —en ese silencio eres divino—. Nunca has sido otra cosa, siempre has sido eso. Pero el reconocimiento vuelve, la comprensión vuelve. De pronto ves el punto: estabas intentando poner patas a una serpiente. No había ninguna necesidad —¡la serpiente es perfectamente perfecta!—. Sin patas, anda perfectamente. Intentabas ponerle patas por compasión. Si hubieras tenido éxito, habrías matado a la serpiente. Afortunadamente, nunca puedes tener éxito.

Estás tratando de llenarte de conocimientos y es por eso por lo que estás perdiendo la percepción, el saber, la capacidad de ver. Eso es lo que quiero decir con «ponerle patas a una serpiente». Tu naturaleza es saber. No hay necesidad de tener conocimientos para saber. De hecho, los conocimientos son el obstáculo, los conocimientos son la maldición.

Niega el conocimiento y sé —y eres un Buda, y siempre has sido un Buda.

Capítulo 4

El ego no existe en ti

La primera pregunta:

> Procedo de una familia con cuatro suicidas en la línea materna,
> incluida mi abuela. ¿Cómo afecta esto a mi propia muerte? ¿Cómo
> superar esta perversión de la muerte que es como una constante en
> mi familia?

El fenómeno de la muerte es uno de los más misteriosos, y lo mismo sucede con el fenómeno del suicidio. No decidas por las apariencias lo que es el suicidio. Puede ser muchas cosas. Mi propia comprensión es que las personas que se suicidan son las personas más sensibles del mundo, muy inteligentes. A causa de su sensibilidad, a causa de su inteligencia, encuentran muy difícil hacer frente a este mundo neurótico.

La sociedad es neurótica. Existe sobre bases neuróticas. Toda su historia es una historia de locura, violencia, guerra, destrucción. Cuando alguien dice: «Mi país es el país más grande del mundo» —eso es neurosis—. Cuando alguien dice: «Mi religión es la religión más grande y más elevada del mundo» —eso es neurosis—. Y la neurosis ha entrado hasta la misma sangre, hasta los huesos, y la gente se ha vuelto enormemente aletargada, insensible. *Tenían* que volverse así; si no, sería imposible vivir.

Tienes que volverte insensible para hacer frente a esta vida insulsa que te rodea; de lo contrario, empiezas a desentonar. Si empiezas a desentonar con la sociedad, la sociedad te declara loco. La sociedad está loca, pero si no te ajustas a ella, te declara loco. Así que tienes que volverte loco, o bien encontrar una forma de salirte de la sociedad; eso es lo que es el suicidio. La vida se vuelve intolerable. Parece imposible hacer frente a tanta gente como te rodea —y *todos* están locos—. ¿Qué harías si te mandasen a un manicomio?

Eso le sucedió a un amigo mío; estuvo en un manicomio. Los tribunales lo enviaron allí durante nueve meses. A los seis meses... Estaba loco, así que pudo hacerlo; encontró un botellón de fenol en el baño y se lo bebió. Durante quince días estuvo con diarrea y vómitos, y a causa de esa diarrea y esos vómitos volvió al mundo. Su sistema se purificó, el veneno desapareció. Me contaba que aquellos tres meses fueron los más difíciles: «Los seis primeros meses estuvieron bien porque yo también estaba loco, y todo el mundo estaba loco. Las cosas estaban yendo muy bien, no había problemas. Yo sintonizaba con toda la locura que me rodeaba».

Cuando bebió el fenol, con esos quince días de diarrea y vómitos, de alguna forma y por accidente su sistema se purificó, su estómago se purificó. Durante esos quince días no pudo comer —los vómitos eran excesivos—, así que tuvo que ayunar. Permaneció en cama durante quince días. Ese descanso, ese ayuno, esa purificación, lo ayudaron —fue un accidente— y se volvió cuerdo. Fue a ver a los doctores y les dijo: «Me he vuelto cuerdo»; todos ellos se rieron. Dijeron: «Todos dicen lo mismo». Cuanto más insistía, más insistían ellos: «Estás loco, porque todos los locos dicen eso. Vete y haz tu trabajo. No podemos ponerte en libertad mientras no llegue la orden del tribunal».

«Aquellos tres meses fueron intolerables», decía, «¡de pesadilla!». Muchas veces pensó en el suicidio. Pero él es un hombre de fuerte voluntad. Y era sólo cuestión de tres meses, podía esperar. ¡Era intolerable! —uno le tiraba del pelo, otro le agarraba de la pierna, otro se arrojaba sobre él—. Todo eso había estado sucediendo durante seis meses, pero él también había formado parte de ello. Él también hacía las mismas cosas, era un miembro perfecto de esa sociedad loca. Pero durante esos tres meses fue imposible, porque él estaba cuerdo y todo el mundo estaba loco.

En este mundo neurótico, si estás cuerdo, si eres sensible, inteligente, tienes que volverte loco, o tienes que suicidarte —o tienes que hacerte *sannyasin*—. ¿Qué otra cosa te queda?

La pregunta es de Jane Ferber; Jane es la esposa de Bodhicitta. Ha venido a mí a tiempo. Puede hacerse *sannyasin* y evitar el suicidio.

En Oriente no hay tantos suicidios, porque *sannyas* es una alternativa. Puedes salirte de la sociedad respetablemente; Oriente lo acepta. Puedes empezar a ir a tu aire; Oriente lo respeta. De aquí que la diferencia entre India y América sea de cinco veces: por cada indio que se suicida, cinco americanos lo hacen. Y el fenómeno del suicidio es un fenómeno creciente en América, la inteligencia está creciendo, la sensibilidad está creciendo, y la sociedad está aletargada. Y la sociedad no ofrece un mundo inteligente: ¿qué hacer entonces? ¿Seguir sufriendo innecesariamente?

Entonces uno empieza a pensar: «¿Por qué no dejarlo todo? ¿Por qué no acabar con todo? ¿Por qué no devolverle el billete a Dios?». Si *sannyas* llega a ser un gran movimiento en América, el índice de suicidios empezará a descender, porque la gente tendrá una alternativa mejor y más creativa para salirse de la sociedad. ¿Te has dado cuenta de que los jipis no se suicidan? Es en el mundo serio, en el mundo convencional, cuando el suicidio es más corriente. El jipi se ha salido de la sociedad. Es una especie de *sannyasin* —sin estar todavía completamente alerta, atento a lo que hace, pero en el camino correcto; poniéndose en marcha, andando a tientas, pero en la dirección correcta—. El jipismo es el comienzo de *sannyas*. El jipi está diciendo: «No quiero formar parte de este juego podrido, no quiero tomar parte en este juego político. Veo muchas cosas, y me gustaría vivir mi propia vida. No quiero ser esclavo de nadie. No quiero que me maten en ningún frente de batalla. No quiero luchar, hay cosas mucho más bellas que hacer».

Pero para millones de personas no hay nada; la sociedad ha eliminado todas las posibilidades para su crecimiento. Están estancados. La gente se suicida porque se siente estancada y no ve ninguna salida. Llegan a un callejón sin salida. Y cuanto más inteligente eres, más pronto llegas a ese callejón sin salida, a ese atolladero. Y entonces, ¿qué se supone que tienes que hacer? La sociedad no te da ninguna opción; la sociedad no permite una sociedad alternativa.

Sannyas es una sociedad alternativa. Parece extraño que en India el índice de suicidios sea el más bajo del mundo. Lógicamente debería ser el más alto, porque la gente sufre, la gente es pobre, se muere de hambre. Pero este extraño fenómeno sucede en todas partes: la gente pobre no se suicida. No tienen nada por lo que vivir, no tienen nada por lo que morir. Como están muriéndose de hambre, están ocupados con su comida, su cobijo, su dinero —cosas así—. No pueden permitirse el pensar en el suicidio, aún no son lo suficientemente acaudalados. América tiene de todo, India no tiene nada.

Sin embargo la gente no se suicida; sigue viviendo, disfruta de la vida. Incluso los mendigos están ilusionados, entusiasmados. No tienen nada por lo que sentirse entusiasmados, pero mantienen las esperanzas.

¿Por qué se da tanto el suicidio en América? Los problemas ordinarios de la vida han desaparecido, la mente está libre para elevarse por encima de la consciencia ordinaria. La mente puede elevarse más allá del cuerpo, más allá de la mente misma. La consciencia está lista para echarse al vuelo y la sociedad no lo permite. De cada diez suicidas, casi nueve son personas sensibles. Viendo la falta de sentido de la vida, viendo la indignidad que la vida impone, viendo las concesiones que uno tiene que hacer para nada, viendo toda la taciturnidad —mirando alrededor y viendo esto: «un cuento contado por un idiota, que no significa nada», deciden deshacerse del cuerpo—. Si tuvieran alas en el cuerpo, no decidirían eso.

Y también hay que comprender otro significado que tiene el suicidio. En la vida todo parece común, imitativo. No puedes tener un coche que los demás no tengan. Millones de personas tienen el mismo coche que tú. Millones de personas están viviendo la misma vida que tú, viendo la misma película, la misma televisión que tú, leyendo el mismo periódico que tú. La vida es demasiado común, no puedes hacer, no puedes ser nada que sea único. El suicidio parece un fenómeno único: sólo tú puedes morir por ti mismo, nadie más puede morir por ti. Tu muerte será tu muerte, de nadie más. ¡La muerte es única!

Observa el fenómeno: La muerte es única —te define como individuo, te da individualidad—. La sociedad te ha quitado la individualidad. Eres sólo un diente en la rueda, sustituible. Si mueres, nadie te echará de menos, serás reemplazado. Si eres un profesor en la universidad, otro será el profesor en la universidad. Incluso si eres el presidente de un país, en el momento en que ya no estés, inmediatamente otro será el presidente del país. Eres sustituible.

Esto duele: que tu valía no sea tanta, que no te vayan a echar de menos, que un día desaparecerás y que pronto la gente que te recuerde desaparecerá también. Entonces será como si nunca hubieses sido.

Piensa en ese día. Desaparecerás. Sí, durante unos días la gente te recordará —tu amante te recordará, tus hijos te recordarán, quizá unos pocos amigos—. Con el tiempo, este recuerdo irá volviéndose tenue, borroso, empezará a desaparecer. Pero quizá, mientras esas personas con las que tenías un cierto tipo de intimidad estén vivas, puede que seas recordado, de vez en cuando. Pero una vez que ellos también hayan muerto, entonces, entonces sencillamente desapareces, como si nunca hubieses estado aquí. Entonces no importa nada el que hayas estado o no hayas estado aquí.

La vida no te da un respeto único. Es muy humillante. Te lleva a un agujero en el que sólo eres un diente de la rueda, una rueda en el enorme mecanismo. Te hace anónimo.

La muerte, al menos, es única. Y el suicidio es más único que la muerte. ¿Por qué? Porque la muerte llega, y el suicidio es algo que tú haces. La muerte está fuera de tu alcance: cuando llega, llega. Pero el suicidio lo puedes provocar. Con la muerte serás una víctima, con el suicidio tú llevarás el control. El nacimiento ya ha sucedido, ya no puedes hacer nada al respecto, y tampoco habías hecho nada antes de nacer: fue un accidente.

Hay tres cosas en la vida que son fundamentales: el nacimiento, el amor y la muerte. El nacimiento ha sucedido; no hay nada que hacer respecto a él. Ni siquiera se te preguntó si querías nacer o no. Eres una víctima. El amor también sucede; no puedes hacer nada al respecto. Estás indefenso. Un día te enamoras de alguien, no puedes hacer nada acerca de ello. No te las puedes arreglar para enamorarte de alguien cuando quieres, es imposible. Y cuando te enamoras de alguien, si no quieres —si quieres apartarte de ello— eso también parece difícil. El nacimiento es algo que sucede, el amor también. Así que sólo queda la muerte para poder hacer algo; puedes ser una víctima o puedes decidir por ti mismo.

Un suicida es alguien que decide, que dice: «Voy a hacer al menos una cosa en esta existencia en la que estoy casi accidentalmente: me suicidaré. ¡Al menos hay una cosa que puedo hacer!». Es imposible hacer el nacimiento; el amor no puede crearse si no está ahí; pero la muerte. la muerte ofrece una alternativa. Puedes ser la víctima o puedes ser el que decide.

Esta sociedad te ha arrebatado toda dignidad. Por eso se suicida la gente, porque su suicidio les dará algún tipo de dignidad. Pueden decirle a Dios: «He renunciado a tu mundo y a tu vida. No merecían la pena». Las personas que se suicidan son casi siempre más sensibles que los demás que siguen arrastrando sus vidas. Y no estoy diciendo que se suiciden. Estoy diciendo que hay una posibilidad más alta. Cada momento de la vida puede ser tremendamente bello, individual, no imitativo, no repetitivo. Cada momento puede ser increíblemente precioso. Entonces no hay necesidad de suicidarse. Cada momento puede traer esa gran felicidad, cada momento puede definirte como único: ¡porque tú eres único! Nunca ha habido una persona como tú y nunca volverá a haberla.

Pero la sociedad te fuerza a convertirte en parte de un gran ejército. A la sociedad nunca le gustan las personas que siguen su propio camino. La sociedad quiere que seas parte de la multitud: que seas hindú, que seas cristiano, que seas judío, que seas americano, que seas indio —pero que seas parte de una multitud– cualquier multitud, pero que seas parte de una multitud. Que nunca seas tú mismo. Y los que quieren ser ellos mismos... y estos son la sal de la Tierra, aquellos que quieren ser ellos mismos. Son la gente más valiosa de la Tierra. La Tierra tiene un poco de dignidad y de fragancia gracias a esas personas. Y ellos se suicidan.

La alternativa es: *sannyas* o suicidio. Ésta es mi experiencia: sólo puedes hacerte *sannyasin* cuando has llegado al punto en el que si no tomas *sannyas*, te suicidas. *Sannyas* significa: «¡Intentaré ser un individuo mientras esté vivo! Viviré mi vida a mi manera. No dejaré que me manden, que me dominen. No actuaré como si fuera un mecanismo, un robot. No tendré ningún ideal, ni tendré ninguna meta. Viviré en el momento, y viviré sin pensarlo. Seré espontáneo. ¡Y lo arriesgaré todo por ello!».

Sannyas es un riesgo.

Jane, quisiera decirte una cosa: te he mirado a los ojos, también está ahí la posibilidad del suicidio. Pero creo que no tendrás que suicidarte —¡*sannyas* servirá!—. Eres más afortunada que las cuatro personas de tu familia que se suicidaron. De hecho, toda persona inteligente tiene la capacidad de suicidarse, los idiotas nunca se suicidan.

¿Has oído alguna vez de algún idiota que se haya suicidado? Al idiota no le importa la vida, ¿para qué iba a suicidarse? Sólo la inteligencia inusual empieza a sentir la necesidad de hacer algo, porque la vida tal como se vive, no merece la pena. Así que, o haces algo y cambias tu vida —le das una nueva forma, una nueva dirección, una nueva dimensión— o ¿por qué seguir llevando ese lastre de pesadilla, día tras día, año tras año? Y continuará. Y la ciencia médica está ayudándote para que tu vida dure todavía más —cien años, ciento veinte años—. Y los médicos dicen ahora que un hombre puede vivir fácilmente alrededor de trescientos años. Piensa tan sólo que la gente tuviera que vivir trescientos años: el índice de suicidios se elevaría muchísimo, porque entonces incluso las mentes mediocres empezarían a pensar que no tiene sentido.

Inteligencia significa mirar profundamente las cosas. ¿Tiene algún sentido tu vida? ¿Tiene tu vida alegría? ¿Hay poesía en tu vida? ¿Tiene tu vida creatividad? ¿Te sientes agradecido por estar aquí? ¿Te sientes agradecido por haber nacido? ¿Puedes darle gracias a Dios? ¿Puedes decir con todo tu corazón que esto es una bendición? Si no puedes, ¿por qué sigues viviendo? Haz de tu vida una bendición. o, ¿por qué seguir agobiando esta Tierra? Desaparece. Otra persona puede ocupar tu lugar y puede que lo haga mejor. Esta idea llega naturalmente a la mente inteligente. Es una idea completamente natural si se es inteligente. Las personas inteligentes se suicidan. Y los que son más inteligentes que los inteligentes —esos toman *sannyas*. Empiezan a crear un sentido, empiezan a crear un significado, empiezan a vivir. ¿Por qué perder esta oportunidad?

Heidegger dijo: «La muerte me aísla y me transforma en un individuo. Es mi muerte, no la de la multitud a la que pertenezco. Cada uno de nosotros muere su propia muerte. La muerte no puede repetirse. Puedo presentarme a un examen dos o tres veces; puedo comparar mi segundo matrimonio con el primero, y así sucesivamente. Sólo muero una vez. Puedes casarte tantas veces como quieras, puedes cambiar de empleo tantas veces como quieras, puedes cambiarte de ciudad tantas veces como quieras, pero sólo se muere una vez. La muerte es tan provocativa porque es cierta e incierta a la vez.

«Por eso hay tanta curiosidad en torno a la muerte, acerca de lo que es. Uno quiere saber de ella. Y no hay nada morboso en esta contemplación de la muerte. Las acusaciones de ese tipo son meramente la estratagema del "ellos" impersonal —la muchedumbre— para evitar que uno escape a su tiranía y se haga un individuo. Lo que necesitamos es ver nuestra vida como un ser hacia la muerte. Una vez alcanzado este punto, hay una posibilidad de liberarse de la banalidad de la vida cotidiana y su servidumbre a poderes anónimos. El que ha enfrentado su muerte de este modo, se despierta como si de una puñalada se tratara. Entonces se percibe a sí mismo como un individuo distinto de la masa, y está preparado para tomar la responsabilidad de su propia vida. De esta forma nos decidimos por la existencia auténtica y rechazamos la inauténtica. Salimos de la masa y nos hacemos nosotros mismos por fin». Incluso el contemplar la muerte te da individualidad, forma, definición, porque es *tu* muerte. Es la única cosa que queda en el mundo que es única. Y cuando piensas en el suicidio se vuelve incluso más personal; es tu decisión.

Y recuerda, no estoy diciendo que vayas y te suicides. Estoy diciendo que tu vida, tal como es, está llevándote al suicidio. Cámbiala.

Y contempla la muerte. Puede venir en cualquier momento, así que no pienses que es morboso pensar en la muerte. No lo es, porque la muerte es la culminación de la vida, el crescendo mismo de la vida. Tienes que prestarle atención. Está llegando —te suicides o venga sola... —, pero está llegando. Tiene que suceder. Tienes que prepararte para ella, y la única forma de prepararse para la muerte —la forma correcta— no es suicidarse; la forma correcta es morir al pasado a cada momento. Ésa es la forma correcta. Eso es lo que tiene que hacer un *sannyasin*: morir al pasado a cada momento, nunca cargar con el pasado ni por un sólo instante.

En cada momento tienes que morir al pasado y nacer al presente. Eso te mantendrá fresco, joven, vibrante, radiante, eso te mantendrá vivo, palpitante, entusiasmado, extático. Y un hombre que sabe cómo morir al pasado en cada momento, sabe cómo morir, y ésa es la máxima habilidad, el máximo arte. De forma que cuando le llega la muerte a un hombre así, ¡danza con ella! ¡la abraza!; es una amiga, no es el enemigo. Es Dios que llega a ti en forma de muerte. Es la total relajación en la existencia. Es volverse el todo de nuevo, volverse uno con el todo otra vez.

Así que no llames a esto perversión.

Dices: «Procedo de una familia con cuatro suicidas en la línea materna, incluida mi abuela».

No condenes a esa pobre gente, y ni por un momento pienses que eran pervertidos.

«¿Cómo afecta esto a mi propia muerte? ¿Cómo superar esta perversión de la muerte que es como una constante en mi familia?».

No lo llames perversión; no lo es. Esas personas fueron simplemente víctimas. No pudieron hacer frente a esta sociedad neurótica, y decidieron desaparecer en lo desconocido. Ten compasión de ellos, no los condenes. No abuses de ellos, no pongas nombres —no lo llames perversión ni nada por el estilo. Ten compasión de ellos y ámalos.

No hay necesidad de seguirlos, pero compadécelos. Deben haber sufrido mucho. No se decide fácilmente abandonar la vida: deben haber sufrido intensamente, deben haber visto el infierno de la vida. Uno nunca decide fácilmente morir, porque sobrevivir es un instinto natural. Uno sigue sobreviviendo a todo tipo de situaciones y condiciones. Uno sigue transigiendo —sólo para sobrevivir—. Cuando alguien abandona su vida, eso muestra simplemente que las cosas han ido más allá de su capacidad de transigir; lo que se pide es demasiado. Lo que se pide es *tanto* que no merece la pena. Sólo entonces uno decide suicidarse. Ten compasión de esas personas.

Y si sientes que algo no está bien, entonces no está bien en la sociedad, no en esa gente. ¡La sociedad está pervertida! En una sociedad primitiva no se suicida nadie. He estado con tribus primitivas de India: a lo largo de los siglos no han sabido de nadie que se suicidase. No recuerdan que nadie se haya suicidado. ¿Por qué? La sociedad es natural, la sociedad no está pervertida. No conduce a la gente a hacer cosas innaturales. La sociedad acepta. Permite que todos sigan su camino, que elijan cómo vivir sus vidas. Ése es el derecho de cada uno. Incluso si alguien se vuelve loco, la sociedad lo acepta; está en su derecho de volverse loco. No hay condena. De hecho, en una sociedad primitiva, los locos son respetados como místicos. Y los rodea un cierto misterio. Si miras los ojos de un loco y los ojos de un místico, encontrarás alguna similitud —algo grande, algo indefinido, algo nebuloso, algo como el caos del que nacen las estrellas—. El místico y el loco tienen cierta similitud.

Puede que no todos los locos sean místicos, pero todos los místicos son locos. Cuando digo «locos» quiero decir que han ido más allá de la mente. Los locos pueden haber caído por debajo de la mente, y el místico puede haber ido más allá de la mente, pero tienen una cosa en común —tanto los unos como el otro no están en sus mentes—. En una sociedad primitiva incluso un loco es respetado, tremendamente respetado. Si decide estar loco, está bien. La sociedad se hace cargo de su comida, de su cobijo. La sociedad le ama, ama su locura. La sociedad no tiene una norma fija; entonces nadie se suicida, porque la libertad permanece intacta.

Cuando la sociedad exige la esclavitud y continúa destrozando tu libertad y mutilándote y paralizando tu alma y apagando tu corazón... uno llega a sentir que es mejor morir que transigir.

No los llames pervertidos. Ten compasión de ellos; sufrieron mucho, fueron víctimas. Y trata de comprender lo que les sucedió. Eso te dará una mayor comprensión de tu propia vida. Y no hay necesidad de repetirlo, porque yo te doy una oportunidad de ser tú misma. Te abro una puerta. Si estás comprendiendo, lo verás, pero si no estás comprendiendo, será difícil. Yo puedo seguir gritando y tú sólo oirás lo que puedes oír, y tú sólo oirás lo que quieres oír... lo que quieres oír. Ha venido un amigo psicólogo: ha escrito una larga pregunta.

Dice: «¿Por qué sigues diciendo que abandonemos el ego? Jamás nadie ha podido abandonar el ego».

¿Pero cómo lo sabe? —¿que nadie jamás ha podido abandonar el ego?—. Él dice que no se *ha* conseguido. ¿Cómo lo sabe? Se ha conseguido, aunque sólo se ha conseguido con muy pocas y excepcionales personas. Pero se ha conseguido, y se ha conseguido sólo con gente excepcional, porque sólo esa gente excepcional permitió que sucediese. Todo el mundo puede conseguirlo, pero la gente no permite que suceda. No están listos para perder sus egos.

Es psicólogo, y dice: «Osho, veo en ti un gran ego». Como psicólogo, dice «veo un gran ego en ti».

Entonces es que no me has visto en absoluto. Entonces es que has visto otra cosa, una proyección tuya.

El ego se proyecta a sí mismo constantemente. El ego crea constantemente alrededor de sí mismo su propia realidad, sus propios reflejos.

Ahora, dime: si puedes ver tan bien lo que hay dentro de mí, ¿para qué has venido aquí? Podrás ver bien lo que hay dentro de ti. Si tienes tal visión, ¿para qué es preciso que vengas aquí? No es necesario. Y si ya tienes decidido de antemano que no se puede abandonar el ego, que no es posible, es que has tomado ya una decisión sin intentarlo siquiera.

¡Y yo no digo que se pueda abandonar el ego! ¡Lo que digo es que el ego no existe! ¿Cómo vas a abandonar una cosa que no existe? Y Buda no ha dicho que sea preciso abandonar el ego; lo único que dice es que hay que mirar dentro de él... y no se encuentra, y, por tanto, desaparece.

¿Qué puedes hacer entonces, cuando entras en tu ser y no encuentras ningún ego, cuando encuentras allí silencio, ningún yo que domina, ningún centro como un ego? Abandonar el ego no significa que lo debas dejar caer. Lo de abandonar el ego no es más que una metáfora. Lo único que quiere decir es que cuando miras dentro y no encuentras nada, el ego desaparece. De hecho, ni siquiera es acertado decir que «desaparece», porque tampoco estuvo allí en ningún momento. No es más que un malentendido.

Ahora, en vez de entrar dentro de ti, me estás mirando a mí. ¡Y crees que has mirado dentro de mí! Y como eres psicoanalista o psicólogo, llegas a una conclusión. ¡Y tu conclusión se convertirá en un obstáculo, porque el ego no existe en mí! Y yo quisiera declarar lo siguiente: ¡el ego no existe en ti! Hasta a ese amigo psicólogo se lo diría: el ego no existe en él. ¡El ego no existe! Es una idea no-existente, una mera idea.

Es como cuando ves una soga en la oscuridad y crees que has visto una serpiente, y echas a correr, y te quedas sin aliento, y tropiezas con una piedra y te rompes un hueso, y a la mañana siguiente te enteras de que no era más que una soga. Pero ¡qué efecto tuvo! La serpiente no estaba allí, pero afectó a tu realidad. Un malentendido es tan real como la realidad y la verdad misma. ¡No es verdad, pero es real! He aquí la diferencia entre realidad y verdad. Una serpiente vista en una soga es real porque sus resultados, sus consecuencias, van a ser reales. Si tienes delicado el corazón, puede ser muy peligroso ver una serpiente en una soga: puedes correr tanto que te falle el corazón. Puede afectar a tu vida entera. Y ¡qué ridículo resulta! No era más que una soga.

Lo que quiero decir, o lo que quiere decir Buda, es esto: toma una lámpara, y adéntrate en tu interior. Mira bien si existe o no la serpiente. Buda descubrió que en él no existía. Yo he descubierto que no existe en mí. Y el día que descubrí que no existía en mí, me puse a mirar en los ojos de todos los demás, y no la encontré nunca. Es una idea sin base. Es un sueño.

Pero si tú estás demasiado saturado de ese sueño, hasta puedes llegar a proyectarlo sobre mí. Y yo no puedo hacer nada al respecto. Si lo proyectas, lo proyectas. Es como si llevaras puestas unas gafas, unas gafas de color, unas gafas verdes, con las que todo el mundo te parece verde. Y vienes a mí y me dices: «Osho, llevas puesto un traje verde». Y ¿qué puedo hacer yo? Lo único que puedo hacer es decirte: «Quítate las gafas». Y tú me dices: «Nadie ha sido capaz jamás de quitarse las gafas. ¡No ha sucedido nunca!». Entonces, es difícil.

Pero no es problema para mí. El problema será para ti. Siento lástima de ti, pues si tu idea es esa, vas a sufrir toda la vida. porque el ego produce sufrimiento. Una idea irreal que se cree real produce sufrimiento. ¿Qué es el sufrimiento, en realidad? El sufrimiento se produce cuando tienes ideas que no coinciden con la verdad. Entonces, hay sufrimiento.

Por ejemplo, si crees que unas piedras son alimento y te las comen, entonces sufres, porque tendrás grandes dolores de vientre. Pero si lo que comes es comida de verdad, entonces quedas satisfecho. El sufrimiento lo crean las ideas que no concuerdan con la realidad; la dicha se produce cuando tienes ideas que concuerdan con la realidad. La dicha es una concordancia entre la realidad y tú; el sufrimiento es una discordancia, una división entre la realidad y tú. Cuando no sigues la verdad, estás en el infierno; cuando sigues la verdad, estás en el cielo... eso es todo. Y esto es todo lo que hay que entender.

Y bien, este hombre viene de la lejana América. Escuchó mis cintas y empezó a sentir interés por mí. Ha venido aquí, pero si esta es su manera de mirar las cosas, errará. Y, recuerda: no es problema para mí. Si crees que soy un gran ególatra, muchas gracias... no es problema para mí. Es una idea tuya, y tienes todo el derecho del mundo a tener ideas. Pero si estás tan seguro de ello, ¿qué va a pasar?

Dice: «he conocido a muchos hombres santos de muchas religiones, y todos eran unos ególatras».

Debes de llevar puestas esas mismas gafas en todas partes. No dejas de crear tu propia realidad, que no es real. Por eso insiste tanto el Buda en la nada, en la no-mente; porque, cuando la mente no tiene pensamientos, no puedes proyectar nada. Entonces, tienes que ver lo que es. Cuando no tienes ninguna idea, cuando estás sencillamente vacío, cuando eres un espejo que refleja, entonces cualquier cosa que llega frente a ti se refleja. Y se refleja tal y como es. Pero si tienes ideas, entonces distorsionas. Los pensamientos son el medio para la distorsión.

Si puedes ver ego en mí, estás haciendo realmente un milagro. Pero es posible. Y puede que disfrutes. Pero sólo tú serás dañado por tu idea, nadie más. Si esta idea persiste, entonces no habrá ninguna posibilidad de que conectes conmigo. Al menos durante los pocos días que estés aquí, deja a un lado tus ideas. Y una cosa es segura: tu psicología no te ha ayudado. De otra forma, no necesitarías estar aquí en absoluto.

Precisamente el otro día este hombre estaba sentado frente a mí, hablando de sus problemas. Y a veces me pregunto... tiene tantos problemas, y conduce terapias de grupo. ¿Qué estará haciendo con la gente? ¿Qué tipo de ayuda puede venir de él? Y tiene un cuerpo tan gordo... y ni siquiera puede cambiar eso, y sigue atiborrándose. Y estos eran sus problemas. Y tenía tanto miedo que le insistía una y otra vez a Laxmi, diciendo que necesitaba una entrevista privada, porque: «No puedo decir cosas delante de la gente». ¿Por qué? La gente verá que eres gordo. No importa que lo digas o no. Todo el mundo tiene ojos y puede ver que estás gordo, y que sigues atiborrándote. ¿Cómo vas a eludir a la gente de Vrindavan? Ellos sabrán...

Él quería tener una entrevista privada para poder contarme sus problemas, y el problema era la obesidad —«Como, y como, y no puedo parar; ¿qué debería hacer?»—. Tu psicología ni siquiera ha sido capaz de ayudarte en eso, y ¿crees que tu psicología es capaz de conocerme, de verme? No te dejes engañar por tus propios juegos.

Y no has estado con ningún santo. No estoy diciendo que ellos no fuesen santos; digo simplemente que puede que hayas estado allí, pero no has estado con ellos. Si no puedes estar conmigo, ¿cómo vas a poder estar con ellos? No has estado con ningún hombre santo. Dondequiera que fuiste, fuiste con tu psicología, con todos los conocimientos que has acumulado alrededor de ti. ¡Y no te sirven para nada! ¡No tiene valor! Y tú continúas aconsejando a la gente. Crearás los mismos tipos de traumas, de complejos, en otras personas. Un terapeuta sólo puede ayudar cuando su consejo no es sólo para otros, sino cuando su consejo es su vida, cuando lo ha vivido y ha visto su verdad. Tú dices que la enseñanza de todos los tiempos de abandonar el ego, de abandonar la mente, no ha funcionado. ¡Ha funcionado! Ha funcionado en mí, por eso digo que ha sucedido. Ya sé que no ha funcionado en ti. Pero no hay nada equivocado en la enseñanza, hay algo equivocado en ti. Ha funcionado en millones de personas. Y puede ser que tu vecino sea un iluminado y que tú no puedas verlo.

Sucedió...

Vino un buscador de Norteamérica. Había oído que había un gran místico sufí en Dacca, en Bangladesh, así que vino apresuradamente

—como vienen los americanos—. Vino a la carrera: ¡se lanzó sobre Dacca! Agarró a un taxista y le dijo: «¡Lléveme a ese místico!».

El taxista se rio. Le dijo: «¿Estás realmente interesado? Entonces has encontrado al hombre apropiado. Si hubieras preguntado a cualquier otro taxista, ninguno lo habría sabido. Yo conozco a ese hombre. He vivido con ese hombre durante casi cincuenta años».

«¿Cincuenta años? ¿Cuántos años tiene él?», preguntó el norteamericano.

El taxista dijo: «Él también tiene cincuenta años».

El norteamericano pensó: «¡Parece que este hombre está loco!». Probó con otros taxistas, pero nadie conocía al hombre, así que tuvo que volver donde este loco.

Y él dijo: «Te había dicho que nadie lo conoce. Ven conmigo y yo te llevaré». Y lo llevó. Dacca es una ciudad antigua, de calles pequeñas y estrechas, y fue zigzagueando de aquí para allá, ¡durante horas! Y el norteamericano se sentía muy feliz, ¿hum? —porque la meta se estaba acercando más y más y más—. Después de tres, cuatro horas, pararon frente a una pequeña casa, la casa de un hombre muy pobre. Y el taxista dijo: «Espera y yo lo dispondré todo para que veas al maestro». Y entonces vino una mujer y dijo: «El maestro está esperándote».

Y el norteamericano entró y el taxista estaba sentado allí. Y dijo: «Ven, hijo mío, ¿qué tienes que preguntar?».

El norteamericano no podía creerlo. Dijo: «¿Tú eres el maestro?». Y él dijo: «Yo soy el maestro, y he vivido con este hombre durante cincuenta años; nadie más lo sabe». Y resultó que él era el maestro...

... Pero tú tienes tus ideas: «¿Cómo puede un taxista ser un maestro?». Imagínate que yo fuera un taxista... No lo creerías... ¿verdad?

¿Lo creería ese amigo psicólogo? Sería imposible.

Tú tienes ideas. Debido a tus ideas sigues perdiéndote muchas cosas a tu alrededor. La tierra nunca está vacía de maestros. Hay gente por todas partes, ¡pero tú no puedes ver! Y cuando quieres verlos, vas al Vaticano, porque tienes alguna idea de que el Papa debe estar iluminado. En realidad, ¿cómo puede una persona iluminada ser un Papa? Ninguna persona iluminada aceptará esas tonterías. Puede que prefiera ser un taxista.

Por favor, abandona tus ideas mientras estés aquí, durante estos pocos días. Ábrete, no comiences ya con prejuicios: «Esto nunca ha sucedido». ¡Esto ha sucedido! Esto ha sucedido en mí. Mírame a los ojos, siénteme, y esto puede suceder en ti. No hay nada que lo impida excepto esas ideas, esos conocimientos. Es por eso por lo que digo que el conocimiento es una maldición. ¡Deshazte de tus conocimientos y te desharás de tu patología!

La segunda pregunta:

Soy un debilucho. Sin embargo, aquí siento, por vez primera, que puedo relajarme en mi debilidad. ¿Debo ser fuerte y valiente?

Aquí no hay ningún deber. Todos los «debos» y «sería conveniente» tienen que ser abandonados. Sólo entonces puedes convertirte en un ser natural.

¿Y qué hay de malo en ser débil? Todo el mundo es débil. ¿Cómo puede la parte ser fuerte? —la parte tiene que ser débil—. Y somos pequeñas partes, gotas en el gran océano. ¿Cómo vamos a ser fuertes? —¿fuertes contra quién, fuertes para qué?—. Sí, te han enseñado, ya lo sé, a ser fuerte, porque te han enseñado a ser violento, agresivo, beligerante. Te han enseñado a ser fuerte porque te han enseñado a ser competitivo, ambicioso, egoísta. Te han enseñado todo tipo de agresividad porque te han educado para violar a los demás, para violar a la naturaleza. No has sido educado para el amor.

Aquí, el mensaje es amor. Así que, ¿para qué necesitas la fortaleza? El mensaje aquí es entrega. El mensaje aquí es aceptación, aceptación total de cualquier cosa que se presente.

La debilidad es bella. Relájate en ella, acéptala, disfrútala. Tiene sus propias bellezas, sus propias alegrías.

«Soy un debilucho».

Por favor, ni tan siquiera uses esa palabra, «debilucho», porque lleva consigo una nota condenatoria. Di: «Soy una parte», y la parte está destinada a ser indefensa. La parte en sí misma está destinada a ser impotente. La parte sólo es fuerte con el todo. Tu fortaleza reside en estar con la verdad; no hay otra fortaleza. La verdad es fuerte, nosotros somos débiles. Dios es fuerte, nosotros somos débiles. Con Él nosotros también somos fuertes; contra Él, sin Él, somos débiles. Lucha contra el río, trata de ir contra la corriente y quedará claro que eres un debilucho. Pero flota con el río y ve con la corriente —ni siquiera nades, deja hacer y deja que el río te lleve a dondequiera que vaya— y entonces no hay debilidad. Cuando se abandona la idea de ser fuerte no queda ninguna debilidad. Ambas desaparecen juntas. Y entonces, de pronto, no eres ni débil ni fuerte. De hecho, no eres; Dios es, ni débil, ni fuerte.

Tú dices: «Sin embargo, aquí siento por vez primera que puedo relajarme en mi debilidad».

Una buena sensación; ¡no la pierdas de vista! Un sentimiento correcto; relájate —esa es toda mi enseñanza—. Relájate en tu ser, quienquiera que seas. No te impongas ningún ideal. No te vuelvas loco a ti mismo; no hay ninguna necesidad. ¡Sé! —abandona el llegar a ser. No vamos a ningún sitio, simplemente estamos aquí. ¡Y este momento es tan bello, hay tal bendición! No introduzcas en él ningún futuro, de otra forma lo destruirás. El futuro es venenoso. Relájate y goza. Si puedo ayudarte a abandonar tus ideales, las ideas acerca de cómo deberías ser y cómo no deberías ser, si puedo despojarte de todos los mandamientos que te han dado, mi trabajo estará hecho. Y cuando estás sin ningún mandamiento, y cuando vives totalmente en el presente —natural, espontáneo, simple, ordinario— hay una gran celebración, has llegado a casa.

Así que no vuelvas otra vez con… «¿Debo ser fuerte y valiente?».

¿Para qué? De hecho es la debilidad la que quiere ser fuerte. Intenta comprenderlo; es un poco complejo pero entremos en ello. Es la debilidad la que quiere ser fuerte, es la inferioridad la que quiere ser superior, es la ignorancia la que quiere ser erudita —para poder así ocultarse en los conocimientos, para que puedas esconder tu debilidad en tu mal llamado poder—. De la inferioridad surge el deseo de ser superior. Ése es el único sustrato de la política en el mundo, de la política-poder. Sólo las personas inferiores se hacen políticos: ese deseo de poder, porque saben que son inferiores. Si no llegan a ser el presidente de un país o el primer ministro de un país, no pueden demostrar lo que valen a los demás. Interiormente, se sienten débiles, y van a por el poder.

Pero ahora bien, ¿puedes ser poderoso llegando a presidente? En lo profundo sabrás que la debilidad está ahí. De hecho, lo sentirás más, incluso más que antes, porque ahora habrá un contraste. En el exterior habrá poder, y por dentro habrá debilidad —más clara, como un cerco de plata en una nube negra—. Eso es lo que sucede: en tu interior te sientes pobre y empiezas a querer más, te vuelves avaricioso, empiezas a poseer cosas, y sigues y sigues y sigues, y esto no tiene fin y malgastas toda tu vida en las cosas, en la acumulación.

Pero cuanto más acumulas, más profundamente sientes la pobreza interior. En contraste con las riquezas, puedes verla con facilidad. Cuando ves esto —que la debilidad intenta volverse fuerte— ves que es absurdo. ¿Cómo puede la debilidad volverse fuerte? Al verlo, no quieres volverte fuerte. Y cuando no quieres volverte fuerte, la debilidad no puede permanecer en ti. Sólo puede permanecer con la idea de la fortaleza —van juntas, como los polos positivo-negativo de la electricidad—. Existen juntas. Si abandonas esa ambición de ser fuerte, un día de pronto encontrarás que la debilidad también ha desaparecido. No puede permanecer en ti. Si abandonas la idea de ser rico, ¿cómo puedes seguir pensando que eres pobre? ¿Cómo compararás y cómo juzgarás que eres pobre? ¿En relación a qué? No habrá ninguna posibilidad de medir tu pobreza. Si abandonas la idea de la riqueza, de ser rico, un día la pobreza desaparece.

Cuando no ansías conocimientos y abandonas tu ilustración, ¿cómo puedes seguir siendo ignorante? Cuando los conocimientos desaparecen, tras ellos, como una sombra, desaparece la ignorancia. Entonces es cuando un hombre es sabio. La sabiduría no son los conocimientos. La sabiduría es la ausencia de conocimientos y de ignorancia.

Hay tres posibilidades: puedes ser ignorante, puedes ser ignorante y estar lleno de conocimientos, y puedes estar sin ignorancia ni conocimientos. La tercera posibilidad es la sabiduría. Eso es lo que Buda llama *prajnaparamita* —la sabiduría del más allá, la sabiduría trascendental—. No guarda relación con los conocimientos.

Primero, abandona el deseo de fortaleza, y observa. Un día te sorprenderás, comenzarás a bailar, la debilidad ha desaparecido. Son dos aspectos de la misma moneda, viven juntas, van juntas. Cuando penetras en tu ser hasta encontrar este hecho, se produce una gran transformación.

La tercera pregunta:

¿Por qué y cómo la gente viene a ti de todos los puntos de la Tierra?

Si uno dice la verdad, es seguro que lo van a encontrar, tarde o temprano, ése es el porqué.

Es imposible. si has pronunciado la verdad, es imposible que la gente no venga. Están anhelándola, tienen sed de ella, están hambrientos de ella, y han estado hambrientos durante muchas vidas. Una vez que un murmullo de verdad, una canción, surge en cualquier parte, a los que están hambrientos —en cualquier parte del planeta que estén— les empieza a suceder algo en su inconsciente. Estamos conectados en el inconsciente. En lo más profundo. en el reino más profundo de nuestro ser, somos uno. Si un hombre se convierte en un Buda, el inconsciente de todos se estremece. Puede que no lo sepas conscientemente, pero el inconsciente de todo el mundo se estremece. Es como una tela de araña: la tocas en cualquier sitio y toda la tela comienza a temblar. Somos uno en la base. Somos como un árbol sólido y fuerte que se yergue solitario en el campo

—grande, enorme, con mucho follaje. Hay millones de hojas, hay muchas ramas, pero todas ellas dependen de un tronco sólido, y todas ellas están enraizadas en un sólo suelo. Si una hoja se ilumina, todo el árbol lo sabrá inconscientemente... «Algo ha sucedido».

Los que están buscando la verdad conscientemente serán los primeros que empezarán a moverse. El inconsciente sentirá el murmullo. Acaba de escribirme un amigo: estaba sentado en alguna parte de California... Y puede suceder más fácilmente en California que en ningún otro sitio. California es el futuro; allí está la consciencia de mayor potencial. California es el punto más vulnerable, así que sólo puede suceder en California. No puede suceder en la Unión Soviética, las cosas allí están muy aletargadas, muertas.

Este amigo fue a visitar a una mujer. Estaban comiendo y bebiendo, y de pronto él la miró a los ojos, había un poder inmenso en ellos. Quizá el alcohol, la bebida, la música, la soledad de estas dos personas, el ambiente amoroso, pusieron algo en funcionamiento. Él vio un poder inmenso en los ojos de la mujer, y quedó atrapado en esos ojos, casi magnetizado, hipnotizado. Empezó a mirar, y cuando empezó a mirar, la mujer comenzó a balancearse, algo comenzó a moverse, algo en el inconsciente. Y tras unos pocos minutos, la mujer empezó a decir: «Ou-sho, Ou-sho, Ou-sho» —y ella no sabía nada de mí, ni siquiera había oído hablar de mí—. Cuando volvió en sí, el hombre dijo: «Estabas repitiendo un cierto nombre —Ousho—, es muy extraño. Nunca lo había oído».

Y la mujer dijo: «Nunca lo he oído. No sé». Se fueron los dos a una librería a buscar el nombre. Por supuesto, no era «Ou-sho», era Osho. Y él examinó mis libros, y eso era lo que había estado buscando durante muchos, muchos años. Vendrá aquí el mes que viene. Pero ¿cómo sucede? Algo en lo profundo de la mujer...

Es más fácil para una mujer recibir mensajes, porque ella está más cerca del inconsciente que el hombre. El hombre se ha ido muy lejos del inconsciente. Se ha quedado demasiado enganchado en la cabeza, en el consciente. La mujer aún vive por corazonadas. Algo comenzó a revolverse en su inconsciente cuando el hombre la miró a los ojos. Y el hombre es un buscador consciente; ella no. La mujer nunca había estado buscando un maestro. Ella no viene. Ella debe habérselo quitado de la cabeza explicándolo como tan sólo una coincidencia o algo por el estilo. Ella nunca ha estado interesada en ninguna búsqueda, pero su inconsciente era más receptivo. Siendo una mujer, y luego el alcohol, y este hombre mirándola, completamente magnetizado por sus ojos —todas estas cosas funcionaron, algo subió a la superficie. Y el consciente de este hombre estaba mirando. Al oír esta palabra él se quedó prendido. Se quedó prendido de la palabra; no pudo olvidarla. Tuvo que ir a buscar a la librería, a la biblioteca, aquí y allí, preguntar a sus amigos qué era esa palabra.

No es un milagro. Es un simple proceso. Es así como funcionan las cosas.

Tú me preguntas: «¿Cómo y por qué la gente viene a ti de todos los puntos de la Tierra?».

La distancia no es la cuestión; la búsqueda, el hambre, la sed son la cuestión. Si alguien está buscando, tarde o temprano llegará a saber de mí —a veces por accidente— y empezará a sentirse atraído hacia mí. Son millones los que buscan, y cuanta más gente haya alrededor de mí, y cuanta más gente comience a profundizar más en su ser, mayor será la atracción de este lugar. Entonces no seré sólo yo el que los atraiga, no sólo seré yo el que remueva sus profundidades —el lugar entero empezará a atraerlos. Puede convertirse en un centro magnético.

Depende de ti, de hasta dónde penetres en tu ser, de cuánto te armonices conmigo, de lo profunda que sea tu entrega.

La última pregunta:

¿Qué hacer con el miedo? Ya estoy cansado de ser traído y llevado por él.
¿Se lo puede dominar o matar? ¿Cómo?

La pregunta es de Ramananda.

Al miedo no se lo puede matar, ni se lo puede dominar, sólo se lo puede comprender. *Comprensión* es la palabra clave aquí. Y sólo la comprensión trae cambio, nada más. Si intentas dominar tu miedo, éste permanecerá reprimirlo, irá a lo profundo de ti. Esto no te ayudará, complicará las cosas. Cuando está saliendo a la superficie, puedes reprimirlo —eso es el dominio—. Puedes reprimirlo; puedes reprimirlo tan profundamente que desaparezca completamente del consciente. Entonces nunca serás consciente de él, pero estará allí, en la base, y tendrá fuerza. Dominará, te manipulará, pero te manipulará de una forma tan indirecta que ni te darás cuenta. Y entonces el peligro ha calado más hondo. Ahora ni siquiera puedes comprenderlo.

Así que no hay que dominar al miedo. No hay que matarlo. Tampoco podrás matarlo aunque quisieras, porque el miedo contiene un tipo de energía y ninguna energía puede ser destruida. ¿Te has dado cuenta de que cuando tienes miedo puedes tener muchísima energía? —igual que cuando estás enfadado; ambas cosas son dos aspectos del mismo fenómeno energético. La ira es agresiva y el miedo es no agresivo. El miedo es ira en estado negativo; la ira es miedo en estado positivo. Cuando estás enojado, ¿no te has dado cuenta de lo poderoso que te vuelves, de cuánta energía tienes? Cuando estás enfadado puedes lanzar una gran roca. En estado normal, ni siquiera puedes moverla. Cuando estás enfadado, te vuelves tres, cuatro veces más fuerte. Puedes hacer ciertas cosas que no puedes hacer sin ira.

O, cuando tienes miedo, puedes correr tan rápidamente que incluso un corredor olímpico sentiría envidia. El miedo crea energía; el miedo es energía, y la energía no puede ser destruida. Ni una sola partícula de energía de la existencia puede ser destruida. Esto hay que recordarlo constantemente, de otra forma harás algo equivocado. No se puede destruir nada, sólo se puede cambiar su forma. No puedes destruir un pequeño guijarro. No se puede destruir un pequeño grano de arena, sólo cambiará su forma. No puedes destruir una gota de agua. Puedes transformarla en hielo, puedes evaporarla, pero permanecerá. Permanecerá en alguna parte, no puede salirse de la existencia.

Tampoco puedes destruir el miedo. Y esto es lo que han hecho a través de los tiempos —la gente ha estado tratando de destruir el miedo, tratando de destruir la ira, tratando de destruir el sexo, tratando de destruir la avaricia, esto y aquello—. El mundo entero se ha estado ejercitando en esto continuamente, ¿y cuál es el resultado? El hombre se ha hecho un lío. Nada se ha destruido, todo está ahí; sólo que las cosas se han vuelto confusas. No hay ninguna necesidad de destruir nada porque, para empezar, nada puede ser destruido.

¿Qué es lo que hay que hacer entonces? Tienes que comprender el miedo. ¿Qué es el miedo? ¿Cómo surge? ¿De dónde viene? ¿Cuál es su mensaje? Examínalo —y sin ningún juicio— sólo entonces comprenderás. Si de antemano tienes la idea de que el miedo es algo malo, que no debería existir —«no debería tener miedo»— entonces no puedes observar. ¿Cómo puedes enfrentarte al miedo? ¿Cómo puedes mirar al miedo a los ojos cuando ya has decidido que es tu enemigo? Nadie mira a los ojos del enemigo. Si crees que es algo malo, tratarás de esquivarlo, de evitarlo, de no hacerle caso. Intentarás no cruzarte con él, pero seguirá allí. Eso no servirá.

En primer lugar, abandona todas las condenas, juicios, evaluaciones. El miedo es una realidad. Hay que enfrentarlo, hay que comprenderlo. Y sólo puede transformarse mediante la comprensión. No hay necesidad de hacer nada más; la comprensión lo transforma.

¿Qué es el miedo? Primero: el miedo está siempre alrededor de algún deseo. Quieres hacerte famoso, el hombre más famoso del mundo —entonces hay miedo. ¿Qué pasará si no puedes lograrlo? —surge el miedo. Pero el miedo surge como un producto derivado del deseo: quieres ser el hombre más rico del mundo. ¿Y si no lo consiguieses? — empiezas a temblar; llega el miedo. Posees a una mujer: tienes miedo, quizá mañana ya no puedas poseerla, puede que ella se vaya con otro. Aún está viva, puede irse. Sólo las mujeres muertas no se van; ella está aún viva. Sólo puedes poseer a un cadáver —entonces no hay miedo, el cadáver seguirá ahí—. Puedes poseer muebles, entonces no hay miedo. Pero cuando intentas poseer a un ser humano, el miedo llega.

¿Quién sabe? Ella no era tuya ayer, hoy es tuya —¿quién sabe?— mañana será de otro. Surge el miedo. El miedo surge del deseo de poseer, es un producto derivado. Quieres poseer, de ahí el miedo. Si no quieres poseer, entonces no hay miedo. Si no tienes el deseo de que te gustaría ser esto o aquello en el futuro, entonces no hay miedo. Si no quieres ir al cielo, entonces no hay miedo, entonces los sacerdotes no pueden asustarte. Si no quieres ir a ningún sitio, entonces *nadie* puede asustarte.

Si empiezas a vivir en el momento, el miedo desaparece. El miedo llega a través del deseo. Así que, básicamente, el deseo crea el miedo. Examínalo. Siempre que tengas miedo, mira de dónde viene —qué deseo está creándolo— y entonces ve su futilidad. ¿Cómo puedes poseer a una mujer o a un hombre? Es una idea tan tonta, tan estúpida. Sólo las cosas pueden poseerse, no las personas.

Una persona es libertad. Una persona es hermosa por su libertad. Un pájaro es hermoso volando en el cielo: lo enjaulas y ya no es el mismo pájaro, recuerda. Parece que lo es, pero ya no es el mismo pájaro. ¿Dónde está el cielo? ¿Dónde está el sol? ¿Dónde están aquellos vientos? ¿Dónde están aquellas nubes? ¿Dónde está aquella libertad al vuelo? Todo ha desaparecido. No se trata del mismo pájaro.

Amas a una mujer porque es libertad. Y luego la enjaulas: entonces vas al juzgado y te casas, construyes una bella jaula a su alrededor —quizá de oro— con adornos de diamantes; pero ya no es la misma mujer. Y entonces surge el miedo. Estás asustado, asustado porque puede que a la mujer no le guste esta jaula. Ella puede anhelar la libertad de nuevo. Y la libertad es el valor fundamental, uno no puede renunciar a ella.

El hombre está hecho de libertad, la consciencia está hecha de libertad. Así que tarde o temprano la mujer empezará a aburrirse, a hartarse. Empezará a buscar a otro. Tienes miedo. Tu miedo surge porque quieres poseer —pero, en primer lugar, ¿por qué quieres poseer?—. No seas posesivo, y entonces no habrá miedo. Y cuando no hay miedo, mucha de esa energía que ponías en juego, que quedaba atrapada, bloqueada por el miedo, queda disponible, y esa energía puede convertirse en creatividad. Puede transformarse en una danza, en una celebración.

¿Tienes miedo de morir? Buda dice: Tú no puedes morir, porque, para empezar, tú no eres. ¿Cómo vas a morir? Examina tu ser, penetra en sus profundidades. Mira, ¿quién hay ahí que pueda morir? —y no encontrarás ningún ego allí. Entonces no hay ninguna posibilidad de muerte. La idea del ego es lo único que crea el miedo a la muerte. Cuando no hay ego, no hay muerte. Eres absoluto silencio, inmortalidad, eternidad —no como un «tú», sino como un cielo abierto, sin contaminar por la idea del «yo»—, ilimitado, indefinido. Entonces no hay miedo.

El miedo llega porque hay otras cosas, Ramananda. Tendrás que examinar esas cosas, y examinándolas empezarán a cambiar.

Así que, por favor, no preguntes cómo dominar el miedo o cómo matarlo. No hay que dominarlo, no hay que matarlo. No se lo puede dominar ni se lo puede matar. Sólo se lo puede comprender. Deja que la comprensión sea tu única ley.

Capítulo 5

La fragancia de la nada

*Tasmac Chariputra Sunyatayam na rupam na vedana
na samjna na samskarah na vijnanam.
Na caksuh-srotra-ghrana-jihva-kaya-manamsi.
na rupa-sabda-gandha-rasa-sprastavya-dharmah
na caksur-dhatur yavan na manovjnana-dhatuh
na-avidya na-avidya-ksajo yavan
na jara-maranam na jara-maranaksayo.
na duhkha-samudaya-nirodha-marga.
na jhanam, na praptir na-apraptih.*

*Por lo tanto, ¡oh! Sariputra, en el vacío no hay forma,
ni sensación, ni percepción, ni impulso, ni consciencia;
ni ojo, ni oído, ni nariz, ni lengua, ni cuerpo, ni mente.
Ni formas, ni sonidos, ni olores, ni sabores, ni cosas tangibles,
ni objetos de la mente. Ni elementos del órgano visual,
y así sucesivamente, hasta que llegamos a:
ningún elemento de consciencia mental.
No hay ignorancia, ni extinción de la ignorancia,
y así sucesivamente, hasta que llegamos a que:
no hay decadencia ni muerte,
ni extinción de la decadencia ni de la muerte.
No hay sufrimiento, ni origen, ni término, ni sendero.
No hay cognición, ni logro ni no-logro.*

La nada es la fragancia del más allá. Es la apertura del corazón a lo trascendental. Es el despliegue del loto de los mil pétalos. Es el destino del hombre. El hombre sólo está completo cuando ha llegado a esta fragancia, cuando ha llegado a esta «nada» absoluta dentro de su ser, cuando esta «nada» se ha extendido por todo su ser, cuando es sólo un cielo puro, sin nubes.

Esta nada es lo que Buda llama nirvana. En primer lugar tenemos que comprender lo que esta nada realmente es, porque no es sólo vacío —está llena, está rebosante—. No pienses nunca ni por un momento que la nada es un estado negativo, una ausencia, no. La nada es simplemente no cosa. Las cosas desaparecen, sólo la sustancia última permanece. Las formas desaparecen, sólo la sustancia última permanece. Las formas desaparecen, sólo lo sin forma, permanece. Las definiciones desaparecen, lo indefinido permanece.

Así que no es que no haya nada en la nada. Significa simplemente que no hay posibilidad de definir lo que hay. Es como cuando sacas todos los muebles de tu casa y los dejas fuera. Y entra alguien y dice: «Aquí no hay nada ahora». Había visto los muebles antes; ahora los muebles faltan y dice: «Aquí no hay nada. No hay nada». Su afirmación es válida sólo hasta cierto punto. En realidad, cuando sacas todos los muebles, simplemente quitas los obstáculos del espacio de la casa. Ahora existe un espacio puro, ahora no hay nada que obstaculice. Ahora no hay ninguna nube rodando por el cielo; es sólo el cielo. No es sólo nada, es pureza. No es sólo ausencia, es una presencia.

¿Has estado alguna vez en una casa absolutamente vacía? Encontrarás que ese vacío es como una presencia; es muy tangible, casi puedes tocarlo. Esa es la belleza de un templo, de una iglesia o de una mezquita —pura nada, sólo vacío—. Cuando entras en un templo lo que te rodea es el vacío. Está vacío todo, pero no simplemente vacío. En ese vacío algo está presente —pero sólo lo está para los que pueden sentirlo, los que son lo suficientemente sensibles para sentirlo, los que son lo suficientemente conscientes para verlo.

Los que sólo pueden ver las cosas dirán: «¿Qué hay ahí? Nada». Los que pueden ver la nada dirán: «Todo está aquí, porque no hay nada».

La identidad entre el «sí» y el «no», es el secreto de la nada. Dejadme repetirlo; esto es absolutamente básico en el enfoque de Buda: la nada no es idéntica al «no», la nada es la identidad entre el «sí» y el «no», donde las polaridades ya no son polaridades, donde los opuestos ya no son opuestos.

Cuando haces el amor con una mujer o un hombre, el momento del orgasmo es el momento de la nada. En ese momento la mujer ya no es una mujer y el hombre ya no es un hombre. Esas formas han desaparecido. Esa polaridad entre el hombre y la mujer ya no está ahí, esa tensión ya no existe; ese momento es absolutamente relajado. Ambos se han fundido el uno en el otro. Han perdido sus formas, han entrado en un estado que no puede definirse. El hombre no puede decir «yo», la mujer no puede decir «yo», ya no son «yos», ya no son egos —porque los egos siempre están en conflicto, el ego existe a través del conflicto, no puede existir sin conflicto—. En el momento del orgasmo ya no hay egos. De aquí su belleza, de aquí su éxtasis, de aquí que su naturaleza sea semejante al *samadhi*.

Pero sólo sucede durante un momento. Pero incluso ese momento, un sólo momento, es más valioso que toda tu vida —porque en ese momento es cuando más cerca estás de la verdad—. El hombre y la mujer ya no están separados; eso sería una polaridad. Yin y yang, positivo y negativo, día y noche, verano e invierno, vida y muerte —éstas son polaridades—. Cuando el «sí» y el «no» se encuentran, cuando los opuestos se encuentran y ya no son opuestos, cuando entra el uno en el otro y se disuelven el uno en el otro, se produce el orgasmo. El orgasmo es el encuentro del sí y el no. No es idéntico al no; está más allá del sí y del no.

En un sentido está más allá de ambos, en un sentido es ambos a la vez, simultáneamente. La fusión de lo negativo y lo positivo es la definición de la nada. Y ésa es también la definición del orgasmo, y ésa es también la definición del *samadhi*. Recordémoslo.

La identidad del sí y del no es el secreto del vacío, de la nada, del nirvana. El vacío no es sólo vacío; es una presencia muy sólida. No excluye a su opuesto; lo incluye, está lleno de él. Es un vacío lleno, es un vacío rebosante. Está vivo, profusamente vivo, tremendamente vivo. Así que no dejes que te engañen los diccionarios ni por un momento, de otra forma malinterpretarás a Buda.

Si acudes al diccionario y miras el significado de «nada», no entenderás a Buda. El diccionario sólo define la nada ordinaria, el vacío ordinario. Buda está hablando de algo muy extraordinario. Si quieres conocerlo tendrás que entrar en la vida, en situaciones en las que el sí y el no se encuentran —entonces lo conocerás—. Donde el cuerpo y el alma se encuentran, cuando el mundo y Dios se encuentran, donde los opuestos no son ya opuestos —sólo entonces lo saborearás. Su sabor es el sabor del tao, del zen, del hasidismo, del yoga.

La palabra «yoga» está también llena de significado. Significa reunión, unión. Cuando un hombre y una mujer se encuentran, es un yoga; se unen, se acercan mucho, empiezan a superponerse y luego desaparecen el uno en el otro. Entonces ya no tienen centros. El conflicto de los opuestos ha desaparecido y hay una absoluta relajación.

Esta relajación sucede sólo momentáneamente entre un hombre y una mujer. Pero esta relajación puede suceder con la totalidad, con el *todo*, de una forma intemporal. Puede suceder de forma eterna. En el amor tienes sólo una gota de su éxtasis. En el éxtasis tienes todo el océano del amor.

Sólo alcanzas esta nada si no hay en ti nubes-pensamientos. Esas son las nubes que obstaculizan tu espacio interno, que obstruyen tu espacio interno. ¿Has observado el cielo? En verano está completamente limpio, claro, absolutamente cristalino, sin rastro de nubes. Y luego vienen las lluvias, y llegan miles de nubes, y la tierra entera se ve rodeada de nubes. El sol desaparece, el cielo ya no es visible. Este es el estado de la mente: la mente está llena de nubes constantemente. Es la estación de las lluvias de tu consciencia, el sol ya no está a la vista, la luz está oculta, obstaculizada, y la pureza del espacio y la libertad del espacio ya no están allí. Te encuentras limitado por las nubes por todas partes.

Cuando dices: «Soy hindú», ¿qué estás diciendo? Te está capturando una nube, el pensamiento de que eres un hindú. Cuando dices: «Soy mahometano» —o cristiano o jaina—, ¿qué estás diciendo? Te estás identificando con una nube-pensamiento, estás perdiendo tu pureza. Por eso digo que un hombre religioso no es ni hindú, ni mahometano, ni cristiano —no puede serlo—. Él es el verano de la consciencia, él no tiene nubes: el sol está ahí, brillante, sin obstáculos, y hay un espacio infinito en torno a él, hay silencio a su alrededor. No encontrarás en él la vibración de la consciencia nublada.

Cuando dices: «Soy comunista», ¿qué estás diciendo? Estás diciendo que has leído a Karl Marx, Lenin, Stalin, Mao; que te has apegado demasiado a *El capital*; que te has identificado con la idea de la lucha de clases, el pobre y el rico y el conflicto; que estás demasiado atraído, hipnotizado por un sueño, una utopía: que algún día, en el futuro, pueda ser creada una sociedad sin clases; que te has obsesionado demasiado con esta utopía y que estás dispuesto a hacer cualquier cosa por ella. Incluso si tienes que matar a millones de personas, estás dispuesto —por su propia causa, por su propio bien—. Éste es un estado lleno de nubes.

Cuando dices: «Soy indio», otra vez lo mismo. Cuando dices: «Soy chino», otra vez lo mismo. Si realmente quieres ser religioso tendrás que abandonar esas identificaciones poco a poco. Ninguna idea debería nunca poseerte. ¡Ningún libreo debe ser tu biblia! Ningún Veda debería definirte, ningún Gita debería limitarte. No deberías atiborrarte con ninguna filosofía, teología, dogma, teoría o hipótesis. No deberías permitir que ningún humo rodee la llama de tu consciencia. Sólo entonces eres religioso.

Si preguntas a un hombre religioso que quién es, sólo puede decir: «Soy una nada»; porque la nada no es una idea, no es una teoría. Simplemente indica un estado de pureza.

Recuerda, la percepción no tiene nada que ver con el conocimiento. De hecho, cuando percibes a través del conocimiento no percibes correctamente. Todos los conocimientos crean proyecciones. Los conocimientos son tendenciosos, los conocimientos son prejuicios. Los conocimientos son conclusiones —has extraído tus conclusiones incluso antes de haber penetrado en el asunto.

Por ejemplo, si vienes a mí teniendo ya una conclusión en tu mente —ya sea a favor o en contra de mí, eso no importa—, si vienes a mí con una conclusión, entonces vienes con una nube. Entonces seguirás mirándome a través de tu nube y, naturalmente, tu nube proyectará sombras sobre mí. Si has venido con la idea: «Este es el hombre adecuado», entonces encontrarás algo que siga manteniendo tu idea. Si has venido con la idea: «Éste no es el hombre adecuado; es peligroso, malvado», entonces seguirás encontrando algo que apoye tu idea.

Cualquier idea que traigas se autoperpetúas; sigue encontrando pruebas para sí misma. Y el hombre que ha venido con un prejuicio se irá con su prejuicio fortalecido. Ese hombre nunca vino a mí en realidad.

Para venir a mí es necesario estar sin nubes, sin prejuicios a favor o en contra, sin ningún *a priori*. Entonces vienes simplemente a ver lo que hay, no traes ninguna opinión. Has oído muchas cosas pero no crees ninguna. Simplemente vienes a ver con tus propios ojos, vienes a sentir con tu propio corazón. Ésa es la cualidad de un hombre religioso.

Y si quieres conocer la verdad, tendrás que abandonar todos los conocimientos que has acumulado a través de los tiempos, en muchísimas vidas. Siempre que alguien se acerca a la verdad con conocimientos no puede verla, está ciego. Los conocimientos te ciegan. Si quieres tener los ojos limpios, abandona los conocimientos. La percepción no tiene nada que ver con los conocimientos.

La verdad y los conocimientos no van juntos. Los conocimientos no pueden contener la inmensidad de la vida y la existencia. Los conocimientos son tan diminutos, tan pequeños, y la existencia es tan grande, tan enorme —¿cómo pueden ellos contener la existencia? No pueden—. Y si fuerzas a la existencia a entrar en tus patrones de conocimiento, destrozarás su belleza y destrozarás su verdad. Una vez que la existencia se convierte en conocimientos, ya no es existencia. Es como una persona que lleva un mapa de la India y piensa que está llevando la India. Ningún mapa puede contener a la India.

La foto de la luna no es la luna. La palabra «Dios» no es Dios; la palabra «amor» tampoco es el amor. Ninguna palabra puede contener los misterios de la vida. Y los conocimientos no son otra cosa que palabras y palabras y palabras. Los conocimientos son una gran ilusión. Es por eso por lo que Buda dice: «Permite que la nada se aposente en ti».

La nada significa un estado en el que no sabes, un estado en el que ninguna nube flota en tu consciencia. Cuando no hay nubes en tu consciencia, entonces tú eres «nada». La nada armoniza perfectamente con la verdad —*sólo* la nada armoniza perfectamente con la verdad. Los conocimientos no pueden contener el misterio del ser. Los conocimientos están en contra de lo misterioso. «Lo misterioso» significa lo que no se conoce, lo que no puede conocerse, lo que es básica, intrínseca, esencialmente incognoscible —no sólo desconocido, sino incognoscible—. ¿Cómo podría lo incognoscible ser reducido a conocimientos? El conocimiento sigue cogiendo los guijarros de la orilla y pasa por alto una y otra vez los diamantes. El conocimiento es mediocre, prestado, nunca auténtico, nunca original. Para conocer la verdad necesitas una comprensión, una comprensión original. Necesitas ojos que puedan penetrar más y más; necesitas una visión transparente.

Así que sólo cuando la mente está completamente desnuda de conocimientos, vacía de conocimientos, llega a conocer. Cuando no hay conocimientos, hay conocimiento, porque cuando no hay conocimientos hay saber. Cuando la mente está enteramente vacía de conocimientos, silenciosa, sin funcionar... cuando la mente está a la espera, sin ninguna idea sobre qué esperar, sólo una pura espera, expectante pero sin saber qué espera, esperando al huésped pero sin ninguna idea, esperando con la puerta abierta que el huésped llame, pero sin ninguna idea sobre quién es el huésped... ¿Cómo puedes saberlo de antemano?

Si tienes una idea preconcebida de Dios seguirás sin encontrarlo —porque no lo conoces de antes—. Sí, otros lo han conocido, pero cualquier cosa que ellos digan son sólo mapas. Yo sólo puedo darte un mapa. Todo conocimiento es sólo un mapa. No empieces a adorar al mapa, no empieces a crear un templo en torno al mapa. Así es como se han creado los templos. Un templo está dedicado a los Vedas, otro a la Biblia, otro al Corán —¡todos ellos son mapas! No son el país real, son sólo mapas—. Cuando os digo algo, tengo que usar palabras. Las palabras llegan a ti, tú te lanzas sobre las palabras, comienzas a acumular las palabras —la mente es una gran acumuladora— y entonces empiezas a creer que sabes.

Ésa no es la forma de saber. La forma de sabes es desechar todos los conocimientos. ¡Y desecharlos de un golpe! No lo hagas lentamente, gradualmente. Si lo comprendes puede suceder en este mismo momento. De hecho, comprenderlo es dejar que suceda. No necesitas hacer nada en particular, ni siquiera necesitas abandonar los conocimientos. Simplemente viendo que los conocimientos no pueden hacer que sepas —de hecho estorbarán— viendo esto, la revolución... viendo esto, la transformación.

Así que cuando la mente está desnuda, silenciosa, sin funcionar, completamente a la espera, entonces llega la verdad. Entonces la verdad es. No necesita llegar de ningún sitio, siempre ha estado ahí. Pero tú estabas repleto de conocimientos; por eso, seguías sin verla.

La nada puede conocer la verdad porque en la nada la inteligencia funciona totalmente. *Sólo* en la nada funciona totalmente la inteligencia. Es por eso —¡fíjate qué milagro!— por lo que los niños son tan inteligentes y los ancianos, poco a poco, se van quedando aletargados.

¡Los niños aprenden muy rápido! Cuanto más viejo te haces, más difícil te resulta aprender. Si eres viejo y quieres aprender chino, necesitarás treinta años. Y un niño lo aprende en dos o tres años.

Los científicos dicen ahora que un niño puede aprender al menos cuatro lenguas muy fácilmente si está en contacto con ellas —¡muy fácilmente!—. Ése es el mínimo. El máximo no se ha decidido aún: ¡cuántas lenguas puede aprender un niño si se le pone en contacto con ellas! ¡Sucede! Si la familia es políglota sucede fácilmente. Si en la ciudad se hablan muchas lenguas, sucede fácilmente. En Bombay sucede fácilmente: el niño aprenderá hindi, inglés, marathi, gujarati, muy fácilmente. El niño sólo necesita ser expuesto a ellas. El niño es tan inteligente que las entiende inmediatamente y las aprende. Cuanto más viejo te haces, más difícil se vuelve.

Dicen que es muy difícil enseñar nuevos trucos a un perro viejo. ¡No tiene por qué ser así! Si sigues siendo una «nada», entonces no tiene por qué ser así —porque entonces sigues siendo un niño toda tu vida.

Sócrates es un niño incluso cuando está muriéndose, porque es aún vulnerable, está abierto, dispuesto a aprender, ¡dispuesto a aprender incluso de la muerte! Cuando está tendido en el lecho y le están preparando el veneno —a las seis le darán el veneno, cuando el sol esté poniéndose— él está tan entusiasmado como un niño. Sus discípulos están llorando y gimiendo, y él está lleno de entusiasmo. Se levanta una y otra vez para inquirir al hombre que está preparando el veneno: «¿Cuánto tiempo tardará?» —hay tanta curiosidad en sus ojos—. ¡Y va a morir! No es el momento de ser tan curiosos. Va a expirar en pocos minutos, y está lleno de entusiasmo, en éxtasis. Y un discípulo pregunta: «¿Qué es lo que te entusiasma tanto? ¡Vas a morir!». Y Sócrates dice: «He conocido la vida y he aprendido mucho de la vida. Ahora me gustaría conocer la muerte y aprender de la muerte. Por eso estoy entusiasmado».

Incluso la muerte se convierte en una gran experiencia para el que es inocente. Sócrates es inocente. En Occidente no ha habido otro hombre comparable a Sócrates. Sócrates es el Buda de Occidente.

Siempre serás capaz de aprender si continúas siendo un niño. ¿Qué es lo que crea adormecimiento, estupidez, mediocridad en ti? —los conocimientos—. Acumulas conocimientos; te vuelves menos y menos capaz de saber.

¡Renuncia a los conocimientos! Yo los enseño a renunciar a los conocimientos. No los enseño a renunciar al mundo, ¡eso es estúpido, ridículo, sin sentido! Yo los enseño a renunciar a los conocimientos. Y sucede algo extraño.

Me he encontrado con gente que ha renunciado al mundo. En los Himalayas encontré a un faquir hindú —muy viejo, tendría noventa años o incluso más—. Durante setenta años había sido un *sannyasin*, durante setenta años había vivido fuera de la sociedad. Había renunciado a la sociedad, había estado setenta años sin pisar el llano. Se fue a los Himalayas cuando era un joven de veinte años y desde entonces no había vuelto al país. Nunca volvió a estar entre la multitud, pero aún era un hindú. Aún se consideraba hindú.

Yo le dije: «Renuncias a la sociedad, pero no has renunciado a tu conocimiento, y el conocimiento te lo dio la sociedad. Aún eres un hindú. Todavía estás entre la multitud, porque ser un hindú es estar en una multitud. Todavía no eres un individuo. Todavía no te has hecho una "nada"».

El anciano comprendió. Comenzó a llorar. Dijo: «Nadie me había dicho eso».

Puedes renunciar a la sociedad, puedes renunciar a las riquezas, puedes renunciar a tu esposa, a tus hijos, a tu marido, a la familia, a los padres —es fácil, no hay nada de particular en ello—. Lo que realmente importa es renunciar a los conocimientos. Esas cosas están fuera de ti, puedes escapar de ellas —pero ¿dónde y cómo escaparás de algo que está dentro de ti, que está aferrado ahí?—. Eso irá contigo. Puedes ir a una cueva de los Himalayas pero sigues siendo un hindú, sigues siendo un mahometano, sigues siendo un cristiano. Entonces no podrás ver la belleza y la verdad de los Himalayas. No podrás ver esa virginidad de los Himalayas. Un hindú no puede verla, un hindú está ciego. Ser hindú significa estar ciego; ser mahometano significa estar ciego. Puedes utilizar diferentes instrumentos para quedarte ciego, eso no importa. Uno está ciego a causa del Corán, otro está ciego a cusa del Bhagavad Gita, y otro está ciego a causa de la Biblia —pero los ojos están llenos de conocimientos.

Buda dice: «La nada permite que la inteligencia funcione».

La palabra «Buda» viene de «*buddhi*», que significa inteligencia. Cuando eres una «nada», cuando nada te limita, cuando nada te define, cuando nada te abarca, cuando eres sólo una abertura, entonces hay inteligencia. ¿Por qué? Porque cuando no eres nada el miedo desaparece, y cuando desaparece el miedo actúas con inteligencia. Si el miedo está ahí, no puedes actuar con inteligencia. El miedo te mutila, te paraliza.

Haces cosas a causa del miedo. ¡Por eso no puedes llegar a ser un Buda, que es tu derecho innato! Eres virtuoso por miedo, vas al templo por miedo, sigues un cierto ritual por miedo, rezas a Dios por miedo. Y un hombre que vive envuelto en miedo no puede ser inteligente. El miedo es un veneno para la inteligencia. ¿Cómo puedes ser inteligente si tienes miedo? El miedo seguirá arrastrándote de diferentes formas. No te dejará ser valiente, no te dejará entrar en lo desconocido, no te dejará lanzarte a la aventura, no te dejará salir del redil, de la multitud. No te dejará volverte independiente, libre. Hará que sigas siendo un esclavo. ¡Y somos esclavos de tantas formas! Nuestra esclavitud es multidimensional: política, religiosamente, de todas las formas somos esclavos, y el miedo es la causa básica de ello.

Tú no sabes si Dios existe o no, ¿y rezas sin embargo? Eso no es nada inteligente, es ridículo. ¿A quién estás rezando? Tú no sabes si Dios existe o no. No tienes ninguna confianza, porque, ¿cómo puedes tener confianza? —todavía no has conocido. Así que sólo por miedo sigues aferrándote a la idea de Dios.

¿Lo has observado? —cuando tienes mucho miedo te acuerdas más de Dios—. Cuando alguien está muriéndose, empiezas a acordarte.

Conocí a un seguidor de Krishnamurti, un erudito muy famoso, conocido en todo el país. Y ha sido seguidor de Krishnamurti por lo menos cuarenta años, así que no cree en Dios, no cree en la meditación, no cree en la oración.

Y entonces un día sucedió que se puso enfermo, tuvo un ataque al corazón, casualmente yo estaba en la misma ciudad. Su hijo me telefoneó y dijo: «Mi padre está en una situación muy peligrosa. Si vinieras sería un gran consuelo para él. Puede que estos sean sus últimos momentos».

Así que me apresuré. Cuando entré en la habitación, él estaba en la cama con los ojos cerrados cantando «Rama, Rama, Rama».

¡Yo no podía creerlo! Durante cuarenta años había estado diciendo: «No hay Dios, y yo no creo. ». ¿Y qué le sucedía a este anciano?

Lo sacudí y le pregunté: «¿Qué estás haciendo?».

Él respondió: «No me molestes. Deja que haga lo que quiero hacer». Pero yo le dije: «Esto va en contra de Krishnamurti». Él dijo: «¡Olvídate de Krishnamurti! ¡Me estoy muriendo y tú hablas de Krishnamurti!».

«Pero ¿qué pasa con esos cuarenta años? ¿Desperdiciados? Y tú nunca habías creído que una *japa* —un cántico— pudiese ayudar, o que una oración sirviese para algo».

Él dijo: «Sí, es verdad. Nunca había creído, pero ahora estoy frente a la muerte. Tengo mucho miedo. Quizá… ¿quién sabe?… Dios existe. Y en pocos minutos me encontraré con Él. Si Él no existe, entonces no hay problema; nada perderé por repetir: «Rama, Rama». Si Él existe, algo habré ganado. Al menos puedo decirle: «En su momento me acordé de ti».

¿Lo has observado? Cuando eres desgraciado, te acuerdas más de Dios. Cuando estás en peligro, te acuerdas de Dios. Cuando eres feliz y todo marcha sin problemas, te olvidas totalmente de Dios. Tu Dios no es otra cosa que la proyección de tu miedo.

Buda dice: «Con miedo no hay ninguna posibilidad de inteligencia». Y el miedo está ahí por una razón muy primordial: ¡Porque piensas que eres! —por eso hay miedo—. El ego lleva consigo al miedo como una sombra. El ego mismo es ilusorio, pero la ilusión proyecta una gran sombra sobre tu vida. Tienes miedo porque piensas «yo soy»: «Quizá si hago algo mal me arrojarán al infierno. Entonces sufriré». Si piensas «yo soy», entonces naturalmente piensas en aprovisionarte para la vida futura, para el otro mundo, en hacer algo bueno, en acumular un poco de *punya*.

Ya sabes, el nombre de esta ciudad —Puna— viene de *punya*, virtud. Acumulas un poco de virtud, acumulas algo en tu cuenta, en tu balance bancario para poder mostrárselo a Dios: «Mira, he sido un chico muy bueno. He hecho estas cosas: he ayunado tantos días, nunca he mirado con malos ojos a la mujer de nadie, nunca he sido ladrón, he donado tanto dinero a este templo y a aquella iglesia. Siempre me he comportado como se esperaba que lo hiciese». Uno empieza a acumular virtud por si acaso la necesita en el otro mundo.

Pero todo esto es por el miedo. Su gente buena, su gente mala, están todos viviendo con miedo. Una persona inteligente vive sin miedo. Pero para vivir sin miedo tendrás que examinar la realidad de tu ego. Si no hay ego, si «yo no soy», entonces ¿dónde puede existir el miedo? Entonces no puedes ser arrojado al infierno porque, para empezar, tú no eres, y no puedes ser recompensando en el cielo porque, para empezar, tú no eres. Tú no eres, sólo Dios es, ¿así que cómo puedes tenerle miedo? Tú no naces, porque no eres; y no morirás, porque, en primer lugar, tú no eres. Así que no hay nacimiento ni muerte. No existes separado. Eres uno con esta existencia. Como ola puedes desaparecer, pero como océano vivirás. Y el océano es la realidad, la ola es sólo arbitraria.

La nada no conoce el miedo, ni la avaricia, ni la ambición, ni la violencia. La nada no conoce la mediocridad, ni la estupidez, ni la idiotez. La nada no conoce el infierno, ni el cielo. Y como no hay miedo, hay inteligencia.

Ésta es una de las más grandes afirmaciones que hay que recordar: hay inteligencia cuando no hay miedo. Entonces la acción tiene una cualidad totalmente diferente. Es divina, es santa. ¿Por qué? Porque cuando tu acción viene de la nada, no es una reacción. Cuando tu acción surge de la nada, no es un plan. Cuando tu acción viene de la nada, no está ensayada. Cuando tu acción viene de la nada, es espontánea. Entonces vives momento a momento. Eres una «nada»: surge una situación y tú respondes a ella. Si eres un ego, nunca respondes, siempre reaccionas.

Deja que te lo explique. Cuando eres un ego, siempre reacciona. Por ejemplo, si tú piensas que eres un hombre buenísimo, si crees que eres un santo, y entonces sucede algo —alguien te insulta—; pues bien, ¿responderás a este insulto o reaccionarás? Si crees que eres un santo te pensarás tres veces cómo reaccionar, qué hacer para poder salvar también tu santidad. De otra forma este hombre puede destruirla simplemente insultándote. No puedes ser espontáneo, tienes que echarte atrás, tienes que reflexionar. Y el tiempo pasa. Puede que sólo sea un instante, pero el tiempo pasa. Eso no puede ser espontáneo, no puede corresponder al momento. Y tú actúas según el pasado. Tú piensas: «Esto es demasiado. Si me enfado —y la ira está llegando— si me enfado, perderé mi santidad. El precio es demasiado alto» —empiezas a sonreír. Para salvar tu santidad, sonríes.

Esa sonrisa es falsa; no viene de ti, no viene de tu corazón. Está ahí, pintada en tus labios. Es falsa. Tú *no* estás sonriendo, sólo tu máscara está sonriendo. Estás engañando. ¡Eres un hipócrita! ¡Eres falso!

¡Eres un farsante! Pero has salvado tu santidad: has actuado de acuerdo al pasado, de acuerdo a tu imagen e idea particular de tu ser. Eso es la reacción.

El hombre espontáneo no reacciona, responde. ¿Cuál es la diferencia? El hombre espontáneo permite simplemente que la situación obre en él, y deja que la respuesta salga, cualquiera que sea.

El hombre que vive según el pasado es predecible, y el hombre que vive momento a momento es impredecible. Y ser predecible es ser una cosa. Ser impredecible es ser libertad —ésa es la dignidad del hombre—. El día que eres impredecible... nadie sabe, ni siquiera tú; recuerda, ni siquiera *tú*. Si tú sabes de antemano qué es lo que harás, entonces ya no es respuesta. Ya te has preparado, lo has ensayado.

Por ejemplo, vas a tener una entrevista. Primero ensayas: piensas en lo que te van a preguntar y en cómo vas a responder. Sucede todos los días, está muy claro. Yo recibo gente todas las tardes, y los dos tipos de personas están ahí. Algunos vienen preparados, han pensado en lo que van a decirme, ya lo tienen preparado; el guion está listo, sólo tienen que repetirlo, todo sobre lo que van a preguntar está ya decidido. Y puedo ver la dificultad de la persona, porque cuando está frente a mí, cuando se sienta a mi lado, es una situación diferente. Empieza a suceder un cambio. El ambiente, la presencia, su amor por mí, mi amor por él, la presencia de los demás, la confianza que se hace muy tangible allí; el amor que fluye, un estado meditativo —y es absolutamente diferente a lo que él había estado pensando antes—. Ahora, lo que él había preparado parece irrelevante. No encaja. Y se pone nervioso, inquieto —«¿Qué voy a hacer?»—. Y no sabe cómo actuar espontáneamente, cómo actuar de acuerdo a la situación.

Se sitúa frente a mí, pero yo veo la falsedad de todo ello. Su pregunta no procede de su corazón. Sólo de su garganta, no tiene profundidad. Su voz no tiene profundidad. Él mismo no está seguro de si quiere preguntarlo o no, pero lo ha preparado, quizá durante días. Y la mente sigue diciendo: «Pregúntalo. Lo has preparado». Y él ve la irrelevancia de la pregunta. Quizá ya ha sido respondida. Quizá le ha contestado al responder a otra persona. Quizá la situación misma es tal que su propia mente ha cambiado y la pregunta ya no es significativa. Pero actúa según el pasado: eso es reacción. Parecerá torpe. Le resulta embarazoso no tener nada que preguntar. Y no puede llorar porque es una persona falsa, y no puede decir simplemente: «Hola», y no puede decir «Me gustaría sentarme contigo un momento, no tengo nada que decir». No puede actuar según el momento. No puede estar aquí-ahora; se siente aturdido. Tiene que preguntar, si no ¿qué pensará la gente? —«Entonces, ¿para qué has pedido *darshan* si no tenías nada que preguntar?»—. Así que pregunta. Ya no está tras ello. Es una vieja pregunta podrida que ya no tiene significado —pero él pregunta.

Y a veces, puede que lo hayas observado, a algunas personas les sigo respondiendo y les dedico bastante tiempo, y a otras personas les contesto de forma muy rápida. Siempre que veo que alguien es falso, que su pregunta es falsa, que es una pregunta preparada, entonces no tiene sentido responderle. Por respeto a él le hablo un poco, pero ya no estoy interesado. Y el que pregunta con falsedad tampoco está interesado en lo que le estoy diciendo —porque ya ni siquiera está interesado en su pregunta, ¿cómo va a estar interesado en la respuesta?

Pero hay otras personas —poco a poco la falsedad desaparece y los *sannyasins* se hacen más y más verdaderos, más auténticos—. Y entonces alguien simplemente se sienta aquí y se ríe. Eso es lo que le viene en ese momento. No se siente nervioso, no siente que esté fuera de lugar. Y no lo está. Lo que está fuera de lugar es el guion preparado. Al estar frente a una nada, tú también tienes que ser una nada.

Sólo entonces puede haber un encuentro, porque sólo lo similar puede encontrarse. Entonces hay una gran alegría, entonces hay una gran belleza. Entonces hay diálogo. Quizá no se pronuncie ni una sola palabra, pero hay diálogo. A veces viene alguien y simplemente se siente y empieza a balancearse, con los ojos cerrados, se interioriza —ésa es la forma de venir a mí— penetra en su interior y simplemente entra en mí y me permite que entre en él, o simplemente toca mis pies, o me mira a los ojos o, a veces, surge también una pregunta importante. Pero es del momento —entonces es verdadera, entonces tiene un poder inmenso, entonces viene de su centro más profundo—. Es pertinente.

Cuando tu acción surge de la nada, respondes; ya no es una reacción. Tu acción tiene verdad, validez, autenticidad. Es existencial. Es inmediata, espontánea, simple, inocente. Y esta acción no crea ningún karma.

Recuerda que la palabra karma significa acción, una acción particular. No todas las acciones crean karma, recuerda. Buda vivió cuarenta y dos años después de su iluminación. No estuvo todo el tiempo sentado bajo el Árbol Bodhi sin hacer nada. Hizo muchísimas cosas, pero no creó karma. ¡Actuó! —pero ya no era reacción, era respuesta.

Si respondes desde la nada, tu acción no deja residuos, no deja rastro en ti. No crea karma. Sigues siendo libre. Sigues actuando y sigues siendo libre. Es como cuando un pájaro vuela por el cielo: no deja señales, no deja huellas. El hombre que vive en el cielo de la nada no deja huellas, no deja karma, no deja residuos. Su acción es total. Y cuando su acción es total, está terminada, está completa. Y una acción completa no se queda colgando a tu alrededor como una nube; sólo las acciones incompletas andan rondándote.

Alguien te insultó —tú querías golpearlo pero no lo hiciste. Salvaste tu santidad, sonreíste, bendijiste al que te insultó y volviste a casa—. Ahora va a ser difícil: ahora soñarás toda la noche que estás golpeando a ese hombre. Incluso puede que lo mates en sueños. La acción te andará rondando durante años; está incompleta. Cualquier cosa incompleta es peligrosa. Y cuando eres falso todo queda incompleto. Amas a una mujer pero no lo suficiente para hacerlo completamente. Incluso cuando haces el amor no estás totalmente allí. Quizá estás aún ejercitándote. Quizá has estado leyendo manuales sexuales de los que andan por ahí. Quizá has estado leyendo el *Kamasutra* de Vatsayana, o a Masters y Johnson, o el informe Kinsey, y has estado aprendiendo cómo hacer el amor. ¡Y estás preparado! ¡Lleno de conocimientos! Y ahora esta mujer es sólo una oportunidad para poner en práctica tus conocimientos. De forma que estás practicando tus conocimientos, pero eso será incompleto porque no estás en ello. Y entonces no es satisfactorio. Entonces te sientes frustrado —y los conocimientos son la causa.

El amor no es algo que tenga que practicarse. La vida no necesita practicarse. La vida hay que vivirla, con absoluta inocencia. La vida no es una obra de teatro —no necesitas prepararla, no necesitas hacer ensayos. Deja que venga como venga, y sé espontáneo.

Pero ¿cómo puedes ser espontáneo si hay ego? El ego es un gran actor. El ego es un gran político. El ego sigue manipulándote. El ego dice: «Si realmente quieres actuar de forma brillante, necesitas preparación. Si realmente quieres actuar de forma culta, tienes que ensayar». El ego es un actor, y a causa de ese actor sigues perdiéndote la alegría, la celebración, la bendición de la vida.

Buda dice: cuando la acción sale de la nada, no crea karma. Es tan total que su misma totalidad completa el círculo... ¡y se acabó! Nunca miras hacia atrás. ¿Por qué sigues mirando hacia atrás? —porque las cosas no están completas—. Cuando haces algo completamente no miras hacia atrás. ¡Está terminado! Todo se ha realizado, no hay nada más que hacer. Cuando actúas desde la nada tu acción es total, y las acciones totales no dejan recuerdo —recuerdo psicológico, quiero decir.

El recuerdo queda en el cerebro, pero psicológicamente no hay nada pendiente. Y un hombre sin cosas pendientes es mi definición de *sannyasin*.

Cuando la acción está absolutamente completa, te liberas de ella. Cuando la acción es total, te sales de ella —como una serpiente que se sale de su vieja piel y la deja allí—. Sólo los actos incompletos se vuelven karma, recuérdalo. Pero para que un acto sea completo tiene que salir de la nada.

Hay tres niveles de consciencia: consciencia del yo, consciencia del mundo y consciencia de la fantasía que media entre el yo y el mundo. Fritz Perls llamaba a este nivel intermedio el DMZ, la zona desmilitarizada. Su función es impedirnos estar totalmente en contacto con nosotros mismos y nuestro mundo. El DMZ contiene nuestros prejuicios, los prejuicios a través de los cuales vemos el mundo, a las demás personas y a nosotros mismos. Si miramos al mundo a través de nuestros prejuicios, no podemos ver su verdad. No podemos ver lo que es. Creamos una ilusión, lo que los hindúes llaman *maya*.

Si miramos el exterior con juicios, prejuicios *a priori*, entonces nos creamos un mundo propio, que es *maya*, ilusión, una proyección. Si nos miramos a nosotros mismos a través de esos juicios, conocimientos y opiniones, creamos otra ilusión —el ego—. Entonces no podemos ver la realidad que hay en nuestro interior. No podemos ver lo que hay fuera, no podemos ver lo que hay dentro. Cuando perdemos la perspectiva del exterior, creamos ilusión —*maya*—; cuando perdemos la perspectiva del interior creamos el ego —*ahankar*—. Y ambas cosas suceden a través del DMZ, la zona desmilitarizada.

Gurdjieff solía llamar a esta zona la «zona de amortiguación», DMZ es un bello nombre para ella. Cuanto más grande es el DMZ, más patológica es la persona, más neurótica. Cuanto más pequeño es el DMZ, más sana, más psicológicamente sana, es una persona. Y cuando el DMZ desaparece completamente y no hay ningún pensamiento mediando entre tú y el mundo —ni un sólo pensamiento— se da lo que Buda llama nada. Entonces la persona es absolutamente sana, sagrada, entera. Antes de entrar en el sutra, unas pocas cosas respecto al ego.

Tenemos que comprender la ilusión del yo.

Primero: el ego no es una realidad, es sólo una idea. No vienes con él cuando llegas al mundo, no lo traes contigo. No forma parte de tu ser. Cuando un niño nace no trae el ego al mundo. El ego es algo que aprende, no es parte de la genética.

Gordon Allport llama al yo «*proprium*», y puede ser definido considerando la forma adjetivada «propiado», como en la palabra «apropiado». «*Proprium*» se refiere a algo que pertenece o es único de una persona. El ego se crea porque cada nada es única, cada nada tiene su propia forma de florecer. A causa de esta unicidad existe la posibilidad de crear un ego.

Yo amo a mi manera, tú amas a tu manera. Yo me comporto a mi manera, tú te comportas a tu manera. Entre las personas hay diferencias, pero sólo diferencias. La rosa florece de una forma y la caléndula de otra, ¡pero ambas florecen! El florecimiento es el mismo, la nada es la misma. Pero cada nada se comporta de forma única. Por eso existe la posibilidad de crear el ego.

Hay siete puertas por las que entra el ego, siete puertas por las que aprendemos el ego. Hay que comprender esas puertas, porque si las comprendes podrás abandonar el ego. Porque esas puertas, una vez que se las ha comprendido perfectamente bien, pueden ser cerradas. Entonces ya no se crea ego. Una vez que se ve correctamente, que se comprende perfectamente bien que el ego es sólo una sombra, empieza a desaparecer por sí sólo.

Allport llama a la primera puerta «el yo corporal». No nacemos con el sentido del «yo». El niño en el útero de la madre no tiene sensación del yo. Es uno con su madre; es absolutamente uno, está totalmente unido con su madre. Y la madre es toda su existencia, su cosmos. No sabe que está separado. La separación llega cuando el niño sale del útero, cuando se corta el puente que le unía a su madre y el niño tiene que respirar por sí mismo. De hecho, respirar no es algo que el niño vaya a hacer. ¿Cómo podría hacerlo? Todavía no puede respirar, aún no está aquí. La respiración sucede. No es que el niño la haga, está sucediendo. Sale de la nada: el niño comienza a respirar. Esos pocos segundos son muy, muy valiosos, críticos, peligrosos. Los padres, el médico, las enfermeras que atienden al parto, todos están esperando atentamente — ¿respirará el niño o no?

No se puede forzar al niño, no se le puede persuadir, y el niño no puede hacer nada por sí mismo. Si sucede, sucede. Puede que no suceda, puede que suceda. A veces los niños no respiran. Entonces pensamos que han nacido muertos.

Que el niño respire por primera vez es algo milagroso: nunca lo ha hecho antes, no puede estar preparado para ello. No sabe que exista el mecanismo de la respiración. Los pulmones jamás habían funcionado hasta entonces, pero la respiración llega y el milagro comienza. Pero la respiración viene de la nada, recuerda. Más tarde empezarás a decir: «Estoy respirando». Eso es absurdo. ¡Tú no estás respirando! La respiración está sucediendo. No fabriques la idea del «yo», no digas «Estoy respirando». ¡Nadie está respirando! No está dentro de tu capacidad el hacerlo o no.

Puedes probar: deja de respirar durante unos pocos segundos y sabrás lo difícil que es también detenerlo. En pocos segundos, un gran sofoco surge de la nada y empiezas a respirar de nuevo. O deja de espirar; lo intentas durante unos segundos y de pronto estás totalmente sofocado. El ahogo te supera. La respiración quiere entrar.

Es la «nada» la que respira en ti. o puedes llamarla Dios —no hace ninguna diferencia, es lo mismo—. Nada o Dios, significan lo mismo.

«Nada» en el budismo significa exactamente lo mismo que Dios en el cristianismo, en el judaísmo, en el hinduismo. Dios es una «nada».

No nacemos con un sentido del yo. No es parte de nuestro legado genético. El niño no puede distinguir entre el yo y el mundo en torno a él. Incluso cuando el niño ha empezado a respirar, tarda meses en darse cuenta de que existe una distinción entre su interior y el exterior. Gradualmente, a través de un aprendizaje de creciente complejidad y experiencias perceptivas, se desarrolla una vaga distinción entre algo «en mí» y otras cosas «fuera».

Ésta es la primera puerta por la que entra el ego: la distinción de que hay algo «en mí». Por ejemplo: el niño siente hambre, siente que viene de dentro. Y luego la madre le da un cachete y siente que llega del exterior. Así que poco a poco irá surgiendo una distinción —que hay cosas que vienen de dentro y cosas que vienen de fuera—. Cuando la madre sonríe, el niño ve que la sonrisa viene de fuera, y entonces responde, sonríe. Y siente que la sonrisa sale de dentro, de algo en su interior. Surge la idea de adentro y afuera. De esta forma experimentas el ego por primera vez.

El realidad no existe distinción entre el exterior y el interior. El interior es parte del exterior y el exterior es parte del interior. El cielo de dentro de tu casa y el cielo de fuera no son dos cielos, recuerda. ¡Son un cielo! Y lo mismo pasa con. Tú ahí y yo aquí no somos dos. Somos dos aspectos de la misma energía, dos caras de la misma moneda. Pero el niño comienza a aprender los modos del ego.

La segunda puerta es la autoidentidad. El niño aprende su nombre, se da cuenta de que el reflejo de hoy en el espejo es la misma persona que vio ayer y cree que el sentido de mí o del yo persiste ante experiencias cambiantes. El niño continúa sabiendo que todo cambia. A veces tiene hambre, a veces no tiene hambre; a veces tiene sueño y a veces está despierto; y a veces está enfadado y a veces muy amoroso —las cosas siguen cambiando—. Un día es un hermoso día, otro día está oscuro y triste. Pero se mira al espejo...

¿Has mirado alguna vez a un niño pequeño sentado ante un espejo? Intenta coger al niño que hay dentro del espejo, porque cree que el niño está «fuera». Si no puede cogerlo, da la vuelta y mira detrás del espejo —¿está el niño escondido allí?—. Pero con el tiempo empieza a saber que es él el que está reflejado. Y entonces empieza a sentir una especie de continuidad: ayer era la misma cara, hoy también es la misma cara en el espejo. Cuando los niños miran al espejo por primera vez, quedan fascinados. No lo dejan. Van una y otra vez al dormitorio para ver quiénes son.

Todo sigue cambiando. Hay una cosa que parece ser inmutable —la propia imagen—. El ego tiene otra puerta por la cual entrar: la autoimagen.

La tercera puerta es la autoestima. Esto se relaciona con los sentimientos de orgullo del niño que surgen al aprender a hacer algo por sí sólo: hacer, explorar, construir. Cuando un niño aprende algo, por ejemplo, si aprende la palabra «papá», está diciendo «Papá, papá» todo el día. No pierde ni una oportunidad de usar la palabra. Cuando el niño comienza a aprender a andar, lo intenta todo el día. Se cae una y otra vez, tropieza, se da golpes, pero de nuevo se levanta, porque siente orgullo: «¡Yo también puedo hacer algo! ¡Puedo andar! ¡Puedo hablar! ¡Puedo llevar cosas de aquí para allá!».

Los padres están muy preocupados porque el niño es una molestia. Empieza a llevarse las cosas. No lo entienden: «¿Por qué? ¿Para qué? ¿Por qué has cogido ese libro de ahí?». ¡El niño no está interesado en el libro en absoluto! No tiene ningún sentido para él. No puede concebir por qué miran esa cosa continuamente —«¿Qué estáis buscando ahí?»—. Pero su interés es diferente: puede acarrear un objeto. El niño empieza a matar animales. Una hormiga, e inmediatamente salta sobre ella y la mata. ¡Puede hacer algo! Está disfrutando el hacer cosas. Se puede volver muy destructivo. Si encuentra un reloj, lo abrirá —quiere saber lo que hay dentro—. Se vuelve un explorador, un investigador.

Disfruta haciendo algo porque eso le da una tercera puerta a su ego: se siente orgulloso, puede hacer cosas. Puede cantar una canción, y entonces está listo para cantársela a cualquiera. Si viene alguna visita, él está allí presente, esperando que alguien le dé una indicación para poder cantar la canción. O puede bailar, o puede hacer imitaciones ¡o cualquier otra cosa! Lo que sea, él quiere hacer algo para mostrar que no es ningún inútil, que también puede hacer algo. Este hacer trae al ego.

La cuarta es la autoextensión, la pertenencia, la posesión. El niño habla de *mi* casa, *mi* padre, *mi* madre, *mi* colegio. Empieza a ampliar el campo de lo «mío». «Mío» se convierte en su palabra clave. Si coges su juguete, no está muy interesado en el juguete; está más interesado en «¡El juguete es mío, no puedes cogerlo!». Recuerda, no está muy interesado en el juguete. Cuando nadie esté interesado, tirará el juguete a un rincón y se escapará a jugar fuera. Pero en cuanto alguien quiera cogerlo, él no quiere darlo. Es su «mío».

«Mío» le da un sentido de «mí»; «mí» crea el «yo». Y recuerda, estas puertas no son sólo para los niños, permanecen así toda tu vida. Cuando dices *mi* casa, eres infantil. Cuando dices *mi* esposa, eres infantil. Cuando dices *mi* religión, eres infantil. Cuando un hindú empieza a luchar con un mahometano acerca de la religión, son niños. No saben lo que hacen. No han madurado ni crecido realmente. Los niños discuten continuamente. «¡Mi papá es el mejor papá del mundo!» Y lo mismo hacen los sacerdotes, siguen luchando: «¡Mi concepto de Dios es el mejor, el más poderoso, el auténtico! Los demás son mediocres».

Estas actitudes son muy infantiles, pero se quedan contigo toda tu vida. Estás muy interesado en tu nombre. Cuando le cambio el nombre a la gente, algunos se obstinan; no lo quieren. Algunos me escriben cartas: «Quiero tomar *sannyas*, pero por favor, no me cambies de nombre». ¿Por qué? ¡Mi nombre! Parece algo de gran valor. Y no hay nada en el nombre. Pero durante treinta años, cuarenta años, tu ego ha sobrevivido con ese nombre. Es muy difícil que el ego cierre esa puerta. ¡Por eso cambio el nombre! Para que puedas ver que el nombre es arbitrario: puede cambiarse cualquier día. Y por eso cambio vuestro nombre sin darle mayor importancia. En otras religiones también se cambia el nombre. Si te haces monje jaina, armarán mucho escándalo —una gran procesión, y celebración, ¡alguien se está haciendo monje! ¡Ahora se apegará demasiado a esè nuevo nombre!—. Tanta celebración y tanta festividad por el monje, y tanto honor y respeto, tanto bullicio; se pierde el sentido de la cuestión. Yo lo cambio como si tal cosa, para darte la idea de que no es nada; es arbitrario, puede cambiarse muy fácilmente. Puedes llamarte A, puedes llamarte B, puedes llamarte C —no importa—. En realidad no tienes nombre —por eso no importa. Cualquier nombre servirá, es sólo cuestión de utilidad.

La quinta puerta es la autoimagen. Se refiere a cómo el niño se ve a sí mismo. A través de la interacción con sus padres, a través de las alabanzas y los castigos, aprende a tener cierta imagen de sí mismo, buena o mala.

El niño siempre está observando cómo reaccionan sus padres respecto a él. Si hace cierta cosa: ¿lo alaban o lo castigan? Si se siente castigado, piensa: «He hecho algo malo. Soy malo». Si hace algo bueno y lo alaban, piensa: «Soy bueno, me aprecian». Empieza a intentar ser más y más bueno, para que lo aprecien. O, si los padres son personas realmente difíciles y exigentes, y sus demandas son tales que el niño no puede satisfacerlas, entonces empieza a hacer todo lo que ellos llaman «malo». Reacciona y se rebela.

Éstas son las dos formas, la puerta es la misma: o lo alabas y se siente bien por ser alguien; o si no lo alabas fácilmente dice: «Muy bien, entonces ya verás…». Entonces también hará que se note su presencia. Empezará a romper cosas, empezará a fumar, empezará a hacer cosas que no te gustan. Y dirá: «¿Lo ves? Tienes que hacerme caso. Tienes que prestarme atención. Tienes que saber que soy alguien y que estoy aquí, y no puedes ignorarme». Así nacen el chico bueno y el chico malo, el santo y el pecador.

La sexta es el yo como razón.

El niño aprende los caminos de la razón, la lógica, la argumentación. Aprende que puede solucionar problemas. La razón se convierte en un gran apoyo para su yo. Por eso discute la gente. Por eso las personas educadas creen que son alguien. ¿No tienes estudios? Entonces te sientes un poco avergonzado. Tienes un gran título —eres doctor en Filosofía o en Literatura— y sigues mostrando, exhibiendo tu certificado; has conseguido una medalla de oro, eres el primero en la universidad —y esto y lo otro—. ¿Por qué? Porque muestras que te has hecho un ser racional, bien educado, educado en las mejores universidades, educado por los mejores profesores: «Puedo discutir mejor que nadie». La razón se convierte en un gran apoyo.

Y la séptima es la lucha propiamente dicha, la meta de la vida, la ambición, el llegar a ser: qué o quién queremos llegar a ser. Aparece el interés por el futuro, los sueños y las metas a largo plazo —la última etapa del ego—. Entonces uno empieza a pensar en qué hacer en este mundo para dejar una huella en la historia, para dejar una firma en las arenas del tiempo. ¿Hacerse poeta? ¿Hacerse político? ¿Hacerse *mahatma*? ¿Hacer esto o lo otro? La vida va muy deprisa, se pasa volando, y hay que hacer algo, de lo contrario pronto desapareceremos y nadie sabrá que hemos existido. Queremos ser Alejandro o Napoleón. Si es posible, uno quiere ser un chico bueno, famoso, muy conocido, un santo, un *mahatma*. Si no es posible, entonces también se quiere ser alguien.

Muchos asesinos han confesado ante los tribunales que había asesinado a alguien, no porque estuvieran interesados en matarlo, sino solamente porque querían que sus nombres apareciesen en la primera página de los periódicos.

Un hombre asesinó a alguien por la espalda. Llegó y lo apuñaló, y ni siquiera lo había visto antes. Era un absoluto desconocido para él, no se había relacionado, no había amistad ni enemistad. No lo conocía de nada. Ni tampoco ahora había visto la cara de la víctima. No lo había visto, simplemente lo asesinó por la espalda. El hombre estaba sentado en la playa mirando las olas, y el otro llegó y lo mató.

El tribunal estaba perplejo, pero el hombre dijo: «No estaba interesado especialmente en el hombre al que mataba. Eso daba lo mismo, cualquiera habría servido. Había ido allí a matar a alguien. Si este hombre no hubiera estado allí, entonces habría sido otro». Pero ¿por qué? Y él dijo: «Porque quería que mi foto y mi nombre estuvieran en la primera página de los periódicos. Mi deseo se ha cumplido. Se habla de mí en todo el país, soy feliz. Ahora estoy listo para morir. Si me sentencian a muerte, puedo morir feliz: fui conocido, fui famoso».

Si no puedes hacerte famoso, entonces intentas que se te conozca. Si no puedes ser Mahatma Gandhi, te gustará ser Adolf Hitler —pero nadie quiere ser un don nadie.

Estas son las siete puertas por las que se fortalece la ilusión del ego, por las que se hace más y más fuerte. Y estas son las siete puertas —si comprendes— por las que hay que sacar al ego de nuevo. Lentamente, sin prisas, desde cada puerta, tienes que mirar tu ego profundamente y decirle adiós. Entonces surge la nada.

El sutra:

> *Por lo tanto, ¡oh! Sariputra, en el vacío no hay forma,*
> *ni sensación, ni percepción, ni impulso, ni consciencia;*
> *ni ojo, ni oído, ni nariz, ni lengua, ni cuerpo, ni mente.*
> *Ni formas, ni sonidos, ni olores, ni sabores, ni cosas tangibles,*
> *ni objetos de la mente. Ni elementos del órgano visual,*
> *y así sucesivamente, hasta que llegamos a:*
> *ningún elemento de consciencia mental.*
> *No hay ignorancia, ni extinción de la ignorancia,*
> *y así sucesivamente, hasta que llegamos a que:*
> *no hay decadencia ni muerte,*
> *ni extinción de la decadencia ni de la muerte.*
> *No hay sufrimiento, ni origen, ni término, ni sendero.*
> *No hay cognición, ni logro ni no-logro.*

Una declaración tremendamente revolucionaria...

Por lo tanto, ¡oh! Sariputra...

Primero hay que comprender la expresión «Por lo tanto».

«Por lo tanto» es perfectamente apropiado en un silogismo, en un alegato lógico. No hay ningún razonamiento que lo preceda, pero Buda dice: «Por lo tanto, ¡oh! Sariputra».

Los eruditos han estado muy preocupados acerca de por qué usa el «Por lo tanto». «Por lo tanto» es parte de un silogismo: todos los hombres son mortales. Sócrates es un hombre. Por lo tanto, Sócrates es mortal. Es parte de la lógica. No ha habido ninguna proposición, ninguna argumentación, y de pronto Buda dice, «Por lo tanto...». ¿Por qué?

Los eruditos no pueden entenderlo, porque aparentemente no ha habido ningún razonamiento. Pero un diálogo había tenido lugar entre los ojos de Buda y Sariputra. Había surgido una comprensión.

Escuchando a Buda hablar del vacío, de la nada, Sariputra se había elevado a ese nivel de «nada».

Puede surgir en ti aquí, puedes sentirlo. sus alas revoloteando a tu alrededor.

Al mirarlo a los ojos, Buda siente, ve que Sariputra ha comprendido: ahora el razonamiento puede continuar. Aparentemente no ha habido ningún razonamiento. No ha habido ningún debate, ninguna discusión, pero ha habido un diálogo. El diálogo entre estas dos energías —Buda y Sariputra—. Ha habido una unión, se ha tendido un puente. En ese puente, en ese momento de conexión, Sariputra ha mirado el vacío de Buda. Y ahora Buda dice: «Por lo tanto. ¿Has visto, Sariputra? Ahora puedo continuar con ello, con más detalle. Ahora puedo decirte unas cuantas cosas que antes no habría sido posible decir».

Por lo tanto, ¡oh! Sariputra, en el vacío no hay forma,
ni sensación, ni percepción...

... pues no hay nadie que sienta, ¿cómo podría haber sensación? Cuando no hay ego no hay sensación, ni conocimiento, ni percepción. No surge ninguna forma porque el cielo está completamente despejado. Se pueden ver formas en las nubes. ¿No lo has observado a veces? —una nube parece un elefante, y luego un caballo, y luego otra cosa, y sigue cambiando—. Toma muchísimas formas. Pero ¿has visto alguna vez surgir alguna forma en el cielo puro? Nunca surge ninguna forma.

No hay forma, ni sensación, ni percepción, ni impulso...

Y cuando no hay nadie dentro, ¿cómo puede surgir el impulso? ¿Cómo puede surgir el deseo?

... ni consciencia.

Cuando no hay contenidos, cuando no hay objeto, el sujeto también desaparece. Ya no encuentras esa consciencia que siempre es consciencia de un objeto.

Buda dice: «Todo desaparece en esa "nada", Sariputra. Y ahora puedes comprenderlo, Sariputra; por eso lo estoy diciendo. ¡Lo has visto! ¡Me has visto! Has estado al mismísimo borde de ello. Te has asomado al abismo, a la profundidad eterna, abismal».

Ni elementos del órgano visual, y así sucesivamente,
hasta que llegamos a: ningún elemento de consciencia mental.

Cuando estás en ese estado, ni siquiera puedes decir: «Estoy en este estado de nada», porque si lo dices, entonces has regresado.

... hasta que llegamos a:

Si dices: «He experimentado la nada», eso significa que has regresado al mundo de la forma. La mente ha empezado a funcionar de nuevo. En aquel momento no estás separado de la nada, así que ¿cómo podrías decir «Estoy experimentando la nada»? La nada no es un objeto; no está separada de ti, no estás separado de ella. En ella el observador es lo observado; en ella el objeto es el sujeto. La dualidad ha desaparecido.

No hay ignorancia, dice Buda.

No hay conocimiento, tampoco hay ignorancia, porque la ignorancia sólo se da cuando piensas en términos de conocimientos. Es comparación con los conocimientos. ¿Qué quieres decir cuando llamas ignorante a un hombre? Estás comparándolo con algún erudito. Pero no hay conocimiento, así que tampoco puede haber ignorancia.

No hay ignorancia, ni extinción de la ignorancia...

Y Buda dice: Recuerda, no estoy diciendo que la ignorancia desaparezca. La ignorancia nunca ha existido, era una sombra del conocimiento, era una sombra de la mente adicta al conocimiento.

¿Qué dices cuando llevas una luz a una habitación oscura? —¿que la oscuridad desaparece, que sale de la habitación, que se escapa de la habitación, que huye? No, no puedes decir eso, porque la oscuridad no existía en un principio—. ¿Cómo podría salir? Llega la luz y no encuentras oscuridad, porque la oscuridad sólo era ausencia de luz.

Así que no hay ignorancia, ni extinción de la ignorancia. No hay conocimientos y no hay no-conocimientos. Uno sencillamente es inocente con respecto a todo —conocimientos, ignorancia— simplemente inocente, virgen. Estar libre del conocimiento y estar libre de la ignorancia es ser virgen, ser puro.

No hay decadencia ni muerte...

... porque no hay nadie para morir. Y recuerda, no hay extinción de la decadencia ni de la muerte. Y Buda no está diciendo que la muerte desaparezca porque, para empezar, la muerte nunca ha existido. Decir que la muerte ha desaparecido no sería correcto. Buda es muy, muy perfecto en sus afirmaciones, muy cuidadoso. No ha pronunciado ni una sola palabra que pueda ser refutada por alguien que conoce la realidad. No ha hecho concesiones. No ha hecho concesiones al que escucha. Posiblemente ha dicho lo más perfecto que podía decirse.

No hay sufrimiento...

Ahora llega a la afirmación revolucionaria por excelencia.

Debes haber oído hablar de las cuatro nobles verdades de Buda. La primera noble verdad es el sufrimiento: todo el mundo está sufriendo, toda la existencia es *dukkha*, sufrimiento, dolor, miseria, agonía. Y la segunda noble verdad es: su origen es el deseo, *tanha*. El sufrimiento existe: la primera noble verdad —*arya sathya*—; la segunda noble verdad es que el sufrimiento tiene una causa y esa causa es el deseo. Sufrimos porque deseamos. Y la tercera noble verdad es: podemos dejar de desear. Es posible —*nirodha*—; podemos hacerlo. Examinando profundamente los deseos podemos detenerlos; y cuando los deseos se detienen, el sufrimiento desaparece. Y la cuarta noble verdad es: hay un noble sendero óctuple que conduce a la cesación, *nirodha*, de los deseos, y, consecuentemente, del sufrimiento.

Ésta es la filosofía fundamental del budismo, ¡y en esta afirmación Buda la niega también!

Dice: *No hay sufrimiento, ni origen, ni término, ni sendero.*

Nunca nadie ha dicho algo tan revolucionario. Buda alcanza la cima absoluta de la revolución; todos los demás se quedan cortos.

Los eruditos siempre se han preocupado porque esto es contradictorio. Buda enseña que el sufrimiento existe y luego un día dice: «No hay sufrimiento». Enseña que existe una causa del sufrimiento, y luego un día dice: «No hay origen». Enseña que hay una posibilidad, *Nirodha*, de detenerlo, y un día dice: «No hay detención». Y dice —y todo el budismo depende de esa afirmación— que hay un sendero óctuple, *astangik marga*: visión correcta, ejercicio correcto, meditación correcta, *samadhi* correcto, etcétera, etcétera; el sendero óctuple que te lleva a la verdad última. Y de pronto un día dice: «No hay sendero. La realidad es una realidad sin senderos». ¿Por qué esta contradicción?

La primera afirmación está dirigida a los que no saben que no son. La primera afirmación está dirigida a las personas ordinarias, llenas de ego. Y esta afirmación está dirigida a Sariputra en una atmósfera particular, en un estado particular.

Por lo tanto, ¡oh! Sariputra...

... Ahora puedo decirte esto. No podía decírtelo antes, no estabas preparado. Ahora me has visto, y viéndome has visto lo que es la nada. ¡La has saboreado! Por lo tanto, Sariputra: ¡*Tasmac Sariputra*! Ahora es posible decirte que no hay sufrimiento —que es un sueño, que la gente sufre en un sueño—. Y no hay causa —la gente desea en un sueño—. Y no hay término —la gente está ejercitándose, practicando métodos, meditando, haciendo yoga, etcétera, en un sueño—. Y el sendero entero existe en el sueño. Ahora te lo puedo decir porque estas despierto, Sariputra. Tus ojos están abiertos; ahora ves que el ego no existe.

Y salir del ego es salir del sueño. Salir del ego es salir de la oscuridad. Salir del ego es ser libre. En esa libertad puede decirse que no hay sendero. El sendero es como un sueño.

En el sueño sufres, y cuando sufres en un sueño, ¡es tan real! Y te preguntas: «¿Por qué sufro?». Y entonces te encuentras con un gran sabio

—en el sueño—, y el sabio dice: «Sufres porque deseas. Estás demasiado encaprichado con el dinero; por eso sufres. Abandona este deseo y el sufrimiento desaparecerá». Lo comprendes, es muy lógico. Lo sabes, tú mismo has experimentado que siempre que deseas llega el sufrimiento. Cuanto más deseas, más sufres. Cuanto mayor es el deseo, mayor es el sufrimiento. Lo comprendes. Entonces preguntas: «¿Cómo pararlo?». Y el gran sabio dice: «Ponte cabeza abajo, haz yoga, haz Medicación caótica, haz kundalini, haz nadabrahma, haz grupos de encuentro, haz *leela*, haz terapia primal, todo». El gran sabio dice: «Haz estas cosas; eso ayudará. Comprenderás mejor tus deseos, y podrás abandonarlos».

De forma que el sabio te da un sendero óctuple muy preciso. Y dice: «Éste es el camino». Un día, cuando estés realmente despierto. Y recuerda, esas cosas te ayudarán a despertar. Incluso si te pones cabeza abajo en un sueño, hay una posibilidad de que el sueño se rompa. ¡Inténtalo! ¡Inténtalo esta noche! Cuando estés soñando, te pones de cabeza en el sueño, y de pronto verás que estás despierto. Haz kundalini en un sueño —te despertarás—. Y si no, al menos tu marido se despertará, los vecinos se despertarán, algo sucederá.

Todos los métodos son para despertarte. Pero cuando estás despierto...

Por lo tanto, Sariputra...

Ahora Buda puede decir esto a Sariputra; está despierto. Buda puede decir: «Ahora puedo decirte la verdad —que nadie existe—; ni el discípulo, ni el maestro, ni el sueño, ni el sufrimiento, ni el sabio, ni la causa, ni el término. No hay sendero».

Ésta es la afirmación última de la verdad.

Pero sólo puede decirse en la fase más alta, en el séptimo peldaño de la escalera. Sariputra alcanzó ese peldaño aquel día. Por eso dice Buda, «por lo tanto», *Tasmat Sariputra.*

Capítulo 6

No ganas nada al hacerte un Buda

La primera pregunta:

> ¿Cuál es la diferencia entre el vacío de un niño antes de la formación
> del ego y la inocencia despierta de un Buda?

Hay una similitud y hay una diferencia. El niño es esencialmente un Buda, pero su estado de Buda, su inocencia, es natural, no conseguida. Su inocencia es una especie de ignorancia, no una realización. Su inocencia es inconsciente —el niño no es consciente de ella, no la tiene presente, no se da cuenta de ella—. Está ahí, pero el niño la ha olvidado. Va a perderla. *Tiene* que perderla. Tarde o temprano perderá el Paraíso, va hacia ello. Cada niño tiene que pasar por todo tipo de corrupciones, impurezas: el mundo.

La inocencia del niño es la inocencia de Adán antes de ser expulsado del Jardín del Edén, antes de haber probado el fruto del conocimiento, antes de hacerse consciente. Era como la de los animales. Mira a los ojos de cualquier animal —una vaca, un perro—, hay pureza, la misma pureza que existe en los ojos de un Buda, pero con una diferencia.

Y la diferencia es además muy grande: Buda ha vuelto a casa; el animal aún no ha salido de ella. El niño está todavía en el Jardín del Edén, está aún en el Paraíso. Tendrá que perderlo —porque para ganar hay que perder. Buda ha vuelto a casa… el círculo completo. Se fue lejos, se perdió, se extravió, penetró profundamente en la oscuridad y el pecado y el sufrimiento y el infierno. Esas experiencias son parte de la madurez y el crecimiento. Sin ellas no tienes columna vertebral, no tienes temple. Sin ellas tu inocencia es muy frágil; no puede soportar los vientos, no puede resistir las tormentas. Es muy débil, no puede sobrevivir. Tiene que atravesar el fuego de la vida —cometes mil y un errores, caes mil y una veces, y de nuevo te pones de pie—. Todas esas experiencias, lentamente te van madurando; te haces adulto.

La inocencia de Buda es la de la persona madura, absolutamente madura. La infancia es naturaleza inconsciente; el estado de Buda es naturaleza consciente. La infancia es una circunferencia sin ninguna idea de centro. El Buda también es una circunferencia, pero enraizada en el centro, centrada. La infancia es un anonimato inconsciente; el estado de Buda es un anonimato consciente. Ambos carecen de nombre, ambos carecen de forma. Pero el niño todavía no ha conocido la forma, el sufrimiento que lleva consigo. Es como no haber estado nunca en la cárcel, no sabes lo que es la libertad. Después has estado en la prisión durante muchos años, o muchas vidas, y luego un día eres liberado… ¡sales de las puertas de la prisión bailando, en éxtasis! Y te sorprenderá el que lamente que ya está fuera, que anda por la calle, que va a trabajar, a la oficina, a la fábrica, no esté disfrutando su libertad en absoluto —no saben que son libres, se han olvidado—. ¿Cómo podrían saberlo? Nunca han estado en prisión, así que no conocen el contraste; les falta el fondo.

Es como cuando escribes con tiza blanca sobre un muro blanco —nadie podrá leerlo—. ¿Para qué hablar de los demás? Ni siquiera tú podrás leer lo que has escrito.

Leí una famosa anécdota sobre Mulla Nasrudin: en su pueblo, él era el único que sabía escribir, y la gente solía acudir a él cuando querían escribir una carta o un documento, o cualquier cosa. Era el único que sabía escribir. Un día vino un hombre. Nasrudin le escribió la carta, todo lo que el hombre le dictó —era una larga carta—, y el hombre dijo: «Por favor, ahora léamela, porque quiero estar seguro de que se ha escrito todo, de que no me olvido nada, y de que usted no ha cambiado nada».

Mulla dijo: «Bueno, es difícil. Sé escribir pero no sé leer. Y, además, la carta no está dirigida a mí, así que también sería ilegal leerla».

Y el aldeano quedó convencido. La idea era perfectamente correcta, ya que el aldeano dijo: «Tiene razón, no está dirigida a usted».

Si escribes en una pared blanca, incluso tú mismo serás incapaz de leerlo. Pero si escribes en una pizarra, resalta y está claro, puedes leerlo. Se necesita el contraste. El niño no tiene contraste; el niño es como el borde plateado sin la nube negra. Buda es el borde plateado en la nube negra.

Por el día hay estrellas en el cielo; no se van a ninguna parte, no se pueden ir tan rápidamente, no pueden desaparecer. Están ahí ya, están ahí todo el día —pero por la noche las ves a causa de la oscuridad—. Empiezan a aparecer; cuando el sol se pone, empiezan a aparecer. Cuando el sol va más y más profundo bajo el horizonte, más y más estrellas borbotean. Han estado ahí todo el día, pero como faltaba la oscuridad, era difícil verlas.

Un niño tiene inocencia, pero nada contrasta con ella. No puedes verla, no puedes leerla. No es muy llamativa. Un Buda ha vivido su vida, ha hecho todo lo necesario —bueno y malo—, ha palpado esta polaridad y aquella, ha sido un pecador y un santo. Recuerda, un Buda no es sólo un santo; ha sido pecador y ha sido santo. Y el estado de Buda está más allá de ambos. Ha vuelto a casa.

Por eso Buda decía en el sutra de ayer: *Na jnanam, na praptir na apraptih* —«No hay sufrimiento, ni origen, ni detención, ni sendero. No hay cognición, ni logro, ni no-logro»—. Cuando Buda despertó, le preguntaron: «¿Qué has logrado?». Y se rio y dijo: «No he logrado nada —sólo he descubierto lo que siempre había estado ahí—. Simplemente he vuelto a casa. He reclamado lo que siempre había sido mío y estaba conmigo. Así que no ha habido logro como tal. Simplemente me he dado cuenta. No es un descubrimiento, es un redescubrimiento. Y cuando te hagas un Buda, lo comprenderás —no ganas nada al hacerte un Buda. De repente ves que esa es tu naturaleza. Pero para reconocer esta naturaleza tienes que extraviarte, tienes que entrar en lo profundo de la confusión del mundo. Tienes que entrar en todo tipo de sitios y espacios embarrados para ver tu absoluta limpieza, tu absoluta pureza.

El otro día les hablé de siete puertas por las que se forma el ego, por las que la ilusión del ego se fortalece. Nos ayudará mucho penetrar en algunas cosas relacionadas con esto.

Estas siete puertas del ego no están muy bien delimitadas ni muy separadas entre sí; se superponen. Y es muy raro encontrar una persona que haya realizado su ego a través de las siete puertas. Si una persona ha realizado su ego a través de todas las puertas, se ha convertido en un ego perfecto. Y únicamente un ego perfecto tiene capacidad para desaparecer.

Un ego imperfecto no la tiene. Cuando la fruta está madura, cae; cuando la fruta está verde, queda prendida. Si todavía estás prendido al ego, recuerda, el fruto no está maduro —de ahí el quedarse prendido—. Si el fruto está maduro, cae a la tierra y desaparece. Lo mismo sucede con el ego.

Ésta es la paradoja: sólo un ego verdaderamente evolucionado puede entregarse, capitular. Ordinariamente se piensa que un egoísta no puede entregarse —eso no es lo que yo veo, ni lo que han visto los Budas a lo largo de los tiempos—. Sólo un perfecto egoísta puede entregarse. Porque sólo él conoce la miseria del ego, sólo él tiene la fortaleza para entregarse. Ha conocido todas las posibilidades del ego y ha caído en una inmensa frustración. Ha sufrido mucho, y sabe que ya ha tenido suficiente, y busca cualquier excusa para entregarse. La excusa puede ser Dios, la excusa puede ser un Maestro, o cualquier otra, pero quiere entregarse a algo. El peso es excesivo y lo ha llevado durante mucho tiempo. Las personas que no han desarrollado su ego pueden entregarse, pero su entrega no será perfecta, no será total. Muy dentro de ellos algo seguirá aferrándose, muy dentro de ellos algo seguirá con la esperanza: «Quizá exista algo en el ego. ¿Por qué te estás entregando?». En Oriente, el ego no se ha desarrollado bien. Como consecuencia de la enseñanza del no ego, surgió el malentendido de que si el ego tiene que rendirse, entonces ¿por qué desarrollarlo? ¿Para qué? Una lógica simple: si hay que renunciar a él algún día, entonces ¿por qué molestarse? Entonces, ¿por qué hacer tantos esfuerzos para crearlo? ¡Si hay que abandonarlo! Así que Oriente no se ha molestado mucho en desarrollar el ego. Y a la mente oriental le resulta muy fácil doblegarse ante cualquiera. Le resulta muy fácil, siempre está lista para entregarse. Pero la entrega es básicamente imposible, porque aún no tienes el ego para entregarlo.

Te sorprenderás: todos los grandes Budas de Oriente fueron *kshatriyas*, de la raza guerrera —Buda, Mahavira, Parshwa, Nemi—. Los veinticuatro *teerthankaras* de los jainas pertenecen a la raza guerrera, y todos los avatares de los hindúes pertenecen a la raza *kshatriya* —Rama, Krishna— excepto uno, Parashuram, que nació en una familia brahmín, accidentalmente según parece, porque es imposible encontrar un guerrero mejor que él. Debe haber sido un accidente. Toda su vida fue una guerra continua.

Es una sorpresa descubrir que ni un sólo brahmín ha sido declarado Buda, *avatar*, *teerthankara*. ¿Por qué? El brahmín es humilde, desde el principio se le ha educado en la humildad, para la humildad. Desde el comienzo mismo se le ha enseñado a no tener ego, así que el ego no está maduro, y los egos que no están maduros se aterran.

La gente en Oriente tiene egos muy fragmentarios, y creen que es fácil entregarse. Siempre están dispuestos a entregarse a cualquiera. Están dispuestos a entregarse con el mínimo pretexto —pero su entrega nunca es muy profunda. Siempre es superficial.

En Occidente se da el caso opuesto: los occidentales tienen egos fortísimos y muy desarrollados. Porque toda la educación occidental trata de crear un ego evolucionado, bien definido, culto, sofisticado. Y creen que es muy difícil entregarse. Ni siquiera entienden la palabra «entrega». La mera idea parece fea, humillante. Pero la paradoja es que cuando un hombre o una mujer occidental se entrega, su entrega es realmente profunda. Alcanza el centro mismo de su ser, porque el ego está muy evolucionado. El ego está evolucionado; es por eso por lo que creen que es muy difícil entregarse. Pero si sucede la entrega, llega hasta el mismo centro, es absoluta. En Oriente, la gente cree que entregarse es muy fácil, pero el ego no está tan evolucionado y la entrega nunca es muy profunda.

Un Buda es alguien que ha penetrado en las experiencias de la vida, en el fuego de la vida, en el infierno de la vida, y ha madurado su ego hasta la última posibilidad, al máximo. Y en ese momento el ego cae y desaparece. Eres un niño de nuevo; es un renacimiento, es una resurrección. Primero tienes que estar en la cruz del ego, tienes que sufrir la cruz del ego, y tienes que llevar la cruz sobre tus propios hombros —y hasta el final—. Hay que aprender el ego; sólo entonces puedes desaprenderlo. Y entonces hay una gran alegría. Cuando te liberas de la prisión danzas, celebras en tu ser. No puedes creer que la gente que está fuera de la prisión esté tan muerta y aletargada, arrastrándose. ¿Por qué no bailan? ¿Por qué no celebran? No pueden: no han conocido el sufrimiento de la prisión.

Tienes que usar estas siete puertas antes de poder ser un Buda. Tienes que ir a los reinos más oscuros de la vida, a la noche oscura del alma, para volver al amanecer cuando la mañana se levanta de nuevo, cuando el sol se eleva de nuevo, y todo es luz. Pero raramente sucede que alguien tenga un ego completamente desarrollado.

Si me comprendes, entonces toda la estructura de la educación te resultará paradójica: primero deberían enseñarte el ego —ésa debería ser la primera parte de la educación, la mitad; y luego, deberían enseñarte el estado sin ego, cómo abandonar el ego, ésa debería ser la segunda mitad—. La gente entra por una puerta, o dos, o tres, y se quedan enredados en un cierto ego fragmentario.

El primero, como dije, es el yo corporal. El niño empieza a aprender lentamente: el niño tarda alrededor de quince meses en aprender que está separado, que hay algo dentro de él y algo fuera. Aprende que tiene un cuerpo separado de los otros cuerpos. Pero algunas personas permanecen aferradas a ese ego tan fragmentario durante toda su vida. Se los conoce como materialistas, comunistas, marxistas. La gente que cree que el cuerpo lo es todo, que no hay otra cosa que el cuerpo dentro de uno, que el cuerpo es tu única existencia, que no hay ninguna consciencia separada del cuerpo, por encima del cuerpo, que la consciencia es sólo un fenómeno químico que sucede en el cuerpo, que no estás separado del cuerpo y que cuando el cuerpo muere tú mueres, y todo desaparece... el polvo al polvo... no hay ninguna divinidad en ti —reducen el hombre a la materia.

Son la gente que permanece aferrada a la primera puerta; su edad mental parece ser sólo de quince meses. Un ego tan rudimentario y primitivo se queda en el materialismo. Estas personas permanecen obsesionadas con dos cosas: sexo y comida. Pero recuerda, cuando digo materialista, comunista, marxista, no quiero decir con esto que la lista esté completa. Puede haber alguien que sea espiritualista, y que permanezca aún aferrado a la primera puerta.

Por ejemplo, Mahatma Gandhi: si lees su autobiografía, él la llama *Mis experimentos con la verdad*. Pero si sigues leyendo encontrarás que el título no es correcto, debería haberla llamado «Mis experimentos con la comida y el sexo». La verdad no se encuentra por ninguna parte. Gandhi está continuamente preocupado por la comida: qué comer, qué no comer. Su única preocupación parece ser la comida, y a continuación el sexo: ¿cómo hacerse célibe? —éste es el tema, éste es el trasfondo—. Gandhi piensa en la comida y en el sexo continuamente, día y noche —uno tiene que liberarse—. Y él no es un materialista —cree en el alma, cree en Dios—. De hecho, piensa tanto en la comida porque cree en Dios —porque si come algo malo y comete un pecado, entonces estará muy lejos de Dios—. Gandhi habla de Dios, pero piensa en la comida. Y esto no le sucede sólo a él, les pasa lo mismo a todos los monjes jainas. Gandhi estaba muy influenciado por los monjes jainas. Nació en Gujarat. Gujarat es básicamente jaina, el jainismo es lo más influyente en Gujarat. Incluso los hindúes son más jainas que hindúes en Gujarat. Gandhi es noventa y nueve por ciento jaina —nacido en una familia hindú, pero su mente está condicionada por los monjes jainas—. Ellos piensan en la comida constantemente.

Y luego surge la segunda idea, el sexo —cómo deshacerse del sexo—. Durante toda su vida, hasta el mismísimo final, Gandhi estuvo preocupado por ello —¿cómo eliminar el sexo?—. El último año de su vida estuvo experimentando con chicas desnudas, durmiendo con ellas, para probarse a sí mismo. Porque sentía que se acercaba la muerte, y tenía que probarse a sí mismo para ver si aún le quedaba algo de lujuria. El país estaba ardiendo, la gente se estaba matando: los mahometanos mataban a los hindúes, los hindúes mataban a los mahometanos —el país entero estaba en llamas—. Y él estaba justo en el medio, en Novakali —pero su única preocupación era el sexo—. Dormía con chicas, chicas desnudas; estaba probándose, probando si el *brahmacharya*, su celibato, era ya perfecto o no.

Pero ¿por qué esta sospecha? Por la larga represión. Había estado reprimiéndose toda su vida. Pero, en el mismísimo final, se asustó —porque a su edad seguía teniendo sueños sexuales. Así que estaba muy receloso: ¿sería capaz de presentarse ante su Dios. ?—. Y era un espiritualista, pero yo lo llamo materialista, y materialista muy primitivo. Su interés era la comida y el sexo.

No importa si estás a favor o en contra —tu interés muestra de dónde pende tu ego—. Y también incluiré aquí a los capitalistas: su único interés es cómo acumular dinero, cómo atesorar dinero —porque el dinero tiene poder sobre la materia—. Con dinero puedes adquirir cualquier cosa material. No puedes adquirir nada espiritual, no puedes adquirir nada que tenga valor intrínseco; sólo puedes comprar cosas. Si quieres comprar amor, no puedes comprarlo; pero puedes comprar sexo. El sexo es la parte material del amor. Con el dinero puedes comprar la materia, poseerla.

Esto te sorprenderá: incluyo a los comunistas y a los capitalistas en la misma categoría, y son enemigos, de la misma forma que incluyo a Charvarka y a Mahatma Gandhi en la misma categoría, y son enemigos. *Son* enemigos, pero su interés es el mismo. El capitalista intenta atesorar dinero, el comunista está en contra del dinero. Quiere que no se permita a nadie atesorar dinero, excepto al Estado. Pero su interés también es el dinero, él también piensa continuamente en el dinero. No es un accidente el que Marx llamase *Das Kapital* a su gran libro sobre el comunismo, «el capital». Ésa es la biblia comunista, pero el nombre es «el capital». Ése es su interés: cómo no permitir que nadie atesore dinero, para que el Estado pueda atesorar; y cómo poseer el Estado —así que, en realidad, básicamente, en última instancia, tú atesoras el dinero.

Oí una vez que Mulla Nasrudin se había hecho comunista. Lo conozco. Yo estaba un poco perplejo. ¡Era un milagro! Conozco su posesividad. Así que le pregunté, «Mulla, ¿sabes lo que significa el comunismo?».

Respondió: «Sí, lo sé».

Le dije: «¿Sabes que si tienes dos coches y alguien no tiene ninguno tendrás que darle un coche?».

Él replicó: «Se lo daré de muy buena gana».

Le insistí: «¿Y que si tienes dos casas y alguien está sin casa tendrás que darle una?».

Él dijo: «Estoy totalmente dispuesto, ahora mismo».

Y le continué: «¿Y que si tienes dos burros tendrás que darle uno a alguien que no tenga?».

Él espetó: «Con eso no estoy de acuerdo. ¡No puedo dárselo, no puedo hacer eso!».

Y yo argumenté: «¿Por qué? Si es la misma lógica, el mismo razonamiento».

Él dijo: «No, *no* es lo mismo, yo tengo dos burros, no tengo dos coches».

La mente comunista es básicamente una mente capitalista, la mente capitalista es básicamente una mente comunista. Forman pareja en el mismo juego —el nombre del juego es «el capital», *Das Kapital*.

Muchas personas, millones de personas, desarrollan sólo este ego primitivo, muy rudimentario. Si tienes este ego, es muy difícil entregarse; es muy inmaduro.

A la segunda puerta la llamo autoidentidad.

El niño empieza a alimentar un concepto acerca de quién es. Se mira al espejo y encuentra la misma cara. Todas las mañanas, al levantarse de la cama, corre al cuarto de baño, mira, y dice: «Sí, soy yo. El sueño no ha alterado nada». Comienza a tener la idea de un yo continuo.

Las personas que se apegan demasiado a esta puerta, que se quedan enganchadas en esta puerta, son los mal llamados espiritualistas, que creen que van al paraíso, al cielo, a *moksha*. Y que *ellos* estarán allí. Cuando piensas en el cielo, ciertamente piensas que del mismo modo que estás aquí estarás allí también. Quizá el cuerpo no esté allí, pero tu continuidad interna permanecerá. ¡Es absurdo! Esa liberación, esa liberación última sólo sucede cuando el yo se ha disuelto y toda identidad se ha disuelto. Te conviertes en vacío...

Por lo tanto, ¡oh! Sariputra, en la nada no hay formas; o, la forma es vacío y el vacío es forma.

No hay conocimientos porque no hay conocedor, ni siquiera hay *vigyan*, consciencia, porque no hay nada de lo cual estar consciente y nadie que esté consciente de ello. Todo desaparece.

Esa idea de autocontinuidad que tiene el niño la llevan también los espiritualistas. Siguen buscando por dónde entra el alma en el cuerpo, por dónde sale el alma del cuerpo, qué forma tiene el alma, plañideras y médiums, cosas así —todo sandeces, tonterías—. El yo no tiene forma. Es pura nada, es un cielo amplio, sin ninguna nube. Es un silencio sin pensamientos, sin límites, ni nada que lo contenga.

Esa idea de un alma permanente, la idea de un *yo*, continúa jugueteando en vuestras mentes. Incluso si muere el cuerpo, quieren estar seguros de que «Yo viviré».

Mucha gente solía acudir a Buda —porque este país ha estado dominado por este segundo tipo de ego:— la gente cree en el alma permanente, el alma eterna, *atman* —se acercaban a Buda una y otra vez y decían: «Cuando muera ¿permanecerá algo o no?». Y Buda se reía y decía: «¡No hay nada ahora mismo! Así que ¿por qué preocuparse por la muerte? Nunca ha habido nada desde el principio»—. Y esto era inconcebible para la mente india. La mente india está predominantemente enganchada al segundo tipo de ego. Por eso el budismo no pudo sobrevivir en la India. En quinientos años, el budismo desapareció. Encontró mejores raíces en China, a causa de Lao Tse. Lao Tse había creado allí un campo realmente bello para el budismo. El clima estaba preparado —como si alguien hubiese acondicionado el terreno; sólo se necesitaba la semilla. Y cuando la semilla llegó a China se transformó en un gran árbol—. Pero desapareció de India. Lao Tse no tenía el concepto de un yo permanente. Y en China, a la gente no le preocupaba demasiado.

Éstas son las tres culturas del mundo: una cultura, la llamada materialista, muy predominante en Occidente; otra cultura, la llamada espiritualista, muy predominante en la India; y China tiene un tercer tipo de cultura, ni materialista ni espiritualista. La cultura taoísta: vive el momento y no te preocupes por el futuro, porque preocuparse por el cielo y el infierno y el paraíso y *moksha* es básicamente estar continuamente interesado en ti mismo. Es muy egoísta, es muy egocéntrico. Para Lao Tse, para Buda también, y yo también lo creo así, una persona que intenta alcanzar el cielo es una persona tremendamente egocéntrica, muy egoísta. Y no sabe nada de su propio ser interno, no hay yo.

La tercera puerta era la autoestima: el niño aprende a hacer cosas, a disfrutar haciéndolas. Algunas personas se quedan prendidas ahí —se convierten en técnicos, se convierten en intérpretes, actores, se convierten en políticos, se convierten en comediantes—. El tema básico es el hacedor; quieren mostrarle al mundo que pueden hacer algo. Si el mundo les permite ser creativos, entonces bien. Si no les permite la creatividad, se vuelven destructivos.

¿Sabían que Adolf Hitler quiso entrar en una escuela de arte? Quería ser pintor, ésa era su idea. Como no fue aceptado, porque no era un pintor, porque no pudo pasar el examen de admisión a la escuela de arte —ese rechazo le fue muy difícil de aceptar—, su creatividad se agrió. Se volvió destructivo. Pero básicamente quería ser pintor, quería hacer algo. Cuando le dijeron que no era capaz de hacerlo, como venganza, empezó a ser destructivo.

El criminal y el político no distan mucho el uno del otro, son primos hermanos. Si al criminal se le da su oportunidad, se convertirá en político, y si al político no se le da una buena oportunidad de decir sus cosas, se convertirá en criminal. Son casos fronterizos. En cualquier momento el político puede convertirse en criminal y el criminal puede convertirse en político. Y esto ha estado sucediendo en todos los tiempos, pero aún no tenemos la suficiente capacidad de penetración para ver estas cosas.

La cuarta puerta era la autoextensión. La palabra «mío» es aquí la palabra clave. Uno tiene que extenderse a sí mismo acumulando dinero, acumulando poder, haciéndose más y más y más grande: el patriota diciendo: «Éste es mi país, y es el país más grande del mundo». Pregunta al patriota indio: gritará por todas las esquinas y rincones que esta tierra es *punya bhumi* —la tierra de la virtud, la tierra más pura del mundo.

Una vez se me acercó un hombre tenido por santo, un monje hindú, y dijo: «¿No crees que este es el único país en el que han nacido tantos Budas, tantos *avatares*, tantos *teerthankaras* —Rama, Krishna y tantos otros—? ¿Y por qué? Porque esta es la tierra más virtuosa».

Yo le respondí: «La realidad es justo lo contrario: si ves en la vecindad que un doctor va a casa de alguien todos los días, unas veces un *vaidya*, un médico, otras un *hakim*, un acupunturista, y el naturópata, y este y el otro, ¿qué pensarás de ello?».

Adujo: «¡Muy simple! Que esa familia está enferma».

Ése es el caso de India: se han necesitado tantos Budas —el país debe estar absolutamente enfermo, patológico. Tantos sanadores, tantos médicos—. Buda dijo: «Soy un médico». Y sabes que Krishna dijo: «Siempre que haya oscuridad en el mundo, y siempre que haya pecado en el mundo, y siempre que se perturbe la ley del cosmos, volveré». Así que, ¿por qué tuvo que venir esa vez? Debe haber sido por la misma razón. ¿Y por qué tantas veces en India?

Pero los patriotas son arrogantes, agresivos, egoístas. Siguen proclamando: «Mi país es especial, mi religión es especial, mi iglesia es especial, mi libro es especial, mi gurú es especial» —y todo es nada. Es sólo el ego que reclama.

Algunas personas se quedan enganchadas en este «mío» —los dogmáticos, los patriotas, los hindúes, los cristianos, los mahometanos.

La quinta puerta es la autoimagen. El niño comienza a examinar las cosas, las experiencias. Cuando los padres están contentos con el niño, este piensa «Soy bueno». Cuando le dan palmaditas en la espalda, siente «Soy bueno». Cuando lo miran con ira, le gritan y le dicen: «¡No hagas eso!», siente «Hay algo malo en mí». Se echa para atrás. A un niño pequeño le preguntaron el primer día de escuela: «¿Cómo te llamas?».

Él respondió: «Juan, no».

El profesor se quedó perplejo. Le dijo: «¿Juan No? ¡Nunca he oído un nombre así!».

El niño replicó: «Haga lo que haga siempre me llaman así; mi madre grita: "¡Juan, *no!*". Mi padre grita: "¡Juan, *no!*". Así que pienso que ese debe ser mi nombre. El "no" siempre está ahí. Da igual lo que haga».

La quinta es la puerta por la que entra la moral: te haces un moralista; empiezas a sentirte muy bien, «más santo que los demás». O bien, frustrado, resistiéndote, luchando, te conviertes en un inmoral y empiezas a luchar con el mundo entero, a demostrárselo al mundo entero.

Fritz Perls, el creador de la Terapia Gestalt, escribió acerca de una experiencia que resultó fundamental para la labor de toda su vida. Era psicoanalista y estaba ejerciendo en África. Le iba muy bien porque era el único psicoanalista que había allí. Tenía un gran coche, una gran casa con jardín, piscina —y todo lo que desea tener una mente mediocre, los lujos de la clase media—. Y un día fue a Viena para asistir a una conferencia mundial de psicoanalistas. Por supuesto, era un hombre de éxito en África, así que esperaba que Freud lo fuese a recibir, que habría un gran recibimiento. Y Freud era la figura paterna para los psicoanalistas, así que Perls quería que lo felicitase. Había estado escribiendo un artículo, trabajando en él durante meses, porque quería que Freud supiese quién era él. Freud leyó el artículo; no hubo respuesta. Freud era muy frío, los demás psicoanalistas eran muy fríos. Su documento pasó casi inadvertido, nadie lo comentaba. Perls se sintió muy afectado y deprimido, pero todavía confiaba en que algo sucedería cuando fuera a visitar a Freud. Y fue a verlo. Estaba en las escaleras, ni siquiera había entrado en la casa, y vio que Freud estaba allí. Y Perls dijo, para impresionarlo: «He recorrido miles de kilómetros para venir». Y en vez de darle la bienvenida, Freud le dijo: «¿Y cuándo se va?». Eso lo hirió muchísimo: «¿Es ésta una bienvenida?,

¿cuándo me voy?». Y ese fue el único diálogo —¡se acabó!—. Y Perls se fue, repitiendo continuamente en su cabeza, como un mantra: «¡Ya verá, ya verá, ya verá!». E intentó que viese; creó el mayor movimiento en contra de la psicoterapia: la Gestalt.

Ésa es una reacción infantil. Si al niño se le acepta, entonces se siente bien, entonces está dispuesto a hacer cualquier cosa que quieran los padres... Si se le frustra una y otra vez, entonces empieza a pensar en términos de: «No hay posibilidad de que pueda recibir su amor, pero de todas formas necesito su atención. Si no puedo conseguir su atención por las buenas, la conseguiré por las malas. Fumaré, me masturbaré, me haré daño a mí mismo y a los demás, y haré todo tipo de cosas que ellos no quieren que haga. Pero los tendré pendientes de mí. Ya verán...».

Esta es la quinta puerta, la autoimagen. Los pecadores y los santos están enganchados aquí. El cielo y el infierno son las ideas de la gente que se engancha aquí. Millones de personas están enganchadas. Están continuamente temerosas del infierno y continuamente codiciando el cielo. Quieren ser felicitados por Dios, quieren que Dios les diga:

«Eres bueno, hijo mío. Me haces feliz». Sacrifican sus vidas para ser felicitados por alguna fantasía que está en algún sitio más allá de la vida y la muerte. Se torturan de mil y una formas para que Dios pueda decirles: «Sí, te has sacrificado por mí».

Como si Dios fuese un masoquista o un sádico o algo por el estilo. La gente se tortura a sí misma con la idea de que harán felices a Dios. ¿Qué pretendes con eso? ¿Ayunas y crees que harás feliz a Dios?

¿Te matas de hambre y crees que harás feliz a Dios? ¿Es Dios un sádico? ¿Disfruta torturando a la gente? Y esto es lo que hacen los santos, los mal llamados santos: torturarse a sí mismos y mirar al cielo. Tarde o temprano Dios les dirá: «Buen chico, lo has hecho muy bien» Ven ahora y disfruta los placeres celestes. ¡Ven aquí! El vino aquí fluye a ríos, y los caminos son de oro, y los palacios están hechos de diamantes. Y las mujeres nunca envejecen, se estancan en los dieciséis. ¡Ven aquí! Ya has hecho suficiente. ¡Te lo has ganado, ahora disfruta!».

Ésta es la única idea que hay detrás del sacrificio. Es una idea tonta, porque *todas* las ideas del ego son tontas.

La sexta es el yo como razón. Llega a través de la educación, la experiencia, de leer, aprender, escuchar: empiezas a acumular ideas, y luego a crear sistemas con esas ideas, unidades consistentes, filosofías. Aquí es donde están enganchados los filósofos, los científicos, los pensadores, los intelectuales, los racionalistas. Pero esta puerta se está sofisticando más y más: en comparación con la primera, la sexta es muy sofisticada.

La séptima es el esfuerzo propiamente dicho: el artista, el místico, el utópico, el soñador —todos ellos están enganchados ahí—. Siempre están tratando de crear una utopía en el mundo. La palabra «utopía» es muy hermosa: significa lo que nunca llega. Siempre está llegando pero nunca llega; siempre está allí, pero nunca aquí.

Pero hay «contempladores de la luna» que siguen buscando lo lejano, lo distante, y que siempre están en el terreno de la imaginación. Los grandes poetas, las personas imaginativas —todo su ego está involucrado en el llegar a ser—. Hay personas que quieren llegar a ser Dios; son los místicos.

Recuerda, «llegar a ser», es la expresión clave en la séptima, y la séptima es la última puerta del ego. Los egos más maduros llegan ahí. Por eso al ver a un poeta sentirás —aunque no tenga nada, aunque sea un mendigo— en sus ojos, en su nariz, verás un gran ego. Puede que el místico haya renunciado al mundo y que esté sentado en una jaula del Himalaya, en una cueva del Himalaya. Ve allí y míralo —puede que esté sentado desnudo—, pero con un ego muy sutil, con un ego muy refinado. Puede que incluso toque tus pies, pero te está mostrando: «¡Mira lo humilde que soy!».

Éstas son las siete puertas. Cuando el ego es perfecto, se han atravesado todas estas puertas; entonces ese ego maduro cae por sí sólo. El niño está antes de esos siete egos, y el Buda después de ellos. Es un círculo completo.

Me preguntas: «¿Cuál es la diferencia entre el vacío de un niño antes de la formación de su ego y la inocencia despierta de un Buda?».

Ésta es la diferencia. Buda se ha internado en estos siete egos —los ha visto, los ha examinado, ha encontrado que son ilusorios, y ha vuelto a casa, ha vuelto a ser un niño.

Eso es lo que quiere decir Jesús con «A no ser que os hagáis como niños, no entraréis en el reino de Dios».

La segunda pregunta:

Esto es sólo curiosidad. ¿Has leído el libro *Zorba el Griego*, de Kazantzakis? Lo adoro. ¿No es Zorba exactamente de la forma que tú quieres que seamos? Al menos es así como yo entiendo tu enseñanza.

He sido Zorba el Griego durante muchas vidas. No necesito leer el libro; es mi autobiografía. Y es así como me gustaría que fueran.

Tomen la vida alegremente, tomen la vida como venga, tomen la vida relajadamente, no busquen problemas innecesarios. El noventa y nueve por ciento de sus problemas los buscan ustedes porque se toman la vida en serio. La seriedad es la raíz de los problemas. Sé juguetón, y no te perderás nada —porque la vida es Dios. ¡Olvídate de Dios!— vive, vive totalmente. Vive cada momento como si fuese el último. Vívelo intensamente. Deja que tu antorcha arda por los dos extremos a la vez. Incluso si es sólo por un momento, ya es suficiente. Un momento de intensa totalidad es suficiente para paladear el sabor de Dios. Puedes vivir de una forma tibia, al modo burgués, al estilo de la clase media. Puedes seguir viviendo así, arrastrándote durante millones de años —sólo recogerás el polvo de los caminos, nada más—. Un momento de claridad, de totalidad, de espontaneidad, y arderás como una llama. ¡Un sólo momento es suficiente! Un momento te hará eterno; a través de ese momento entras en la eternidad. Ese es el único mensaje para mis sannyasins: vive la vida de tal forma que no necesites arrepentirte, nunca.

Un amigo me ha enviado un recorte de periódico.

Un periodista preguntó a una mujer de ochenta y cinco años que si tuviera que vivir de nuevo cómo viviría.

La anciana dijo —su respuesta muestra una gran capacidad de penetración, recuerda— «Si tuviera que vivir mi vida de nuevo, me atrevería a cometer más errores. Me relajaría, me flexibilizaría. Sería más tonta de lo que he sido esta vez. Me tomaría menos cosas en serio. Aprovecharía más oportunidades. Viajaría más. Escalaría más montañas y nadaría en más ríos. Comería más helados y menos alubias. Quizá tuviese más problemas reales, pero tendría menos imaginarios.

«Soy una de esas personas que ha vivido sensata y prudentemente hora tras hora, día tras día. Desde luego que he tenido mis buenos momentos, pero si tuviera que vivir de nuevo, tendría muchos más. De hecho, intentaría no tener otra cosa, sólo buenos momentos, uno tras otro, en vez de vivir siempre muchos años por delante. He sido una de esas personas que nunca van a ningún sitio sin un termómetro, una botella de agua caliente, un impermeable y un paracaídas. Si tuviese que hacerlo de nuevo, viajaría mucho más ligera de lo que lo he hecho.

«Si tuviese que vivir mi vida de nuevo, empezaría a andar descalza antes en primavera, y seguiría haciéndolo hasta más tarde en el otoño. Iría a más bailes. Me montaría en más tiovivos. Cogería más margaritas». Y esa es también mi visión de un *sannyasin*. Vive este momento tan totalmente como puedas. No seas demasiado cuerdo, porque demasiada cordura conduce a la locura. Deja que haya en ti algo de locura. Eso le da sal a la vida, hace que la vida sea jugosa. Deja que siempre haya un poco de irracionalidad. Eso te hace capaz de jugar, de ser travieso, eso te ayuda a relajarte. Una persona cuerda está absolutamente ¡melada en la cabeza, no puede bajar de ahí! Vive en el piso de arriba. ¡Tienes que vivir a lo largo y a lo ancho, por todas partes, esta es tu casa! El piso de arriba está bien, el piso de abajo, perfectamente bien —y el sótano también es bello—. Vive en todos los sitios, ésta es tu casa. Y no esperes a la próxima vez, esto me gustaría decirle a esa mujer, porque la próxima vez no llega nunca.

No es que no vayas a nacer de nuevo; nacerás de nuevo, pero entonces te olvidarás. Entonces empezarás de nuevo desde el ABC. Esta anciana ya estuvo aquí antes. Debe haber estado aquí millones de veces. Y les puedo asegurar que *cada* vez, alrededor de la edad de ochenta y cinco años habría decidido lo mismo: «La próxima vez actuaré de diferente forma». Pero la próxima vez no te acuerdas —ése es el problema. Pierdes todo recuerdo de tu vida anterior. Comienzas de nuevo desde el ABC y sucede lo mismo.

Así que no te aconsejo que esperes a la próxima vez. ¡Atrapa este momento! Éste es el único tiempo que existe, no hay otro tiempo. Incluso si tienes ochenta y cinco años puedes empezar a vivir. ¿Y qué tienes que perder a los ochenta y cinco años? Si vas descalza a la playa en primavera, si coges margaritas —incluso si mueres haciéndolo—, todo está bien. Morir descalzo en la playa es una buena forma de morir. Morir cogiendo margaritas es una buena forma de morir. No importa que tengas ochenta y cinco o quince años. Atrapa este momento. Sé un Zorba.

Me preguntas:

Esto es sólo curiosidad. ¿Has leído el libro *Zorba el Griego*? Lo adoro.

No basta con adorarlo. ¡Sé Zorba el Griego! A veces sucede que se ama lo contrario de lo que se es. Disfrutas con lo opuesto de lo que eres —porque eso libera fantasías en ti—. Te da una visión de cómo te gustaría ser: esa es la atracción de Zorba.

Pero adorar el libro no te servirá de nada. Eso es lo que ha estado haciendo la gente de todos los tiempos. La gente adora la Biblia, pero no se transforman en Jesús, y adoran el *Sutra del corazón*... Lo repiten, lo cantan cada día. Millones de personas en Oriente repiten el Sutra del corazón cinco veces al día —en China, en Japón, en Corea, en Vietnam—, siguen repitiéndolo. Es un sutra breve; se puede repetir en cuestión de minutos. Lo adoran, ¡pero no se transforman en él!

Sé un Zorba. Recuérdalo: adorar libros no te servirá de nada, sólo ser ayuda.

Lo adoro. ¿No es Zorba exactamente de la forma que te gustaría que fuéramos?

Exactamente no, porque no me gustaría que hubiese muchos Zorbas en el mundo. Exactamente no, porque eso sería feo y monótono y aburrido. Sé un Zorba a tu manera —*exactamente* no.

Nunca intentes imitar a nadie, nunca seas un imitador; eso es suicida. Así nunca podrás gozar. Siempre serás una copia, nunca serás el original. Y todo lo que sucede en la vida —la verdad, la belleza, lo bueno, la liberación, la meditación, el amor— le sucede al original, nunca a la copia a papel carbón. Ten cuidado —*exactamente* no, eso es peligroso—. Si empiezas a seguir a Zorba, y empiezas a hacer las cosas como las hace él, te meterás en problemas. Eso es lo que la gente ha hecho.

Mira a los cristianos, mira a los hindúes: han intentado hacerlo *exactamente*. ¡Nadie puede ser Buda de nuevo! ¡Dios no permite ninguna repetición! Dios no permite gente de segunda mano, Él ama a la gente de primera mano. Amó a Buda. Lo amó tanto que se terminó. Ahora ya no hay necesidad de Buda. Ya no sería una historia de amor. Sería como ir a una película que has visto antes; sería como leer el libro que ya has leído muchas veces. Dios no es ni torpe ni estúpido, nunca permite que nadie repita a nadie: sólo una vez Cristo, sólo una vez Buda —¡y de la misma manera tú sólo una vez!—. Y estás sólo, no hay nadie como tú. Sólo tú eres tú. Yo llamo a esto una actitud reverente frente a la vida. Éste es el auténtico respeto por uno mismo.

Aprende de Zorba, aprende el secreto, pero nunca intentes imitar. Aprende el ambiente, aprécialo, entra en él, simpatiza con él, participa con Zorba, y luego sigue sólo. Luego, sé tú mismo.

La tercera pregunta:

¿Podrías hablar, por favor, de lo que hay en común entre la oración y la meditación, y también de las diferencias entre ellas?

La pregunta es de Mark Nevejan...

P. D.: *No me conoces porque aún no nos hemos encontrado personalmente, Arup me conoce un poco.*

Arup no se conoce a sí misma, ¿cómo podría conocerte a ti? —¡ni siquiera un poco! No nos hemos encontrado, es verdad. Pero te conozco, porque me conozco a mí mismo. El día que llegué a conocerme a mí mismo llegué a conocer a todo el mundo —porque es la misma «nada» floreciendo de formas diferentes.

Te conozco, Mark. Puede que tú no me conozcas. ¿Cómo podrías conocerme? No te conoces a ti mismo. Pero yo te conozco. Puede que no conozca tu forma, pero te conozco. y tú no eres la forma.

> *Por lo tanto, ¡Oh! Sariputra.*
> *La forma es vacío, el vacío es forma.*

Puede que no conozca la personalidad que te rodea, pero conozco la verdad que hay en ti. Por eso puedo ayudarte —porque te conozco—. Por eso puedo llevarte al más allá —porque te conozco—. Si no te conociera, no podría llevarte al más allá.

Y me preguntas:

> ¿Podrías hablar, por favor, de lo que hay en común entre la oración y
> la meditación, y también de las diferencias entre ellas?

Iba a hablar de ello ayer, pero había tantas preguntas que no pude responderte.

Mark ha vuelto a escribir hoy:

> Querido Verano de la consciencia y la libertad,
> El otro día te hice una pregunta sobre lo que hay de común y
> de diferente entre la oración y la meditación. Mientras tanto, he estado leyendo tu libro *Yo soy la puerta*, y he encontrado la respuesta.
> Gracias.
> Un cielo nublado holandés llamado Mark Nevejan.

¡No te llamarás Mark Nevejan por mucho tiempo! Creo que será hoy, porque yo no espero a mañana. Te encontraré un bello nombre. No será nublado; no será un ciclo nublado holandés. Será un cielo de verano indio sin nubes.

Muchas veces sucede que haces una pregunta, y si buscas la respuesta, la encuentras. Se necesita paciencia, porque cuando respondo a las preguntas de otros, también respondo las tuyas. Sólo se necesita paciencia. Al responder una pregunta, respondo muchas —las que se han preguntado, las que no se han preguntado, las que se preguntarán en el futuro, y las que nunca se preguntarán.

Muy bien, Mark; esperaste un día y no te enfadaste. Algunas personas se enfadan mucho. Me escriben cartas furiosas: «Te he estado haciendo preguntas y no me respondes». No me están escuchando, sólo están esperando *su* pregunta. Eso es su ego, la pregunta no es importante —«Mi pregunta debe ser respondida»—. Y cuando veo que alguien hace una pregunta en la que el «mi» es más importante, nunca respondo.

Mukta está ahí sentada. Ella escribe preguntas una y otra vez: «Osho, ¿por qué nunca respondes mis preguntas?». El día que abandone el «mi» comenzará a encontrar las respuestas.

Estoy respondiendo, ¡continuamente! Pero cuando estás demasiado apegado a tu pregunta, y sólo estás esperando a que *tu pregunta* sea respondida, te perderás todas las respuestas que te estoy enviando.

Sucede muchas veces que cuando respondo una pregunta, el que la ha hecho no puede recibirla, pero otros pueden recibirla más fácilmente. Como no están preocupados, como no es su pregunta, están sentados en silencio. No les produce excitación, no están tensos, no es nada personal. Pueden relajarse y disfrutar la respuesta.

Cuando es tu pregunta, estás tenso y tienes miedo. Y yo nunca pierdo una oportunidad: ¡si puedo darte, te doy!

La cuarta pregunta:

Osho, te he oído decir repetidamente que deberíamos permanecer en el mundo, en el mercado. Sin embargo, la mayoría de la gente que encuentro aquí tienen planes de vivir contigo en Gujarat, volviendo a Occidente sólo para conseguir el dinero para hacerlo. Se está planeando una gran comunidad. Por favor, comenta.

Tú enfatizas la importancia de estar con un maestro vivo, pero dices que una vez que se produce una conexión, ya estás siempre con nosotros. ¿Por qué quieren todos vivir en tu comunidad en vez de quedarse en el mundo? Desde luego sería maravilloso, ¿pero qué pasa con el «mercado»?

¡Mi comunidad va a ser el mayor mercado que hayas visto en tu vida! ¡No te preocupes por eso! Va a ser el mundo mismo —más intenso, por supuesto, que el que puedas encontrar en otro sitio; más caótico, por supuesto—. Y nadie está planeándolo, recuerda. Está saliendo de la nada... *¡Por lo tanto, oh Sariputra!*

La quinta pregunta:

¿Qué posibilidades tiene tu sociedad ideal frente a los políticos y los sacerdotes y los intereses creados del capital?

Primero, no estoy interesado en ninguna sociedad ideal. A ese respecto, no estoy interesado ni siquiera en un individuo ideal. La palabra «ideal» es una palabra sucia para mí. Yo no tengo ideales. Los ideales los han vuelto locos. Son los ideales los que han convertido la tierra entera en un gran manicomio.

Los ideales significan que no eres lo que deberías ser. Crean tensión, ansiedad, angustia. Te dividen, te hacen esquizofrénico. Y los ideales están en el futuro y tú estás aquí. ¿Y cómo podrás vivir a no ser que seas el ideal? —primero tienes que ser el ideal, luego empiezas a vivir—. Y eso nunca sucede. Eso no puede suceder por la misma naturaleza de las cosas—. Los ideales son imposibles; por eso son ideales. Te vuelven loco, te hacen un demente. Y surge la condena, porque siempre te quedas corto respecto al ideal. Se crea la culpabilidad. De hecho, eso es lo que han estado haciendo los políticos y los sacerdotes —quieren crear culpa en ti—. Para crear culpa utilizan los ideales; es un mecanismo simple. Primero das un ideal, a continuación la culpa llega automáticamente. Si yo les digo que dos ojos no son suficientes, que necesitáis tres ojos, ¡abran el tercer ojo! Leed a Lopsang Rampa —¡abran vuestro tercer ojo! Y ustedes lo intentan, con ahínco, por todos los medios, y se ponen de cabeza, y recitan un mantra, y el tercer ojo no se abre... Entonces empiezan a sentirse culpables, algo falta... no son la persona correcta. Se deprimen. Se frotan fuertemente el tercer ojo, pero no se abre.

Cuidado con esas tonterías. Estos dos ojos son bellos. Y si tienes sólo un ojo, perfecto. Porque Jesús dice: «Cuando dos ojos se hacen uno, entonces todo el cuerpo está lleno de luz». Pero no les estoy diciendo que intenten hacer un ojo de los dos. Acéptense tal como son. Dios te ha hecho perfecto, no ha dejado en ti nada incompleto. Si sientes que algo está incompleto, eso es parte de la perfección. Eres perfectamente imperfecto. Dios lo sabe mejor: que sólo hay crecimiento en la imperfección, que sólo hay flujo en la imperfección, que sólo en la imperfección algo es posible. Si fueses perfecto estarías muerto como una roca. No estaría sucediendo nada, nada podría suceder. Si me comprendes, te diría esto: Dios también es perfectamente imperfecto. De otra forma estaría muerto hace mucho tiempo. No habría esperado a que Friedrich Nietzsche proclamase que Dios había muerto.

¿Qué haría este Dios si fuese perfecto? No podría hacer nada, no tendría ninguna libertad de acción. No podría crecer; ningún sitio al que ir. Estaría estancado ahí. Ni siquiera podría suicidarse, porque cuando eres perfecto no haces cosas así.

Acéptate como eres.

No estoy interesado en ninguna sociedad ideal, en absoluto. Ni siquiera estoy interesado en individuos ideales. ¡No estoy interesado en el idealismo en absoluto!

Y para mí no existe la sociedad, sólo los individuos. La sociedad es sólo una estructura para funcionar, algo utilitario. No te puedes encontrar con la sociedad. ¿Te has encontrado alguna vez con la sociedad?

¿Te has encontrado alguna vez con la humanidad? ¿Te has encontrado alguna vez con el hinduismo, con el islam? No; siempre has encontrado al individuo, al individuo concreto, sólido.

Pero hay gente que se ha pasado el tiempo pensando cómo mejorar la sociedad, cómo hacer una sociedad ideal. Y ha quedado claro que esa gente son una gran desgracia. Han hecho mucho daño. A causa de su sociedad ideal han destruido el respeto de las personas hacia sí mismas, y han creado culpa en todo el mundo. Todo el mundo se siente culpable, parece que nadie se siente feliz de ser como es. Y puedes crear culpa a partir de cualquier cosa —y una vez que está creada, hacerte poderoso—. El que crea culpabilidad en ti, toma poder sobre ti —recuerda esta estrategia— porque ahora sólo él podrá redimirte de la culpa. Ahora tienes que acudir a él. El sacerdote primero crea la culpabilidad, luego tienes que ir a la iglesia. Después tienes que ir a confesarte «He cometido este pecado», y te perdona en el nombre de Dios. Primero crea la culpabilidad en el nombre de Dios, luego te perdona en el nombre de Dios.

Escucha esta historia.

A Calvino lo sorprendió su madre cometiendo un gran pecado, e inmediatamente lo mandó a confesarse.

«Padre —dijo Calvino—. He jugado conmigo mismo».

«¿Por qué hiciste eso?», le gritó el cura muy enfadado.

«No tenía nada mejor que hacer», respondió Calvino.

«Como penitencia, reza cinco padrenuestros y cinco avemarías». Una semana más tarde la madre de Calvino lo sorprendió otra vez, y de nuevo lo envió a confesarse.

«Padre, he jugado conmigo mismo».

«¿Por qué hiciste eso?»

«No tenía nada mejor que hacer», repuso Calvino.

«Como penitencia, reza diez padrenuestros y cinco avemarías.»

A la semana siguiente, Calvino fue descubierto de nuevo. «Otra vez a confesarte», le ordenó su madre. «Y llévale este pastel de chocolate al señor cura».

Mientras esperaba en la larga cola, Calvino acabó con el pastel. En la confesión, dijo: «Padre, mamá me dio un pastel de chocolate para usted, pero me lo comí mientras esperaba».

«¿Por qué hiciste eso?» preguntó el sacerdote.

«No tenía nada mejor que hacer».

«¿Y por qué no jugaste contigo mismo entonces?».

El sacerdote no está interesado en lo que tú haces; tiene sus propios intereses: su pastel de chocolate. ¡Y luego puedes irte al infierno! Luego haz lo que quieras, ¿pero dónde está el pastel de chocolate?

Crean culpa y luego te perdonan en el nombre de Dios. Los hacen pecadores y luego dicen: «Ahora ven a Cristo, él es el Salvador».

Nadie puede salvarte, porque, para empezar, no has cometido ningún pecado. No necesitas que te salven.

Éste es el mensaje de Buda: ¡Ya estás ahí! ¡Ya estás salvado! No hace falta que venga el salvador; no eres culpable.

No hay sufrimiento, Sariputra, ni origen del sufrimiento,
ni término de él, y no hay sendero hacia él.
No es algo logrado, ni es algo no logrado.

¡Ya está ahí, es tu naturaleza misma!

No estoy interesado en ninguna sociedad ideal. Por favor, abandona ese sueño; ese sueño ha creado grandes pesadillas en el mundo. Recuerda, ya no puede suceder nada por medio de la política. La política está muerta. Votes a quien votes, derecha o izquierda, hazlo sin ilusiones. Es necesario renunciar a la idea de que algún sistema puede ser el salvador. Ningún sistema puede ser el salvador —ni el comunismo, ni el fascismo, ni el gandhismo—. Ninguna sociedad puede salvarte, ninguna sociedad puede ser una sociedad ideal. Y no hay salvador —ni Cristo, ni Krishna, ni Rama—. Tienes que dejar de cargar con esas tonterías de la culpabilidad y de que eres un pecador.

Pon toda tu energía en bailar, en celebrar. Y entonces ya eres ideal, aquí y ahora —no tienes que llegar a ser ideal.

La ideología como tal ha perdido su verdad. De hecho, nunca la tuvo. Y también ha perdido el poder de persuadir. Pocas mentes serias creen ya que se pueda crear un proyecto original y hacer crujir, a través de la ingeniería social, una nueva utopía de armonía social. Vivimos en la era de la libertad absoluta. Nos hemos hecho mayores de edad. La humanidad ya no es infantil, es más madura. Vivimos en un periodo muy socrático, porque la gente está haciéndose todas las preguntas importantes de la vida. No empieces a anhelar y a desear ningún ideal futuro, ni ninguna idea, ni la perfección. Deja todos los ideales y vive aquí-ahora.

Mi comuna no va a ser una sociedad ideal. Mi comuna va a ser una comuna del aquí-ahora.

Capítulo 7

El vacío total: alma del budismo

6. Tasmac Chariputra aptraitvad bodhisattvasya prajnaparamitam asritya viharaty acittavaranah. Cittavarana-nastitvad atrasto viparyasa-atikranto nishta-nirvana-praptah.

Por lo tanto, ¡oh! Sariputra, a causa de su estado de no-persecución de logros, y habiéndose confiado a la perfección de la sabiduría, un bodhisattva vive sin pensamientos que lo envuelvan. Al no estar envuelto en pensamientos, no tiene nada por lo que temblar, ha superado las preocupaciones, y al fin alcanza el nirvana.

7. Tryadhva-vyavasthitah sarva-buddhah prajnaparamitamasritya- anuttaram samyaksambofhim abhisambuddha.

Todos los que figuran como Budas en las tres etapas del tiempo totalmente despiertos a más no poder, correcta y perfecta iluminación porque se han confiado a la perfección de la sabiduría.

¿Qué es meditación? Porque todo este *Sutra del corazón* trata del núcleo más profundo de la meditación. Entremos en ello.

Lo primero: meditación no es concentración. En la concentración hay un yo que se concentra y hay un objeto en el que nos concentramos. Hay una dualidad. En la meditación no hay nadie dentro ni nada fuera. No es concentración. No hay división entre el interior y el exterior. El interior va fluyendo dentro del exterior, el exterior va fluyendo dentro del interior. La demarcación, el límite, la frontera, ya no existe. El interior está fuera, el exterior está dentro; es una consciencia no dual. La concentración es una consciencia dual: por eso la concentración crea cansancio; por eso cuando te concentras acabas exhausto. Y no puedes concentrarte durante veinticuatro horas, tienes que tomarte unas vacaciones para descansar. La concentración nunca puede llegar a ser tu naturaleza. La meditación no te cansa, la meditación no te agota. La meditación puede ser algo que se hace las veinticuatro horas —día tras día, año tras año—. Puede convertirse en eternidad. Es la relajación misma.

La concentración es un acto, un acto de voluntad. La meditación es un estado sin voluntad, un estado de inacción. Es relajación. Uno simplemente se abandona a su propio ser, y ese ser es el mismo que el ser del todo. En la concentración hay un plan, una proyección, una idea. En la concentración la mente funciona partiendo de una conclusión: estás haciendo algo. La concentración surge del pasado.

En la meditación no hay ninguna conclusión detrás. No estás haciendo nada en particular, estás simplemente siendo. No tiene pasado, no está contaminada por el pasado. No tiene futuro, está libre de todo futuro. Eso es lo que Lao Tse llamó wei-wu-wei, acción a través de la inacción. Es lo que los maestros zen han estado diciendo: Sentado en silencio sin hacer nada, la primavera llega y la hierba crece por sí sola. Recuerda «por sí sola» —no se está haciendo nada. No estás tirando de la hierba hacia arriba; la primavera llega y la hierba crece por sí sola—. Ese estado —cuando permites que la vida siga su propio camino, cuando no quieres dirigirla, cuando no quieres ejercer ningún control, cuando no estás manipulando, cuando no le estás imponiendo ninguna disciplina—, ese estado de pura espontaneidad indisciplinada, eso es la meditación.

La meditación sucede en el presente, es puro presente. La meditación es inmediata. No puedes meditar, puedes estar en meditación. No puedes estar en concentración, pero puedes concentrarte. La concentración es humana, la meditación es divina.

La concentración tiene un centro en ti; viene de ese centro. La concentración tiene un yo en ti. De hecho, el hombre que se concentra mucho empieza a acumular un gran yo. Empieza a hacerse más y más poderoso, se empieza a convertir más y más en una voluntad integrada. Parecerá más entero, más de una pieza.

El hombre meditativo no se vuelve poderoso: se vuelve silencioso, se vuelve pacífico. El poder se crea con el conflicto; *todo* el poder surge de la fricción. De la fricción sale la electricidad. Puedes crear electricidad con el agua: cuando el río cae por la ladera de una montaña hay fricción entre el río y las rocas, y esa fricción crea energía. Por eso toda la gente que busca poder está siempre luchando. La lucha crea energía. La energía, el poder, siempre se crean a través de la fricción.

El mundo entra en guerra una y otra vez porque está demasiado dominado por la idea del poder. No puedes ser poderoso sin luchar.

La meditación trae la paz. La paz tiene su propio poder, pero ése es un fenómeno completamente diferente. El poder que resulta de la fricción es violento, agresivo, masculino. El poder —empleo esa palabra porque no hay otra—, el poder que resulta de la paz es femenino. Tiene su propia gracia. Es poder pasivo, es receptividad, es apertura. No procede de la fricción; por eso no es violento.

Buda es poderoso, poderoso en su paz, en su silencio. Es tan poderoso como una rosa, no es poderoso como una bomba atómica. Es tan poderoso como la sonrisa de un niño... muy frágil, muy vulnerable; pero no es poderoso como una espada. Buda es poderoso, como una pequeña lámpara de barro, como una pequeña llama resplandeciendo en la noche oscura. Es una dimensión totalmente diferente del poder. Este poder es lo que llamamos poder divino. Sale de la no-fricción.

La concentración es una fricción: luchas con tu propia mente. Intentas enfocar la mente de una cierta forma, hacia una cierta idea, hacia un cierto objeto. La fuerzas, la agarras una y otra vez. La mente trata de escapar, huye, se extravía, empieza, a pensar en mil y una cosas, y tú la coges nuevamente, y la fuerzas. Luchas contigo mismo. Ciertamente, se crea poder; ese poder es tan dañino como cualquier otro poder, ese poder es tan peligroso, como cualquier otro poder. Ese poder será usado de nuevo para dañar a alguien, porque el poder que sale de la fricción es violento. Lo que proviene de la violencia será violento, será destructivo. El poder que surge de la paz, de la no-fricción, de la no-lucha, de la no-manipulación, es el poder de una rosa, el poder de una lamparilla, el poder de un niño sonriendo, el poder de una mujer llorando, el poder que hay en las lágrimas y en las gotas de rocío. Es inmenso pero no pesado; es infinito pero no es violento.

La concentración te hará un hombre de voluntad. La meditación te convertirá en vacío.

Eso es lo que Buda está diciendo a Sariputra. *Prajnaparamita* significa exactamente «meditación, la sabiduría del más allá».

No puedes traerla, pero puedes estar abierto a ella. No necesitas hacer nada para traerla al mundo —no puedes traerla—; está más allá de ti. Tienes que desaparecer para que llegue. La mente tiene que cesar para que exista la meditación. La concentración consiste en forzar la mente; la meditación es un estado de no-mente. La meditación es pura consciencia; la meditación no tiene ningún motivo.

La meditación es el árbol que crece sin semilla; ése es el milagro de la meditación: su magia, su misterio. La concentración tiene una semilla; te concentras con un cierto propósito, hay un motivo, está motivada. La meditación no tiene motivo. Entonces, ¿por qué hay que meditar si no existe ningún motivo?

La meditación sólo aparece en la existencia cuando has examinado todos los motivos y los has encontrado carentes, cuando has atravesado todo el círculo de los motivos y has visto su falsedad. Has visto que los motivos no conducen a ninguna parte, que sigues moviéndote en círculos; sigues siendo el mismo. Los motivos siguen y siguen llevándote y trayéndote, casi volviéndote loco, creando nuevos deseos, pero nunca se consigue nada. Las manos siguen tan vacías como siempre. Cuando se ha visto esto, cuando has observado tu vida y has visto fracasar todos los motivos...

Ningún motivo ha triunfado nunca, ningún motivo ha traído ninguna bendición a nadie. Los motivos sólo prometen; lo prometido nunca llega a recibirse. Un motivo fracasa y llega otro motivo y te ofrece de nuevo una promesa... y otra vez eres burlado. Siendo burlado por los deseos una y otra vez, un día de pronto te das cuenta —de repente lo ves, y ese mismo ver es el principio de la meditación. No tiene ninguna semilla, no tiene ningún motivo. Si estás meditando para algo, entonces estás concentrándote, no meditando. Entonces estás aún en el mundo —tu mente está todavía interesada en baratijas, en trivialidades. Entonces eres mundano. Incluso si estás meditando para alcanzar a Dios, eres mundano. Incluso si estás meditando para alcanzar el nirvana, eres mundano —porque la meditación no tiene meta. La meditación es la comprensión súbita de que todas las metas son falsas. La meditación es una comprensión de que los deseos no llevan a ninguna parte. Viendo eso... Y esto no es una creencia que puedas obtener de mí o de Buda o de Jesús. No es conocimiento. Tendrás que verlo. ¡Puedes verlo ahora mismo! Has vivido, has visto muchos motivos, has estado en medio de la confusión, has pensado en qué hacer, en qué no hacer, y has hecho muchas cosas. ¿A dónde te ha llevado todo ello? ¡Sólo tienes que verlo! No te digo que estés de acuerdo conmigo, no te digo que creas en mí. Simplemente te estoy alertando de un hecho al que no habías prestado atención. Esto no es una teoría, esto es una simple formulación de un hecho muy simple. Quizá porque es tan simple, esa es la razón por la que sigues pasándolo por alto. La mente siempre está interesada en complejidades, porque con una cosa compleja se puede hacer algo. Con un fenómeno simple no se puede hacer nada.

A lo simple se lo deja pasar, no se le presta atención, lo simple es ignorado. Lo simple es tan obvio que nunca lo observas. Sigues buscando complejidades —la complejidad entraña un desafío—. La complejidad de un fenómeno, de un problema, de una situación, te ofrece un desafío. De ese desafío surge energía, fricción, conflicto: tienes que solucionar ese problema, tienes que demostrar que puedes solucionar ese problema. Cuando hay un problema te sientes excitado por la posibilidad de probar algo. Pero lo que yo estoy diciendo es un hecho simple, no es un problema. No te ofrece un desafío, simplemente es. Puedes mirarlo o puedes evitarlo. Y no vocifera; es muy simple. Ni siquiera puedes llamarlo la pequeña y calmada voz de tu interior; ni siquiera susurra. Simplemente está ahí —puedes mirarlo, puedes no mirarlo.

¡Tienes que verlo! Y cuando digo «tienes que verlo» quiero decir que lo veas ahora mismo, inmediatamente. No hay necesidad de esperar.

¡Y sé rápido cuando digo «Tienes que verlo»! Velo, pero rápidamente, porque si empiezas a pensar, si no lo ves rápidamente, inmediatamente, en esa pequeña pausa entra la mente y empieza a darle vueltas, y la mente empieza a traer pensamientos, y la mente empieza a traer prejuicios. Y estás en un estado filosófico —con muchos pensamientos—. Entonces tienes que decidir qué está bien y qué está mal, y ya ha empezado la especulación. Te has perdido el momento existencial.

El momento existencial es ahora mismo. Échale un vistazo, eso es meditación —ese vistazo es una meditación—. Ver la realidad de una cierta cosa, de un cierto estado, es meditación. La meditación no tiene motivo, de ahí que no tenga centro. Y como no tiene motivo y no tiene centro, no hay «yo» en ella. En la meditación no funcionas desde un centro, actúas desde la nada. Meditación es únicamente responder desde la nada.

La mente concentrada actúa desde el pasado. La meditación actúa en el presente, desde el presente. Es una pura respuesta al presente, no es reacción. No actúa según unas conclusiones, actúa viendo lo existencial. Obsérvalo en tu vida: hay una gran diferencia cuando actúas basándote en conclusiones. Ves un hombre, te sientes atraído —un hombre bello, que parece muy bueno, que parece inocente—. Sus ojos son hermosos, la vibración es hermosa. Pero entonces el hombre se presenta a sí mismo y dice: «Soy judío» —y tú eres cristiano—. Inmediatamente algo cambia, y hay una distancia: ahora el hombre ya no es inocente, el hombre ya no es bello. Tienes ciertas ideas con respecto a los judíos. O bien, él es cristiano y tú eres judío; tú tienes ciertas ideas sobre los cristianos: lo que el cristianismo ha hecho a los judíos en el pasado, lo que otros cristianos han hecho a los judíos, cómo han torturado a los judíos a lo largo de la historia, y de pronto él es un cristiano —y algo cambia inmediatamente—. Esto es actuar según conclusiones, prejuicios, sin mirar a ese hombre —porque ese hombre puede que no sea el tipo de hombre que tú piensas que tiene que ser un judío—. Porque cada judío es un tipo de hombre diferente, cada hindú es un tipo de hombre diferente, lo mismo que cada mahometano. No puedes actuar con prejuicios. No puedes actuar dando categorías a la gente. No puedes encasillar a la gente; nadie puede ser encasillado. Puede que te hayan engañado cien comunistas, pero cuando conozcas al ciento uno, no sigas creyendo en la categoría que te has hecho en la mente: que los comunistas no son de fiar o cualquier otra cosa. Puede que sea un tipo de hombre diferente, porque no hay dos personas parecidas.

Siempre que actúas basándote en conclusiones, es la mente. Cuando observas el presente y no permites que ninguna idea obstruya la realidad, obstruya los hechos, cuando observas el hecho y actúas según lo que ves, eso es meditación.

La meditación no es algo que haces por la mañana y se acabó, la meditación es algo que tienes que seguir viviendo cada momento de tu vida. Caminando, durmiendo, estando sentado, hablando, escuchando —tiene que convertirse en una especie de clima—. Una persona relajada permanece en él. Una persona que va abandonando el pasado se mantiene en meditación. Nunca actúes basándote en conclusiones; esas conclusiones son tus condicionamientos, tus prejuicios, tus deseos, tus miedos, y todas esas cosas. En resumen, ¡tú estás ahí!

Tú, significa tu pasado. Tú, significa todas tus experiencias del pasado. No permitas que lo muerto anule a lo vivo, no permitas que el pasado influencie al presente, no permitas que la muerte domine tu vida —eso es la meditación—. En pocas palabras, en la meditación tú no estás ahí. Lo muerto no está controlando a lo vivo.

La meditación es un tipo de experiencia que te da una cualidad totalmente diferente para vivir tu vida. Ya no vives como un hindú, o como un mahometano, o indio o alemán; simplemente vives como consciencia. Cuando vives en el momento y no hay nada que interfiere, la atención es total —porque no hay distracción, las distracciones provienen del pasado y del futuro—; cuando la atención es total, el acto es total. No deja residuos. Va liberándote, nunca te crea jaulas, nunca te aprisiona. Y esa es la meta última de Buda; eso es lo que él llama nirvana.

«Nirvana» significa libertad —total, absoluta, sin ningún obstáculo. Te conviertes en un cielo abierto. No hay fronteras en él, es infinito. Simplemente es... y entonces estás totalmente rodeado de «nada», dentro y fuera. La nada es la fundón de un estado meditativo de consciencia. Y en esa «nada» hay bendición. Esa «nada», en sí misma, es la bendición.

Ahora los sutras.

Por lo tanto, ¡oh! Sariputra,
a causa de su estado de no-persecución de logros,
y habiéndose confiado a la perfección de la sabiduría,
un bodhisattva vive sin pensamientos que lo envuelvan.
Al no estar envuelto en pensamientos, no tiene nada por lo que temblar,
ha superado las preocupaciones, y al fin alcanza el nirvana.

Recuerda, ese «por lo tanto» es siempre una indicación de que Buda sigue mirando la «nada» de Sariputra —mientras este continúa sintiendo que sus energías están relajándose, que sus energías ya no están alborotadas, que no está dándole vueltas a las cosas, sino escuchando, que no está pensando, sino que sólo está con Buda, presente, abierto, disponible—. Ese «por lo tanto» señala el despliegue del ser de Sariputra. Buda ve que están abriéndose más y más pétalos y que puede dar un paso más allá, que puede llevar a Sariputra un poco más profundo. Sariputra está disponible.

Ese «por lo tanto» no es lógico, ese «por lo tanto» es existencial. Mirando a Buda, Sariputra está desplegándose, abriéndose. Y mirando a Sariputra, Buda está listo para llevarlo un poco más hacia el más allá. Cada frase profundiza y se eleva más.

Por lo tanto, ¡oh! Sariputra,
a causa de su estado de no-persecución de logros,

> *y habiéndose confiado a la perfección de la sabiduría,*
> *un bodhisattva vive sin pensamientos que lo envuelvan.*

Hay que meditar sobre cada palabra —no concentrarse, cuidado, sino meditar; escucharla, observarla, no cavilar, no pensar en ella—. Estas cosas están por encima del pensamiento, son más grandes que el pensamiento. En estos dominios el pensamiento es una tontería.

Primero dice:

> *A causa de su estado de no-persecución de logros...*

La meditación no puede ser lograda, porque la meditación no puede tener motivo. Cuando logras algo, lo logras a través de un motivo. Cuando logras algo, siempre tienes que trabajar por el futuro y planear el futuro. No puedes lograr algo ahora mismo —excepto la meditación. Permitidme que lo repita: No puedes lograr nada ahora mismo excepto la meditación. ¿Por qué? Si quieres dinero no puedes conseguirlo ahora mismo, tendrás que trabajar duramente por él; legalmente o ilegalmente —pero tendrás que trabajar para conseguirlo.

Hay medios lentos, puedes convertirte en un hombre de negocios; y hay medios rápidos, puedes convertirte en político —pero tendrás que hacer algo—. Poco o mucho, pero hará falta tiempo. El tiempo es imprescindible. Sin tiempo no puedes conseguir dinero. Sin tiempo, en este mismo momento, ¿cómo puedes conseguir algo? Incluso si quieres robar al vecino, si quieres robar la cañera de la persona que está sentada a tu lado, incluso eso te llevará tiempo. El tiempo es imprescindible. Si quieres hacerte famoso, hará falta tiempo. Si quieres hacerte fuerte políticamente, hará falta tiempo.

Sólo la meditación puede conseguirse ahora mismo, en este mismo momento, instantáneamente. ¿Por qué? Porque es tu naturaleza. ¿Por qué? Porque ya está ahí. No la has reclamado, es verdad; pero permanece ahí, sin que se la reclame. Puedes reclamarla ahora mismo. No hay que perder ni siquiera un momento.

> *A causa de su estado de no-persecución de logros...*

Y el nirvana no es otra cosa que la meditación que ha recorrido el círculo completo. Dios no es otra cosa que el brote de la meditación que se ha hecho flor.

No hay logros, son sólo tus propias realidades. Puedes seguir pasándolas por alto durante siglos, desdeñándolas durante siglos, pero no puedes perderlas; están ahí, asentadas dentro de ti. Cualquier día cerrarás los ojos y mirarás, y te empezarás a reír. Y habías estado buscando esa bendición, pero buscando en sitios equivocados. Estabas buscando esa seguridad que proviene de la nada, pero estabas buscándola en el dinero, en cuentas bancarias, en esto y aquello. Y nunca ha sucedido a través de eso. No puede suceder a través de eso. Nada externo a ti puede hacer segura tu vida. Lo exterior es inseguro; ¿cómo puede hacer segura tu vida? El gobierno no puede hacer segura tu vida, porque el gobierno mismo es inseguro —puede que venga la revolución—. El banco no puede hacer segura tu vida porque el banco mismo puede ir a la bancarrota. Sólo los bancos pueden ir a la bancarrota, ¿quién si no? La mujer que amas no puede hacer segura tu vida —quizá se enamore de otro—. El hombre que amas no puede hacer segura tu vida —quizá se muera.

Todas esas cosas se quedan ahí. De forma que cuantas más seguridades tienes en el exterior, más inseguro te vuelves. Porque entonces tienes miedo del banco, ya que puede ir a la bancarrota. Si no tienes cuentas bancarias, no te importa; que se vaya a la bancarrota cuando quiera. Pero si tienes una cuenta bancaria, entonces estás preocupado. Entonces has conseguido una inseguridad más —la posibilidad de que el banco se vaya a la bancarrota—. Ya no puedes dormir porque sigues pensando en lo que va a pasar.

Si has puesto tu confianza en algo externo, eso creará más inseguridad. Ésta es la razón por la que cuanto más rica se hace una persona, más insegura está. Y yo no estoy a favor de la pobreza, recuerda. No estoy diciendo: «Sé pobre». La pobreza no tiene nada de sagrada. Y no estoy diciendo que la persona pobre esté segura; tiene sus inseguridades. El rico tiene sus inseguridades; por supuesto, las inseguridades de un rico son más complejas y las inseguridades de un pobre son simples —pero las inseguridades están ahí—. Y no estoy diciendo que ser pobre sea algo muy especial, o que ser pobre sea algo muy importante y significativo, o que puedas jactarte de ser pobre.

Ser pobre no tiene nada que ver con la espiritualidad. Tampoco ser rico tiene que ver con la espiritualidad. Ésos son hechos irrelevantes. Los pobres miran hacia fuera tanto como los ricos. Quizá el pobre sólo tenga un carro de bueyes y el rico tenga un Cadillac, pero eso no importa. El carro de bueyes está tan en el exterior como el Cadillac; el pobre y el rico miran hacia fuera. Puede que el rico tenga muchas cuentas bancarias, y puede que el pobre sólo tenga una pequeña cartera o quizá un poco de dinero ahorrado, pero eso no importa —ambos miran hacia fuera.

La seguridad está en el camino interno, porque en él llegas a saber que no hay nadie que pueda morir, que no hay nadie que pueda sufrir, que no hay nada que pueda suceder, que hay un cielo puro. Las nubes vienen y van, y el cielo permanece. Las vidas vienen y van, las formas vienen y van, pero la nada permanece.

Esta nada ya está ahí. Por eso dice Buda que sólo puede lograrse cuando comprendes que es inlograble. Sólo puede lograrse cuando comprendes el hecho básico: que ya está ahí, que el caso es que ya está.

Este vacío que está ahí no tiene que evolucionar o desarrollarse en forma alguna. Está completo. De ahí que pueda conseguirse en sólo un momento. Buda lo llama «vacío total», porque si el vacío está allí, sólo puede ser total. Si no es total, significa que también hay ahí otra cosa que no es vacío y esa otra cosa pondrá trabas, obstaculizará, y esa otra cosa creará una dualidad, y esa otra cosa creará fricción, y esa otra cosa creará tensión, y esa otra cosa creará ansiedad. No puedes estar tranquilo con «otra cosa».

El vacío sólo está cuando es completo, cuando se han dejado a un lado todos los obstáculos, cuando no tienes nada dentro, cuando no hay nadie que pueda ser su observador. Buda dice: «Este vacío ni siquiera es una experiencia, porque si lo experimentas, significa que tú estabas ahí para experimentarlo. El vacío eres *tú*, así que no puedes experimentarlo. Sólo puedes experimentar algo que no eres tú». Experiencia significa dualidad —el observador y lo observado, el conocedor y lo conocido, el sujeto y el objeto, el que ve y lo que se ve—. Pero sólo hay vacío, nadie que lo vea, nadie que sea visto, nada que haga de objeto, nada que haga de sujeto. Este vacío no-dual está lleno. Está totalmente lleno. Su plenitud no puede ser refinada, a su plenitud no se le puede añadir nada. No se le puede quitar nada porque no hay nada, y nada se le puede añadir; está totalmente lleno.

El «vacío total» no es una experiencia, porque en él no hay nadie que experimente. Por eso dice Buda: «La espiritualidad no es una experiencia. Dios no puede ser experimentado». Los que dicen «He experimentado a Dios», o no comprenden lo que dicen o están utilizando un lenguaje muy inapropiado. No puedes experimentar a Dios. En esa experiencia tú no estás. La experiencia está ahí, pero el que experimenta no —así que no puedes decir que sea una experiencia tuya—. Cuando alguien preguntaba a Buda, «¿Has experimentado a Dios?», Buda se mantenía en silencio, no decía una sola palabra. Cambiaba de tema inmediatamente, empezaba a hablar de otra cosa.

Siempre que se lo preguntaron, toda su vida, él permaneció en silencio consecuentemente. Mucha gente pensó que no había experimentado a

Dios, que por eso permanecía en silencio. Y él es la única persona que no dijo nada —ni para afirmarlo ni para negarlo. Y no es porque no lo hubiera experimentado. Lo había experimentado; pero no se puede hablar de ello como de una experiencia; por eso no decía nada. Por eso Jesús permaneció en silencio cuando Pilatos le preguntó: «¿Qué es la verdad?».

Krishnamurti sigue diciendo —y hace una distinción muy sutil entre experiencia y experimentando, una distinción muy hermosa—, dice, «Es un "experimentado", no una experiencia». Es un proceso, no una cosa. Está vivo, no muerto. Está moviéndose, no está acabado. Entras en Dios, y entonces es un fenómeno en movimiento; sigue y sigue y sigue eternamente; nunca sales de ello. Es un experimentando, un proceso vivo —como un río, como una flor que se abre y se abre y se abre y sigue abriéndose. Y esto nunca termina.

Decir que uno ha experimentado a Dios es estúpido, bajo y tonto. Decir que uno ha logrado el moksha, el nirvana, la verdad, no es muy significativo, porque a esas cosas no se las puede llamar logros.

Así que Buda dice:

Por lo tanto, ¡oh! Sariputra,
a causa de su estado de no-persecución de logros...

Cuando la mente ha llegado a detenerse y ya no está interesada en lograr nada, entonces logra el estado de Buda. Cuando la mente ha llegado a detenerse completamente y no va a ningún sitio, empieza a ir hacia dentro, empieza a caer en su propio ser, el abismo abismal. El vacío completo se logra con un estado de no-persecución de logros. Así que no os volváis conseguidores, no empecéis a pensar en términos de logro —que tienes que conseguir esto y aquello, que tienes que alcanzar a Dios—. Son todo juegos; la mente está engañándote de nuevo. El nombre del juego cambia, pero el juego, el juego sutil, sigue siendo el mismo.

... que un bodhisattva lo logra ...
a causa de su estado de no-persecución de logros
y habiéndose confiado a la perfección de la sabiduría...

Ésta es una afirmación muy, muy significativa. Buda dice: «Uno no debería confiarse a nada en absoluto». Y esto está muy en contra de la religión budista ordinaria, porque la religión budista ordinaria tiene tres refugios fundamentales: *buddham sharanam gachchhami, sangham sharanam gachchhami, dhammam sharanam gachchhami.* Cuando el discípulo viene a Buda, se inclina ante él, se entrega a él y dice: «Me refugio en el Buda» —*buddham sharanam gachchhami*—; «Me refugio en la comunidad del Buda» —*sangham sharanam gachchhami*; «Me refugio en la ley enseñada por el Buda» —*dhamman sharanam gachchhami*—. Y Buda dice aquí que uno no debería confiarse a nada —no hay refugio, no hay cobijo en ningún sitio.

Este *Sutra del corazón* ha sido llamado el alma del budismo, y la iglesia de Buda ha sido llamada el cuerpo. Esos tres refugios son para las mentes muy ordinarias, que buscan algún cobijo, algún puntal, algún apoyo. Y estas afirmaciones son para el alma más elevada —la que ha llegado al sexto peldaño, y está colgando entre el sexto y el séptimo—; con sólo un pequeño empujón...

... por lo tanto, ¡oh! Sariputra...

Se ha dicho que la primera charla de Buda, a la que llaman «El sermón del giro de la rueda de la religión», *Dhamma Chakrapravatan Sutra* —su primera charla, cerca de Varanasi—, creó la así llamada religión ordinaria, para las masas ordinarias. En esa charla dice, «Ven y refúgiate en Buda; ven y refúgiate en la ley enseñada por el Buda; ven y refúgiate en la comunidad, en la comuna del Buda».

Después de veinte años proclama la segunda revelación. Tardó veinte años en llevar a algunas personas a la posibilidad más alta. Esta charla se conoce como la segunda más importante. La primera fue en Saranath, cerca de Varanasi, cuando dijo a la gente: «Ven y refúgiate en mí. ¡Lo he logrado! Ven y refúgiate en mí. ¡Lo he alcanzado! Ven y participa de mí. ¡He llegado! Ven y sígueme». Eso era para la mente ordinaria. Es natural. Buda no podía proclamar el Sutra del corazón; las masas no lo habrían entendido.

Después trabajó durante veinte años con sus discípulos. Ahora Sariputra se estaba acercando mucho. A causa de este acercamiento, Buda dice:

Por lo tanto, ¡oh! Sariputra...

Ahora puedo decírtelo. Te puedo decir que confiándose a la perfección de la sabiduría... Sólo existe una cosa a la que hay que confiarse, y esa cosa es la consciencia, el estado de alerta. Sólo existe una cosa a la que hay que confiarse, la propia fuente interna, el propio ser. Todo lo demás, todos los refugios, tienen que ser abandonados.

No confiándose a otra cosa que a la perfección de la meditación, lo que uno tiene que hacer es no confiarse a nada, ni de este mundo ni del otro, hay que permitir que todo se vaya, dejar campo libre al vacío resultante, no obstruirlo con ninguna actitud a favor o en contra, no confiarse ya a nada, no buscar refugio o apoyo en ningún sitio —ésa es la verdadera renuncia.

Nuestro yo separado es una realidad falsa que sólo puede mantenerse a sí misma mediante soportes o puntales en los que apoyarse, a los que confiarse. Ir a refugiarse en los tres tesoros es el acto central de la religión budista —refugio en el Buda, refugio en la sangha, refugio en el *dhamma*—. Buda aquí refuta esto. No es una contradicción. Buda dice simplemente lo que puedes comprender. En mis afirmaciones encontrarán mil y una contradicciones, porque se han hecho con referencia a personas diferentes. A medida que vayan creciendo, mis afirmaciones irán cambiando —porque mis afirmaciones son una respuesta a ustedes—. No estoy hablando a las paredes. Les hablo a ustedes, y sólo les puedo dar lo que pueden recibir. Cuanto más alta sea su consciencia, cuanto más profunda sea su consciencia, más diferentes serán las cosas que yo diga.

Naturalmente, esas diferentes afirmaciones serán contradictorias. Si alguien busca una coherencia lógica, no la encontrará. No se puede encontrar ninguna coherencia lógica en las afirmaciones de Buda. Por ese motivo, el mismo día en que Buda murió, el budismo se dividió en treinta y seis escuelas. El mismo día en que murió, los discípulos se dividieron en treinta y seis escuelas. ¿Qué sucedió?

Como había dicho tantas cosas a gentes diferentes —por sus diferentes consciencias y comprensiones— empezaron todos a discutir y a luchar. Decían: «¡Buda me dijo esto!». Imagínate: si los primeros cinco discípulos a los que Buda había dicho: «Yo lo he logrado, vengan a mí y los llevaré allí»; si esos primeros discípulos se encontraban con Sariputra y Sariputra decía: «Se logra a través de un estado de no-persecución de logros; alguien que declara que lo ha conseguido, está equivocado, porque no puede ser logrado» —¿qué habrían dicho esos primeros discípulos?—. Habrían dicho: «¿De qué estás hablando? Somos los discípulos más antiguos, los más veteranos, y esto fue lo primero que Buda nos dijo: "¡Lo he logrado!". De hecho, nunca lo habríamos seguido si no hubiese proclamado eso. Como lo hizo, le seguimos. Nuestro motivo era claro: él lo había logrado; nosotros también queríamos lograrlo. Por eso lo seguimos. Y él nos había dicho: "Yo soy su refugio. Vengan y refúgiense en mí. Dejadme ser vuestro cobijo". ¿Y qué tonterías estás diciendo? Buda no puede haber dicho eso. Debes haberlo malinterpretado. O estás en un error, o te lo has inventado». Pero esta afirmación, este *Sutra del corazón*, fue dicho en privado.

Era para Sariputra, estaba dirigido específicamente a Sariputra. Es como una carta. Sariputra no puede ofrecer ninguna prueba, porque en aquellos tiempos no existían las cintas de grabación. Sariputra sólo puede decirlo, puede jurarlo. «No estoy diciendo nada que no sea verdad. Buda me lo dijo: "Confíate sólo a la meditación y a nada más"».

La mente que se confía a otra cosa es el yo falso, el ego. El ego no puede existir sin puntales, quiere puntales. Algo tiene que servirle de soporte. Una vez que se han retirado todos los puntales, el ego cae al suelo y desaparece. Pero sólo cuando el ego cae por los suelos surge en ti esa consciencia que es ufana, que no conoce el tiempo ni la muerte. Buda dice aquí: «No hay refugio, Sariputra. No hay remedio, Sariputra. No hay nada, ni ningún sitio a donde ir. Ya estás allí».

Si llegas a este vacío completo sin estar preparado, te producirá un gran temblor. Si alguien te arroja a ello... Por ejemplo, a veces, algunas personas se me acercan con profundo amor y respeto; dicen: «Osho, ¿por qué no me empujas un poco más fuerte?». Si no estás preparado para ello y se te empuja ahí, no servirá de nada. Puede dificultar tu progreso durante muchas vidas venideras. Si entras en ese vacío sin estar preparado, estarás tan conmocionado, tan asustado, tan aterrorizado, que nunca más, por lo menos durante unas cuantas vidas, te acercarás a una persona que hable de la nada, que hable de Dios. Lo evitarás. Ese miedo será como una semilla dentro de ti.

No, no se te puede empujar si no estás preparado. Sólo se te pude empujar muy, muy lentamente, en la misma proporción en la que estés preparado.

¿Has oído la famosa afirmación de Soren Kierkegaard, el filósofo danés, fundador del existencialismo moderno? Dice: «El hombre es un temblor, un temblor constante». ¿Por qué? Porque la muerte está ahí. ¿Por qué? Porque el miedo está ahí: «Un día dejaré de ser».

Tiene razón en lo que respecta a la mente ordinaria —todo el mundo está temblando—. El problema es siempre «Ser o no ser». Ella siempre está rondándote —la muerte—. No puedes concebir tu desaparición en la nada —eso hiere, asusta—. Si miras en lo profundo de ti, te encontrarás temblando ante la idea de ser nada. Quieres ser, quieres permanecer, quieres perdurar. Quieres perdurar para siempre. Por eso la gente qué no sabe nada de su ser interno sigue creyendo que el alma es inmortal —no porque lo sepan, sino a causa del miedo—. A causa de ese temblor, tienen que creer que el alma es inmortal. Es una especie de satisfacción del deseo.

Así que cualquier idiota que hable de la inmortalidad del alma te atraerá. Te quedarás colgado. No es que entiendas lo que dice —puede que no lo entienda ni él mismo—, pero será muy atrayente. En la India, la gente cree en la inmortalidad del alma, y no encontrarás a gente más cobarde en ningún sitio. Durante mil años han sido esclavos, esclavos de países muy pequeños. Todos los que vinieron a India, la conquistaron sin ninguna dificultad. Era muy simple. Y esta es la gente que cree en la inmortalidad del alma. El hecho es que un país que crea en la inmortalidad del alma no puede ser conquistado en absoluto, porque nadie tendrá miedo de morir. ¿Cómo puedes conquistar a una persona que no tiene miedo de morir? Habrían muerto todos, pero no se habrían entregado a ningún tipo de sumisión, no se habrían entregado a ningún conquistador. Pero durante mil años, India ha sido esclava. La mantuvieron en la esclavitud muy fácilmente.

Inglaterra es un país muy pequeño. Hay en India unos cuantos distritos que son más grandes. Inglaterra pudo gobernar este gran país fácilmente; no tuvo ninguna dificultad. ¿Por qué? Y toda esa gente creía que el alma es inmortal. Esa creencia no es su experiencia, la creencia sale del miedo. Así se explica todo. Son gente cobarde, temerosa, temerosa de morir —por eso se aterran a la idea de que el alma es inmortal—. No es que lo sepan, no es que lo hayan experimentado; nunca han experimentado algo así, sólo han experimentado la muerte que los rodea. Es a causa de la muerte por lo que tienen tanto miedo. Así que, por un lado, siguen creyendo en la inmortalidad del alma; y por otra parte, cualquiera puede torturarlos y están dispuestos a someterse y tocar sus pies.

El hombre cree en la inmortalidad a causa del miedo. El hombre cree en Dios a causa del miedo. A causa del temblor. Soren Kierkegaard tiene razón en lo que respecta a la mente ordinaria.

Otro filósofo existencialista, Jean-Paul Sartre, dice: «El hombre está condenado a ser libre». ¿Por qué «condenado»? ¿Por qué esta palabra tan fea, «condenado»? La libertad, ¿es algún tipo de condena? Sí, para la mente ordinaria lo es, porque la libertad significa peligro. La libertad significa que no puedes apoyarte en nada, que tienes que confiar en ti mismo. La libertad significa que todos los puntales han sido retirados, que todos los sopones han desapareado. La libertad básicamente significa nada. Sólo eres libre cuando eres nada.

Escucha lo que dice Sartre: «El hombre, como libertad, se convierte en angustia». ¿Angustia? ¿De la libertad? Sí, si no estás preparado para ella, si no estás preparado para entrar en ella, es angustia. Nadie quiere ser libre, por más que diga la gente. ¡Nadie quiere ser libre! La gente quiere ser esclava, porque en la esclavitud se puede dejar la responsabilidad a otra persona. Nunca eres responsable, eres sólo un esclavo: ¿qué puedes hacer? Sólo hiciste lo que te ordenaron.

Pero cuando eres libre, tienes miedo. Surge la responsabilidad. Te sientes responsable de cada acto: si haces esto, puede suceder esto; si haces lo otro, entonces puede suceder otra cosa. La elección es tuya, y la elección crea temblor. Y Jean-Paul Sartre tiene razón respecto a la mente ordinaria, cuando dice: la libertad crea angustia.

Él dice: «El hombre está condenado a ser libre, porque la libertad crea terror. Es una libertad terrorífica. Nada puede darme una garantía contra mí mismo cuando soy libre. No se me dan valores en los cuales cobijarme. Tengo que crear esos valores yo mismo. Yo decido mi propio significado y el de mi universo, sólo, sin que pueda justificarme y sin excusas. Yo soy un descubrimiento de la libertad, tú eres otro. Mi libertad es un continuo descubrimiento de mi ser —la tuya también—. Nuestra unicidad consiste en el hecho de que cada uno de nosotros hace esto a su manera».

Pero Sartre piensa que la libertad crea angustia, y que la libertad es una especie de condena, una maldición. Y Kierkegaard dice: «El hombre es un continuo temblor». Y Buda quiere que entres en esta libertad, en esta «nada». Naturalmente, tienes que estar preparado para ella.

Sariputra está preparado ahora.

Por lo tanto, ¡oh! Sariputra,
a causa de su estado de no-persecución de logros,
y habiéndose confiado a la perfección de la sabiduría,
un bodhisattva vive sin pensamientos que lo envuelvan.
Al no estar envuelto en pensamientos, no tiene nada por lo que temblar,
ha superado las preocupaciones, y al fin alcanza el nirvana.

Ha *superado las preocupaciones...* y no tiembla en esta nada.

Parece casi imposible para la mente ordinaria; ¿cómo no temblar si estás desapareciendo? ¿Cómo puedes permanecer sin miedo cuando te estás disolviendo en lo desconocido? ¿Cómo puedes arreglártelas para no huir? ¿Cómo puedes arreglártelas para no empezar a encontrar puntales y soportes con los que crear de nuevo la sensación de ser el ego, el yo? Por eso Buda tuvo que esperar veinte años. Y aún entonces, manifestó esta verdad a Sariputra en un diálogo personal, no en una charla pública. Y si la gente no le creyó a Sariputra, también tenían razón —porque Buda les había estado diciendo algo diferente.

¡Ten presente esto conmigo! Recuerda: mis afirmaciones son contradictorias porque han sido hechas para personas diferentes, han sido hechas para consciencias diferentes. Y a medida que vayas creciendo, más contradictorio me iré haciendo; más tendré que refutar lo que he dicho antes —porque ya no será apropiado para ti—. A medida que vaya creciendo tu consciencia, tendré que responder de forma diferente. Cada cambio en tu consciencia será un cambio en mis afirmaciones. Y cuando me haya ido, no creéis treinta y seis escuelas, ¡porque treinta y seis no bastarán!

La nada trae libertad. Liberarse del yo es la libertad última. No hay libertad más elevada que ésa. La nada es libertad. Y no es angustia, como dice Jean-Paul Sartre, y no es temblor, como dice Kierkegaard. Es bendición, es la dicha suprema. No es temblor porque no hay nadie para temblar.

La meditación te prepara para eso, porque a medida que entras en la meditación, vas encontrando menos y menos de ti mismo cada día. Y cuanto menos encuentras de ti mismo, tus bendiciones, tu felicidad, crecen en la misma proporción. Poco a poco, aprendes las matemáticas del mundo interno —cuanto más eres, más estás en el infierno, cuanto menos eres, más en el cielo—. El día que no eres, es el nirvana. Ha llegado el hogar supremo. Has completado el círculo, te has hecho un niño de nuevo. Ya no hay yo.

Recuerda, libertad no significa libertad del yo. Libertad significa: liberarse del yo. Para Sartre significa «libertad del yo». Por eso la siente como una condena; el yo permanece. Se hace libre, pero permanece —y por eso hay miedo.

Si la libertad es tal que el yo ha desaparecido en ella, y sólo hay libertad y nadie libre, entonces, ¿quién puede temblar y quién puede sentir angustia, y quién puede sentirse condenado? Y entonces no es cuestión de elección; esa libertad actúa por sí sola. Uno actúa desde un estado de no-elección, y no queda ninguna responsabilidad pendiente —porque no hay *nadie* que pueda sentir ninguna responsabilidad—. La nada actúa. *Wei-wu-wei* —la no-acción actúa—. Es una respuesta entre la nada interna y la nada externa, y no hay nada que obstruya.

> *... a causa de su estado de no-persecución de logros*
> *y habiéndose confiado a la perfección de la sabiduría, sólo,*
> *un bodhisattva vive sin pensamientos que lo envuelvan...*

Ahora no hay capas de pensamientos. Y las capas de pensamientos son la barrera que te divide de la nada externa. Eso es lo que le decía ayer por la noche a Neelamber, el ex Mark del que hablé ayer.

Ayer por la noche entró en *sannyas*, se convirtió en *neelamber*.

«*Neelamber*» significa cielo azul. ¿Quién está dividiendo el cielo externo del cielo interno? —tus capas de pensamientos—. Esas son las vestiduras que no permiten que tu desnudez esté en contacto con el cielo, que tu ser desnudo esté conectado con el cielo. El pensamiento de que eres hindú, el pensamiento de que eres cristiano, el pensamiento de que eres comunista o fascista, divide. El pensamiento de que eres bello o feo, divide. El pensamiento de que eres inteligente o de que no lo eres, divide. Cualquier tipo de pensamiento trae la división. Y tienes millones de pensamientos. Tendrás que pelarte a ti mismo como pelas una cebolla, capa tras capa. Quitas una capa, aparece otra; la quitas, aparece otra. Y, naturalmente, cuando pelas una cebolla se te llenan los ojos de lágrimas; es doloroso. Cuando empiezas a descubrir tu ser, es más doloroso. No es como quitarte la ropa, es como quitarte la piel.

Pero si sigues pelando, llega un día en que la cebolla entera ha desaparecido y sólo queda «nada» en tus manos. Esa nada es felicidad.

Buda dice: «Un *bodhisattva* vive sin capas de pensamientos». Está aquí, pero no es nadie; está aquí, pero no tiene ideas; está aquí, pero no tiene pensamientos. No es que no pueda utilizar los pensamientos... yo sigo utilizando el pensamiento continuamente. Les estoy hablando ahora mismo, tengo que utilizar la mente y el pensamiento —pero estos no me envuelven. Están a mi lado. Siempre que los necesito, los utilizo—. Cuando no los utilizo, no están ahí —mi cielo interno y el cielo externo son uno—. E incluso cuando estoy utilizándolos, sé que no pueden dividirme. Son instrumentales, los puedes utilizar, pero no te envuelven de ninguna forma.

... vive sin pensamientos que lo envuelvan...

Buda dice que hay tres tipos de capas de pensamiento. El primero es karma averna —los actos incompletos—. Los actos que no son totales envuelven tu ser. Cada acto quiere ser completado. Hay una urgencia intrínseca en todas las cosas por estar completas. Siempre que dejas que algún acto quede por ahí incompleto, te envuelve: *karma averna*, el karma que te envuelve.

El segundo es *klesas averna*. La avaricia, el odio, los celos y cosas por el estilo: se los llama *klesas*, impurezas; te envuelven.

¿Lo has observado? Una persona que se enfada está enfadada casi siempre —a veces menos, a veces más, pero enfadada al fin y al cabo—. Está lista para saltar por cualquier cosa. Está a punto de encolerizarse con cualquier excusa. ¡Está hirviendo por dentro! Y lo mismo pasa con la persona celosa: la persona celosa va buscando cualquier cosa por la que estar celosa. La esposa celosa mira siempre en los bolsillos de su marido para ver si puede encontrar algo; en sus cartas, en sus ficheros, para ver si puede encontrar algo.

Siempre que Mulla Nasrudin llega a casa tiene pelea, por una razón o por otra. Su mujer lo registra tan bien, que siempre encuentra algo. Un número de teléfono en su agenda, y se pone a sospechar. Un cabello en su abrigo, y se abre una gran investigación: ¿de dónde ha salido este cabello?

Un día no pudo encontrar nada, ni siquiera un cabello. Ese día, Mulla se había portado; sin embargo, ella empezó a llorar y a gemir.

Y Mulla dijo: «¿Qué pasa ahora? No has podido encontrar ni siquiera un cabello en mi abrigo».

Ella dijo: «Por eso lloro. ¡Ahora has empezado a salir con mujeres calvas!».

Realmente, es muy difícil encontrar una mujer calva, pero así es la mente de la persona celosa. Eso es lo que te envuelve. Buda lo llama *klesas*, impurezas; el egoísta siempre está buscando algo de lo que jactarse o por lo que sentirse herido. La persona posesiva siempre está a la búsqueda de cualquier cosa para poder mostrar su posesividad, o de algo negativo para poder luchar por ello.

La gente sigue. y no estoy hablando de los demás, estoy hablando de ti. Observa tu mente, y lo que estás buscando. Observa tu mente durante veinticuatro horas y te encontrarás con estas capas, *avernas*.

Son actos incompletos o impurezas; o del tercer tipo, llamado *ghaya avernas* —creencias, opiniones, ideologías, capas de conocimiento—. No te permiten saber, no te dejan espacio suficiente para ver. Estas tres capas tienen que ser abandonadas.

Cuando se abandonan estas tres capas, uno vive en la nada. Esa palabra, «vive», también tiene que ser comprendida.

Buda dice: «Vive en la nada». La nada es su casa. La nada es su hogar. Habita en ella, es su morada. La ama, está absolutamente en armonía con ella. No es un extraño, no se siente extranjero allí. Y no se siente como si estuviese en un hotel del que tuviera que irse mañana. Es su morada. Cuando se han abandonado las tres capas de pensamiento, la nada es tu hogar. Estás en absoluta armonía con ella.

Kierkegaard y Sartre nunca han estado allí. Sólo han especulado sobre ella. Sólo piensan en ella, en cómo será. Por eso Kierkegaard siente un temblor. Él simplemente piensa... Tú piensas...

Piensa sólo en cómo será cuando mueras, y te pongan en la pira del funeral y te acabes para siempre. Ya no podrás ver estos bellos árboles, esta gente hermosa, y no volverás a reír, y no volverás a amar, y no verás las estrellas. Y el mundo continuará, y tú no estarás aquí en absoluto. ¿No sientes un escalofrío? ¿No sientes un temblor? Todo continuará —los pájaros cantarán y el sol saldrá y los océanos rugirán y algún águila irá volando más y más alto, y las flores estarán ahí, y su fragancia, y la fragancia de la tierra mojada —todo eso estará ahí—. Y de pronto un día tú no estarás, y tu cuerpo estará muerto. Este hermoso cuerpo con el que has estado viviendo y al que has cuidado tanto —estaba enfermo y te preocupabas— y un día será tan inútil, que la gente que lo amaba, la misma gente, lo llevará a una pira funeraria y le prenderá fuego. Visualízalo... Especula sobre ello, y te pones a temblar. Kierkegaard debe haber especulado sobre ello. Debe haber sido una persona con mucha tendencia al miedo. Cuentan que era el hijo de un hombre muy rico. Su padre murió; dejó suficiente dinero para él, así que Kierkegaard nunca trabajó, se dedicó continuamente a la contemplación. Se lo podía permitir sin dificultad —no tenía nada que hacer—. Tenía suficiente dinero en el banco. El primer día de cada mes iba al banco —ése era todo su trabajo— a sacar algo de dinero. Y luego vivía y meditaba. Para él, meditación significaba contemplación, darle vueltas a algo, pensar. Eso es lo que significa la palabra inglesa «meditación». No es una buena traducción de *dhyana*.

Cuando la gente viene a mí y yo les digo que mediten, me dicen: «¿Sobre qué?». La palabra inglesa significa meditar sobre algo, algún objeto. La palabra india dhyana significa estar en ello, no meditar sobre algo. Es un estado, no una actividad.

Así que Kierkegaard contemplaba y pensaba, y rumiaba y filosofaba. Se dice que se enamoró de una mujer hermosa, pero no pudo decidir si se casaba o no. El fenómeno mismo del amor se convirtió en temblor para él. Se lo pensó durante tres años, y finalmente decidió no casarse. Y estaba enamorado. No pudo olvidar a esa mujer en toda su vida, toda su vida se sintió desdichado por esa mujer. La mujer estaba enamorada, él estaba enamorado; sin embargo, decidió no casarse.

¿Por qué? Porque la mera idea del amor le producía temblores. El amor es una especie de muerte. Si realmente amas a una persona, mueres en ella, desapareces en ella.

Cuando haces el amor Tengo que usar esa palabra «hacer» —no es la apropiada, pero ningún lenguaje es realmente el apropiado—. Así que recuerda, tengo que usar palabras con todas sus limitaciones. El amor no puede ser hecho. «Hacer el amor» es una expresión incorrecta. El amor sucede. Pero cuando sucede, cuando estás en un clima de amor con alguien, llega el miedo, porque estás desapareciendo. Por eso muchísima gente, millones de personas, nunca alcanzan el orgasmo —porque el orgasmo es una muerte.

Y Kierkegaard estaba tan enamorado que tuvo miedo de poder perderse a sí mismo en esa mujer. Lo asustaba demasiado. Abandonó la idea. Rehusó, no se casaría. Sufrió toda su vida; eso lo aceptó. Pero debido al miedo... Era una persona con mucha tendencia al miedo.

Vivió perfectamente bien, sin hacer nada, sólo filosofando. Y hay una anécdota muy extraña del día en que murió. El día en que murió, murió cuando volvía del banco. Era el primer día de algún mes. Volvía del banco, con su dinero —pero ese era su último dinero—. Murió en el camino. Se cree que murió de miedo, porque ya no le quedaba más dinero en el banco. Estaba bien de salud, no estaba enfermo, no había ninguna razón para que muriese tan de repente. Pero volviendo del banco. Y el director del banco le había dicho:

«Esto es lo último; su dinero se ha acabado». No pudo llegar a su casa. Murió en el camino.

No pudo haber experimentado la nada de la que habla Buda. Tan sólo debe haber pensado en ella —de ahí el miedo. Y Jean-Paul Sartre tampoco ha estado en ese espacio que se llama meditación. No es un meditador. Él es también un pensador, y absolutamente occidental. No ha conocido el camino oriental de entrar en uno mismo. De ahí que la libertad le parezca una condena, que la libertad le parezca angustia.

La verdad es justo lo contrario: si entras en la libertad, en la nada, hay dicha. Si entras en esa muerte absoluta llamada amor, hay *satori*, *samadhi*. Buda dice: Él vive en esa «nada», es su casa. No es angustia, no es temblor, no es una condena. Vive allí. Es su hogar.

No tiene nada por lo que temblar,
ha superado las preocupaciones, y al fin alcanza el nirvana.

Buda no dice nada más. «Si entras en ese estado de nada, entonces el nirvana es el resultado natural». Al final llega por sí sólo. No necesitas preocuparte por él. En realidad, no puedes hacer nada con respecto a él. Sólo entras en esta «nada», y entonces la nada empieza a crecer y a crecer, se hace más y más grande, y un día se convierte en toda tu existencia. Entonces hay nirvana —has dejado de ser—. Has desaparecido en el universo.

Alguien preguntó a Buda: «Cuando te hayas ido y ya no vuelvas más al cuerpo, ¿qué te sucederá?».

Y él respondió: «Desapareceré en la existencia. Si saboreas la existencia, me saborearás a mí».

Y sí, es verdad: si saboreas la existencia, saborearás a todos los Budas —Krishna, Cristo, Buda, Mahavir, Zaratustra, Lao Tse, Kabir, Nanak— saborearás a todos los Budas. El día que entres en esa nada, todos los Budas te darán la bienvenida. La existencia entera late en el estado de Buda, porque muchos Budas han desaparecido en ella. Han elevado el nivel mismo de la existencia.

Eres afortunado, porque muchos Budas han entrado en la existencia antes que tú. Cuando vayas allí no serás mal recibido.

Todos los que figuran como Budas en las tres etapas del tiempo
totalmente despiertos a más no poder,
correcta y perfecta iluminación porque se han confiado
a la perfección de la sabiduría.

El único refugio es la perfección de la sabiduría, la perfección de la meditación. En el pasado ha sido así, en el presente es así, en el futuro será así. El que se convierte en Buda lo hace a través de la meditación. Refúgiate en la meditación. Refúgiate en la nada.

Capítulo 8

El camino de la inteligencia

La primera pregunta:

> ¿Puede el intelecto ser una puerta para la iluminación? ¿O la iluminación sólo se logra en la entrega?

La iluminación es siempre a través de la entrega, pero la entrega se consigue a través de la inteligencia. Sólo los idiotas son incapaces de entregarse. Para entregarte, necesitas una gran inteligencia. Entender a lo que apunta la entrega es el clímax de la penetración; entender que no estás separado de la existencia es lo más elevado que puede ofrecer la inteligencia.

No hay conflicto entre inteligencia y entrega. La entrega se da a través de la inteligencia, aunque cuando te entregas, también entregas la inteligencia. Con la entrega, el intelecto se suicida. Viendo su propia futilidad, viendo su propio absurdo, viendo la angustia que crea, desaparece. Pero sucede a través de la inteligencia. Y especialmente en lo que respecta a Buda, el camino es el de la inteligencia. La misma palabra Buda significa inteligencia despierta.

En el *Sutra del corazón*, un cuarto de las palabras empleadas significan inteligencia. La palabra *buddha* significa despierto, *bodhi* significa despertar, *sambodhi* significa despertar perfecto, *abhisambuddha* significa el completamente despierto, *bodhisattva* significa listo para volverse completamente despierto. Todos van a la misma raíz, *budh*, que significa inteligencia. La palabra *buddhi*, intelecto, también viene de la misma raíz. La raíz *budh* tiene muchas dimensiones. No hay una sola palabra inglesa que pueda traducirla; tiene muchas implicaciones. Es muy fluida y poética. En ninguna otra lengua existe una palabra como budh, con tantos significados. La palabra *budh* tiene al menos cinco significados.

El primero es despertar, despertarse uno mismo y despertar a los demás, estar despierto. Como tal, se opone a estar dormido, en el sopor de la ilusión del que el iluminado despierta como de un sueño. Ése es el primer significado de inteligencia, *budh* —crear un despertar en ti.

Normalmente, el hombre está dormido. Incluso cuando piensas que estás despierto, no lo estás. Andando por la calle, estás totalmente despierto —en tu mente—. Pero mirado desde la visión de un Buda, estás muy dormido —porque mil y un sueños y pensamientos están vociferando en tu interior—. Tu luz interna está muy nublada. Es una especie de sueño. Sí, tus ojos están abiertos, obviamente, pero la gente puede caminar en sueños, dormida, con los ojos abiertos. Y Buda dice: tú también caminas dormido, con los ojos abiertos. Pero tu ojo interno no está abierto. Todavía no sabes quién eres. No has mirado a tu propia realidad. No estás despierto. Una mente llena de pensamientos no está despierta, no puede estar despierta. Sólo una mente que ha dejado los pensamientos y el pensar, que ha dispersado las nubes a su alrededor —y el sol arde brillante, y el cielo está absolutamente vacío de nubes—, es la mente que tiene inteligencia, que está despierta.

La inteligencia es la capacidad de estar en el presente. Cuanto más estás en el pasado o en el futuro, menos inteligente eres. La inteligencia es la capacidad de estar aquí —ahora, de estar en este momento y en ningún otro sitio—. Entonces estás despierto.

Por ejemplo, estás sentado en una casa, y la casa, de pronto, empieza a arder; tu vida está en peligro. Entonces, por un momento, estarás despierto. En ese momento te olvidas de todo tu pasado. En ese momento no clamarán tus memorias psicológicas —que habías amado a una mujer hace treinta años, y bueno, ¡fue fantástico! O que el otro día fuiste a un restaurante chino y todavía te dura el sabor, y el aroma y el olor del pan recién hecho—. No estarás en esos pensamientos. No; cuando tu casa arde no puedes permitirte este tipo de pensamientos. De pronto, te precipitarás sobre este momento: hay fuego en la casa y tu vida está en juego. No soñarás con el futuro, con lo que vas a hacer mañana. Mañana ya no es importante, ayer ya no es importante, ¡ni siquiera hoy importa ya! —sólo este momento, esta fracción de segundo—. Ése es el primer significado de *budh*, inteligencia.

Y entonces surge gran comprensión. Un hombre que quiere estar realmente despierto, que realmente quiere ser un Buda, tiene que vivir cada momento con muchísima intensidad —como vives sólo muy, muy raramente, en algún peligro.

El primer significado es opuesto a dormir. Y naturalmente, sólo puedes ver la realidad cuando no estás dormido. Puedes enfrentarla, puedes mirar a los ojos a la verdad —o llámala Dios— sólo cuando estás despierto. ¿Comprendes la importancia de la intensidad, de estar ardiendo? Cuando estás absolutamente despierto, hay penetración, visión. Esa penetración trae libertad, esa penetración trae verdad.

El segundo significado de *budh* es reconocer —hacerse consciente, conocer, darse cuenta, prestar atención. Así, un Buda es alguien que ha reconocido lo falso como falso, y tiene los ojos abiertos para ver lo verdadero como verdadero. Ver lo falso como falso es el comienzo de la comprensión de lo que la verdad es. Sólo cuando ves lo falso como falso puedes ver lo que es la verdad. Si quieres conocer la verdad, no puedes seguir viviendo de ilusiones, no puedes seguir viviendo de creencias, no puedes seguir viviendo con tus prejuicios. Lo falso tiene que ser reconocido como falso.

Ése es el segundo significado de *budh* —reconocimiento de lo falso como falso, de lo erróneo como erróneo.

Por ejemplo, creías en Dios; naciste cristiano o hindú o mahometano. Te enseñaron que Dios existe, han hecho que tengas miedo de Dios —si no crees sufrirás, serás castigado—. Dios es muy feroz, Dios nunca te perdonará. El Dios judío dice: «Soy un Dios muy celoso. ¡Adórame sólo a mí y a nadie más!». El Dios mahometano también dice lo mismo: «Sólo hay un Dios; no hay otro Dios; y sólo hay un profeta de Dios —Mahoma— y no hay otro profeta».

Este condicionamiento penetra tan profundamente que puede permanecer incluso si dejas de creer en Dios.

El otro día estuvo aquí Mulla Narsudin. Y le pregunté: «Mulla Nasrudin, puesto que te has hecho comunista, te has convertido en un camarada, ¿qué pasa ahora con Dios?».

Él dijo: «¡Dios no existe! Y Mahoma es el único profeta».

Hasta ese punto puede llegar un condicionamiento: Mahoma sigue siendo el profeta.

Has sido educado para creer en Dios, y has creído. Eso es una creencia. Que Dios exista o no, no tiene nada que ver con tu creencia. ¡La verdad no tiene nada que ver con tu creencia! Que creas o no, no afecta en nada a la verdad. Pero si crees en Dios, seguirás viendo —al menos pensando— que ves a Dios. Si no crees en Dios, esa incredulidad acerca de Dios impedirá que sepas. Todas las creencias lo impiden, porque se vuelven prejuicios que te rodean, se vuelven capas de pensamiento, lo que Buda llama *avernas*.

El hombre inteligente no cree en nada, y no deja de creer en nada. El hombre inteligente está simplemente abierto a reconocer las cosas, cualquiera que sea el caso. Si Dios existe lo reconocerá —pero no según su creencia; él no tiene creencias—. La verdad sólo puede aparecer en una inteligencia que no cree. Cuando tienes una creencia, no dejas espacio para que la verdad venga a ti. Tu prejuicio está entronizado, entronizado de antemano. No puedes ver lo que vaya en contra de tu creencia; tendrás miedo, te volverás inseguro, empezarás a temblar. Has invertido tanto en tu creencia —tanta vida, tanto tiempo, tantas oraciones, cinco oraciones cada día—. Un hombre que ha consagrado cincuenta años a su creencia, ahora de pronto ¿cómo va a reconocer el hecho de que no hay Dios? Un hombre que ha dedicado toda su vida al comunismo, creyendo que no hay Dios, ¿cómo puede ahora llegar a ver si Dios existe? Seguirá evitándolo.

No estoy diciendo nada sobre si Dios existe o no. Lo que estoy diciendo es algo que tiene que ver contigo, no con Dios. Se necesita una mente, una mente clara, se necesita una inteligencia que no se aferre a ninguna creencia. Entonces eres como un espejo: reflejas lo que es, no lo distorsionas. Ése es el segundo significado de *budh*.

Una persona inteligente no es ni comunista ni católica. Una persona inteligente no cree, no deja de creer. No funciona así. Mira la vida, y haya lo que haya, está lista para verlo. No tiene barreras en su visión; su visión es transparente. Sólo esas pocas personas alcanzan la verdad.

El tercer significado de la raíz *budh*, inteligencia, es saber, comprender.

El Buda sabe «aquello que es». Comprende aquello que es, y en esa misma comprensión es libre de toda esclavitud —saber, en el sentido de comprender, no en el sentido de almacenar conocimientos. Buda no es un erudito—. Una persona inteligente no se preocupa mucho por la información y los conocimientos. Una persona inteligente da mucha más importancia a la capacidad de saber. Su interés real está en saber, no en los conocimientos.

Saber te da comprensión; los conocimientos sólo te dan una sensación de comprensión sin darte comprensión real. El conocimiento es una moneda falsa, es un engaño. Sólo te da la sensación de que sabes, pero no sabes en absoluto. Puedes seguir acumulando tantos conocimientos como quieras, puedes seguir acaparando, y hacerte muy erudito. Puedes escribir libros, puedes obtener títulos, puedes hacerte doctor en Filosofía, doctor en Literatura, y, sin embargo, seguir siendo la misma persona ignorante y estúpida que siempre has sido. Esos títulos no te cambian; *no pueden* cambiarte. De hecho, tu estupidez se hace más fuerte. ¡ahora tiene títulos! Puede probarse a sí misma con certificados.

No puede probarse viviendo la vida, pero puede probarse con certificados. No puede probarse de otra forma, pero puede portar títulos, certificados, reconocimientos de la sociedad; la gente cree que sabes, y tú también piensas que sabes.

¿No lo has observado? La gente considerada como muy erudita es tan ignorante como cualquiera, a veces más ignorante. Es muy infrecuente encontrar personas inteligentes en el mundo académico, muy infrecuente. He estado en el mundo académico, y lo digo por experiencia propia. He visto granjeros inteligentes, no he visto profesores inteligentes. He visto leñadores inteligentes, no he visto profesores inteligentes. ¿Por qué? ¿Qué ha ido mal con esa gente?

Una cosa ha ido mal: pueden depender del conocimiento. No necesitan hacerse conocedores, pueden depender del conocimiento. Han encontrado un camino de segunda mano. El de primera mano necesita coraje. El de primera mano, saber, sólo se lo pueden permitir algunos pocos —los aventureros, los que van más allá del sendero ordinario en el que se mueve la multitud, los que se internan un poco en la selva de lo incognoscible—. Corren el peligro de perderse. El riesgo es alto. Pudiendo obtener conocimientos de segunda mano, ¿por qué molestarse? Te puedes sentar en tu silla. Puedes ir a la biblioteca o a la universidad, puedes reunir información. Puedes hacer una gran pila de información y sentarte sobre ella. Con los conocimientos tu memoria se hace más y más grande, pero tu inteligencia no se hace más grande. A veces sucede que cuando no sabes mucho, cuando no eres muy erudito, tendrás que ser inteligente en algunos momentos.

He oído...

Una mujer compró una lata de fruta, pero no pudo abrirla. No sabía cómo abrirla. Así que corrió a su estudio a mirar en el libro de cocina. Para cuando miró en el libro y encontró la página y la referencia, y corrió de vuelta lista para abrir la lata, el sirviente ya la había abierto.

Ella preguntó: «¿Pero cómo lo ha hecho?».

El sirviente dijo: «Señora, cuando no se sabe leer, hay que usar la cabeza».

Sí, así es como sucede. Por eso los granjeros, los jardineros, los leñadores, son más inteligentes, emanan una especie de frescura. No leen, así que tienen que usar sus mentes. Hay que vivir y hay que usar la mente.

El tercer significado de *budh* es saber, en el sentido de comprender. El Buda ha visto lo que es. Comprende lo que es, y en esa misma comprensión queda libre de toda esclavitud. ¿Qué significa esto? Significa que tienes miedo.

Por ejemplo, estas charlas del *Sutra del corazón* están haciendo que mucha gente sienta miedo. Muchos me han enviado mensajes: «Osho, ¡basta! Estás haciendo que nos asustemos de la nada y de la muerte». Prageet está muy asustado. Vidya está muy asustada, y muchos otros. ¿Por qué? ¿No quieren liberarse del miedo? Si quieren liberarse del miedo, tendrán que comprender el miedo. Pero quieren evitar el hecho de que el miedo está ahí, de que el miedo a la muerte está ahí.

Prageet, por ejemplo, exteriormente parece un hombre fuerte —un masajista de Rolfing—, pero en lo profundo tiene mucho miedo a la muerte; es de los que más miedo tienen aquí. Quizá por eso ha adoptado en la superficie la postura de la fortaleza, el poder, un valentón. ¡Eso es un masajista de Rolfing!

He oído que últimamente el diablo está reuniendo masajistas de Rolfing en el infierno: torturan a la gente por su propio bien, y torturan con la mejor técnica.

Si dentro de ti tienes miedo, tendrás que crear algo fuerte a tu alrededor, como una concha dura, para que nadie llegue a saber que tienes miedo. Y eso no es todo —a causa de esa dura concha, tú tampoco sabrás que tienes miedo—. Te protegerá de los demás, te protegerá de tu propia comprensión.

Una persona inteligente no huye de ningún hecho. Si siente miedo, entrará en él porque la forma de salir es atravesarlo. Si siente que el miedo y el temblor surgen en él, dejará a un lado todo lo demás: primero hay que atravesar ese miedo. Entrará en él, tratará de comprender. No intentará no tener miedo; no se planteará eso. Sólo se preguntará una cosa: «¿Qué es este miedo? Está aquí, es parte de mí, es mi realidad. Tengo que entrar en él, tengo que comprenderlo. Si no lo comprendo, entonces una parte de mí me será siempre desconocida.

¿Y cómo voy a saber quién soy si sigo evitando partes de mí? No comprenderé el miedo, no comprenderé la muerte, no comprenderé la ira, no comprenderé mi odio, no comprenderé mis celos, no comprenderé esto y aquello». ¿Entonces cómo vas a conocerte a ti mismo?

¡Todas esas cosas son tú! Ese es tu ser. Tienes que entrar en todo lo que hay ahí, en cada esquina y rincón. Tienes que explorar el miedo. Incluso si estás temblando, no hay por qué preocuparse; tiembla, pero entra en ello. Es mucho mejor temblar que escapar. Porque una vez que escapas, esa parte permanecerá desconocida para ti, y cada vez tendrás más miedo de mirarla porque ese miedo seguirá acumulándose. Se hará más y más grande si no entras en él ahora mismo, en este momento. Mañana habrá vivido veinticuatro horas más. ¡Cuidado! —tendrá más raíces dentro de ti. Tendrá mayor follaje, se hará más fuerte—. Y entonces será más difícil de atajar. Es mejor hacerlo ahora mismo, es tarde ya.

Y si entras en ello y lo ves... Y verlo significa sin prejuicios. Verlo significa que no condenas al miedo como algo malo desde el mismo comienzo. ¿Quién sabe? No es malo ¿Quién sabe lo que es? El explorador tiene que permanecer abierto a todas las posibilidades; no se puede permitir tener una mente cerrada. Una mente cerrada y la exploración no van juntas. El explorador entrará en ello. Si eso le trae sufrimiento y dolor, sufrirá el dolor, pero entrará en ello. Temblando, dudando, pero entrará en ello: «Es mi territorio, tengo que saber lo que es. Quizá me traiga algún tesoro. Quizá el miedo está ahí sólo para proteger el tesoro».

Ésa es mi experiencia, esa es mi comprensión: si entras en lo profundo de tu miedo encontrarás amor. Por eso sucede que cuando estás enamorado, el miedo desaparece. Y cuando tienes miedo, no puedes estar enamorado. ¿Qué significa esto? Una aritmética simple —el miedo y el amor no existen juntos—. Eso significa que debe tratarse de la misma energía que se transforma en miedo; entonces no queda nada que pueda convertirse en amor. Se transforma en amor; entonces, no queda nada que pueda transformarse en miedo.

Entren en el miedo, Prageet, Vidya, y todos los demás que se sientan asustados. Entren en él, y encontrarán un gran tesoro. Escondido tras el miedo está el amor, y escondida tras la ira está la compasión, y escondido tras el sexo está el *samadhi*.

¡Entra en cada cosa negativa y encontrarás la positiva! Y conociendo lo negativo y lo positivo, sucede lo tercero, lo supremo —lo trascendental—. Ése es el significado de comprensión, *budh*, inteligencia. Y el cuarto significado es estar iluminado e iluminar. El Buda es la luz, se ha convertido en la luz. Y como es la luz y se ha convertido en la luz, muestra también la luz a los demás; naturalmente, obviamente. Él es la iluminación. Su oscuridad ha desaparecido, su llama interna arde con brillo. Su llama no tiene humo. Este significado se opone a oscuridad y a su correspondiente ceguera e ignorancia. Éste es el cuarto significado: volverse luz, iluminarse.

Ordinariamente eres oscuridad, un continente de oscuridad, un continente oscuro, inexplorado. El hombre es un poco extraño: continúa explorando los Himalayas, continúa explorando el Pacífico, continúa intentando alcanzar la Luna y Marte; hay sólo una cosa que nunca intenta —explorar su ser interno—. El hombre ha aterrizado en la Luna, y no ha aterrizado aún en su propio ser. Es extraño. Quizá, aterrizar en la luna es sólo un escape, ir al Everest es sólo un escape. Quizá no quiere entrar en sí mismo, porque tiene mucho miedo. Lo sustituye con otras exploraciones, para sentirse bien. De otra forma, tendrás que sentirte muy, muy culpable —empiezas a escalar una montaña y te sientes bien, y la montaña más grande está en tu interior y aún está sin escalar—. Empiezas a ir, a bucear en lo profundo del Pacífico, y el mayor Pacífico está dentro de ti, e inexplorado, desconocido. ¡Y empiezas a ir a la Luna! —¡qué tontería!—. Y estás gastando vuestra energía yendo a la Luna, y la auténtica luna está en vuestro interior —porque la luz auténtica está dentro de ti.

La persona inteligente irá primero hacia adentro. Antes de ir a cualquier otro sitio, entrará en su propio ser; eso es lo primero, y debería tener la primera preferencia. Sólo cuando te has conocido a ti mismo puedes ir a cualquier otro sitio. Entonces, dondequiera que vayas, llevarás bendición a tu alrededor, paz, silencio, celebración.

Así que el cuarto significado es estar iluminado.

La inteligencia es la chispa. Si se la ayuda, si se coopera con ella, puede convertirse en fuego, y luz, y calor. Puede convertirse en luz, puede convertirse en vida, puede convertirse en amor: todas estas cosas están incluidas en la palabra «iluminación». Una persona iluminada no tiene rincones oscuros en su ser. Todo es como la mañana —el sol está en el horizonte; la oscuridad de la noche y lo tenebroso de la noche han desaparecido, y las sombras de la noche han desaparecido—. La Tierra está despierta otra vez. Ser un Buda es alcanzar una mañana, un amanecer dentro de ti. Esa es la función de la inteligencia, la función suprema.

Y el quinto significado de *budh* es sondear. Hay una profundidad en ti, una profundidad sin fondo, que tiene que ser sondeada. O el quinto significado puede ser penetrar, dejar a un lado todo lo que obstruye y penetrar hasta el mismo centro de tu ser, el corazón. Es por eso por lo que este sutra se llama El *Sutra del corazón* —*Prajnaparamita-Hridayam Sutra*—, penetrar.

La gente intenta penetrar en muchas cosas en la vida. Tu ansia, tu gran deseo de sexo no es otra cosa que un tipo de penetración. Pero esa es una penetración en otra persona. La misma penetración tiene que suceder dentro de tu propio ser: tienes que penetrarte a ti mismo. Si penetras a otra persona, esa penetración puede darte una chispa momentánea, pero si te penetras a ti mismo puedes alcanzar el orgasmo cósmico universal que perdura y perdura y perdura.

Un hombre se encuentra con una mujer en el exterior, y una mujer se encuentra con un hombre en el exterior: ése es un encuentro muy superficial —sin embargo, es significativo; sin embargo, trae momentos de alegría—. Cuando la mujer interna se encuentra con el hombre interno. Y tú llevas ambos dentro de ti: una parte de ti es femenina, una parte de ti es masculina. No importa que seas hombre o mujer; todo el mundo es bisexual.

El quinto significado de la raíz *budh* es penetración. Cuando tu hombre interno penetra a tu mujer interna, se produce un encuentro; te haces total, te xhaces uno. Y entonces todos los deseos relacionados con el exterior desaparecen. En ese estado sin deseos está la libertad, está el nirvana.

El sendero de Buda es el sendero de *budh*. Recuerda que Buda no es el nombre de Gautama el Buda, Buda es el estado que él alcanzó. Su nombre era Gautama Siddhartha. Luego un día se hizo Buda, un día su *bodhi*, su inteligencia, floreció.

«Buda» significa exactamente lo mismo que «Cristo». El nombre de Jesús no es Cristo: ese es el florecimiento último que le sucedió. Lo mismo pasa con Buda. Ha habido muchos otros Budas, además de Gautama Siddhartha.

Todo el mundo tiene la capacidad de *budh*. Pero *budh*, esa capacidad de ver está en ti como una semilla —si germina, se convierte en un gran árbol, florece, empieza a bailar en el cielo, empieza a susurrar a las estrellas, eres un Buda.

El sendero de Buda es el sendero de la inteligencia. No es un sendero emocional, no, en absoluto. No es que la gente emocional no pueda llegar; hay otros senderos para ellos —el sendero de la devoción, bhakti yoga. El sendero de Buda es puro gyan yoga, el camino del saber. El sendero de Buda es el sendero de la meditación, no del amor.

Y al igual que *budh*, hay otra raíz, *gya* en la base *degyanam*. *Gyanam* significa cognición, saber. Y la palabra *prajna*, que significa sabiduría —*prajna-paramita*— la sabiduría del más allá, o *sangya*, que significa percepción, sensibilidad, o *vigyanam*, que significa consciencia —estas raíces vienen de *gya*—. *Gya* significa saber.

Encontrarás estas palabras repetidas muchas veces en el sutra —no sólo en este sutra, sino en todos los sutras de Buda—. Encontrarás unas cuantas palabras más, repetidas muy a menudo, y esas palabras son, *ved* —*ved* significa saber; de *ved* viene la palabra hindú veda—, o *man*, que significa mente; *manan*, que significa tener en mente; o *chit*, que significa consciencia; *chaitanya*, que también significa consciencia. Estas palabras son casi como los adoquines del camino de Buda. Su sendero es el de la inteligencia.

Una cosa más que hay que recordar: es verdad que el sutra se refiere a algo que está mucho más allá del intelecto. Pero el camino para llegar a ello es seguir al intelecto hasta donde pueda llevarte.

Hay que utilizar el intelecto, no desecharlo; hay que trascenderlo, no desecharlo. Y sólo puede ser trascendido cuando has llegado al peldaño más alto de la escalera. Tienes que seguir creciendo en inteligencia. Entonces llega un momento en el que la inteligencia ha hecho todo lo que podía hacer. En ese momento, di adiós a la inteligencia. Te ha ayudado a recorrer un gran trecho, te ha llevado durante el tiempo suficiente, ha sido un buen vehículo. Ha sido la barca con la que has cruzado —has llegado a la otra orilla, ahora puedes dejar la barca—. Ahora no lleves la barca en tu cabeza. Eso sería de tontos.

El sendero de Buda pasa por la inteligencia pero va más allá de ella. Llega un momento en el que la inteligencia te ha dado todo lo que te puede dar; entonces ya no es necesaria. Entonces, al final, también tienes que abandonarla: su trabajo ha terminado. La enfermedad se ha ido, ahora hay que dejar también el medicamento. Y sólo eres libre cuando estás libre de la enfermedad y también del medicamento. A veces sucede que la enfermedad se ha ido, pero te has hecho adicto al medicamento. Eso no es libertad.

Tienes una espina clavada en el pie y te duele. Coges otra espina para poder sacar la que tienes en el pie. Cuando la has sacado con la ayuda de la otra, ¡tiras las dos! No te quedas con la que te ha sido útil. Ya no tiene sentido. El trabajo de la inteligencia es ayudar a hacerte consciente de tu ser. Una vez que ha hecho ese trabajo y tu ser está ahí, ya no hace falta ese instrumento. Puedes decirle adiós, puedes darle las gracias.

El sendero de Buda es el sendero de la inteligencia, pura inteligencia, aunque vaya más allá.

La segunda pregunta:

¿Es verdad que hay que atravesar el infierno?

No necesitas atravesar el infierno porque ya estás en él. ¿En qué otro sitio encontrarás el infierno? Ése es tu estado ordinario —el infierno—. No pienses que el infierno está en algún lugar de las profundidades de la Tierra. El infierno eres *tú*. Tu inconsciencia es el infierno. Tú cuando no actúas inteligentemente: eso es el infierno. Y como muchísima gente actúa de forma no inteligente, el mundo está siempre angustiado; hay tanta gente neurótica en la Tierra. Y a no ser que te ilumines, seguirás más o menos neurótico. ¡Tanta gente destructiva! —porque la creatividad sólo es posible cuando se ha despertado tu inteligencia. La creatividad es una función de la inteligencia. Los necios sólo pueden ser destructivos. Y eso es lo que está pasando: la gente sigue preparándose para más y más destrucción. Eso es lo que hacen sus científicos, eso es lo que hacen sus políticos.

Me contaron una bella historia:

Después de la Segunda Guerra Mundial, Dios estaba muy aturdido. No podía dar crédito a sus ojos. Viendo Hiroshima, Nagasaki —no podía creer que Él hubiera creado este tipo de hombre—. Empezó a pensárselo de nuevo, como si hubiese cometido un error: sólo debería haber llegado hasta los animales, no debería haber creado a Adán y a Eva —porque el hombre se estaba haciendo tan destructivo.

Para dar una última oportunidad, llamó a tres representantes del mundo, un ruso, un norteamericano y un inglés. Ésos eran los poderosos tras la Segunda Guerra Mundial. Y preguntó al ruso: «¿Por qué siguen preparándose para más y más destrucción? Si necesitan algo, sólo tienen que pedírmelo y se los concederé inmediatamente. Pero basta ya de destrucción».

El ruso miró muy arrogantemente a Dios y dijo: «Escucha, ¡en primer lugar no creemos que tú existas! Tenemos nuestra propia trinidad —Marx, Lenin, Stalin—». Una trinidad nada santísima, pero ésa es la trinidad que tienen los comunistas. «Creemos en ellos, no creemos en ti, tendrás que darnos una prueba».

«¿Cuál es la prueba?», preguntó Dios.

Y el ruso dijo: «Destruye Norteamérica, ¡destrúyela totalmente! Que no quede ni rastro de esa enfermedad llamada Norteamérica. Entonces te adoraremos, entonces nuestras iglesias rezarán de nuevo, nuestros templos se abrirán. Haremos nuevos santuarios para ti».

Dios estaba perplejo... ¡la mera idea de destruir toda Norteamérica! Viéndolo en silencio, el ruso dijo: «Y si no puedes hacerlo, no te preocupes. Nosotros lo haremos de todas formas. Nos llevará un poco más de tiempo que a ti, ¡pero lo haremos! No te pongas tan triste. Si tú no puedes hacerlo, di que no puedes y ya está».

Dios miró al norteamericano, y dijo: «¿Cuál es tu deseo? ¿Qué quieres?».

Él dijo: «No mucho, un deseo muy sencillo —que no haya sitio en el mapa para Rusia. No queremos ver a la U. R. S. S. en el mapa. No mucho, sólo quítala del medio... Todo lo demás está bien; sólo esa U. R. S. S. nos molesta. Nos molesta muchísimo, nos vuelve locos. Haremos cualquier cosa para hacerla desaparecer. Si tú no haces nada, con tus bendiciones, ¡nosotros lo haremos!».

Ahora Dios estaba aún más perplejo y confuso. Podía entenderse del representante ruso, porque los rusos no creen en Dios. Se podía entender. ¿Pero Norteamérica? Norteamérica cree en Dios, así que por lo que se ve no hay diferencia entre el creyente y el no creyente, entre el capitalista y el comunista, entre el dictatorial y el democrático. Parece que no hay diferencia esencial, su deseo es el mismo. Dios pensó que el representante inglés podría ser más humano, más comprensivo; al menos sería un caballero... ¡y lo era!

Dios le preguntó: «¿Cuál es tu deseo? ¿Qué quieres?».

El inglés dijo: «No tenemos ningún deseo. ¡Satisfaz los deseos de esos dos simultáneamente y nuestro deseo estará satisfecho!».

Pero es así como ha existido el hombre a lo largo de los tiempos: mucho más interesado en la destrucción, en destruir a los demás, que en vivir ellos mismos, que en disfrutar la vida. El hombre parece estar obsesionado con la muerte: a dondequiera que va lleva la muerte, la destrucción.

Esta sociedad neurótica existe porque los individuos están neuróticos. ¡Este mundo es feo porque tú eres feo! Tú contribuyes con tu fealdad a este mundo. Y todos siguen añadiendo fealdad, neurosis, y el mundo se hace más y más un infierno. No necesitas ir a ningún otro sitio; este es el único infierno que existe.

Pero puedes salir de él. Puedes retirarte si comprendes cómo tu mente contribuye a crear este infierno. Y una sola persona que deje de crear este infierno, que no colabore, que se rebele, se convierte en una gran fuente para traer el cielo a la tierra, se convierte en una puerta.

No necesitas ir al infierno, ya estás ahí. Ahora necesitas ir al cielo. Y de hecho, cuando digo que necesitas ir al cielo, lo que quiero decir exactamente es que el cielo necesita venir a ti. Ábrete al cielo. Permite que todas tus energías destructivas sean ofrecidas a la creatividad, deja que tu oscuridad se convierta en luz, deja que tu consciencia se haga meditativa, y te convertirás en una puerta para Dios, y Dios podrá volver al mundo por medio de ti.

Ése es el significado de la parábola cristiana que cuenta que Jesús nació de una mujer, María, que era virgen. Es una parábola —significativa— tiene un gran significado. Pero los tontos tratan de afirmar que era realmente virgen físicamente. Eso es estúpido. Pero María era virgen: era pura, absolutamente pura. Era el cielo sobre la tierra —sólo así podía Jesús entrar a través de ella, sólo así pudo Dios extender su mano a este mundo.

Te conviertes en un vehículo: permite que Dios toque algún instrumento a través de ti —una guitarra, un sitar—. Deja que Dios toque una canción a través de ti; conviértete en su flauta, un bambú hueco. Eso es lo que os he estado diciendo todos estos días: si te conviertes en una «nada», serás un bambú hueco. Y puedes convertirte en una flauta y la canción de Dios podrá descender a la Tierra. Es muy necesaria. Incluso si es sólo un poco de salud lo que es posible a través de ti, en este loco mundo. Es muy necesaria, se necesita urgentemente.

La tercera pregunta:

Osho, dijiste el otro día que si fueses un taxista, nadie te reconocería.
No estoy de acuerdo. Al menos yo te reconocería.

Señora, no lo creo.

Aún no sabe suficiente sobre usted misma. Aprecio su amor por mí, pero no puedo decir que fuera capaz de reconocerme.

Le contaré una historia real.

Durante años, cuando iba a cierta ciudad de India, solía quedarme en casa de una familia; una familia muy rica, millonarios. El padre me tenía mucho respeto, era un seguidor. Cuando iba, él tocaba mis pies tantas veces como podía —por lo menos cuatro o cinco veces al día.

Después de siete u ocho años, quiso venir a visitar el lugar de Jabalpur en el que yo solía estar. Y vino. Para desconcertarlo, para confundirlo, lo fui a recibir a la estación. No se esperaba eso —que yo fuera a recibirlo a la estación.

Él solía caer a mis pies. Ese día tocó mis pies, pero sin entusiasmo —porque surgió en él un gran ego: yo había ido a recibirlo—. Durante siete años, él había venido a recibirme, y cada año yo iba a visitar su ciudad al menos tres o cuatro veces. No se esperaba eso. Esperaba que alguien estuviera allí y lo llevara hasta mí. ¿Pero que yo mismo fuese a recibirlo? —eso ni lo había soñado—. Debió pensar para sí: «Soy alguien, un millonario». Aquel día se inclinó, pero sin ningún entusiasmo. ¿Cómo puedes inclinarte ante alguien que ha ido a recibirte a la estación con gran respeto?

Nos fuimos de la estación, y cuando vio que yo mismo iba a conducir el coche hasta la casa, todo su respeto desapareció. Empezó a hablarme como a un amigo. El millonario se hizo muy «*famillionario*». Y tres días después, cuando se fue —yo había ido a decirle adiós, a despedirlo—, ya no tocó mis pies.

Y todos los de la familia con la que yo vivía sabían que le estaba gastando una broma, y el pobre hombre había quedado atrapado en ella. Todos se rieron cuando se fue el tren. Yo dije: «Ya verán. La próxima vez, cuando venga, esperará que yo toque sus pies. Y no me sorprendería que me *obligase* a tocárselos».

Así son las cosas, así es como funciona la mente. Me reconoces, me amas, pero no conoces tu propia mente. Y con ese experimento perdí a uno de mis seguidores millonarios. He ido perdiendo muchos seguidores de esa forma, pero sigo experimentando.

La cuarta pregunta:

¿Por qué me resulta tan difícil entregarme a un hombre?

Entonces no te entregues. ¿Por qué crearte problemas innecesarios? Y en primer lugar, ¿quién te está diciendo que te entregues a un hombre? No te entregues. ¿Por qué empiezas a llevar problemas innecesarios en la cabeza? Si no te apetece entregarte, no te entregues.

El otro día, una mujer escribió una carta preguntándome: «He venido, pero no siento que este sea el lugar adecuado para mí. ¿Qué debo hacer?».

¡Váyase! ¡Desaparezca! ¿Para qué molestarse?

Y también preguntaba: «¿Debo escuchar a mi corazón o debo confiar en ti?».

Escuche a su corazón, señora, y váyase lo más rápido que pueda.

¿Cómo podría confiar en mí en contra de su corazón? ¿Quién confiaría en mí? ¡El corazón confía! Si el corazón está en contra, ¿quién va a confiar en mí? ¿Y por qué está creando esa división en usted misma? Se volverá esquizofrénica —una parte forzando, tratando de entregarse, y otra parte queriéndose ir—. Permanezca aquí en forma total o váyase. Si no puedes entregarte, no te entregues. Nadie está interesado en tu entrega.

Y la entrega no es algo que se pueda hacer, no se puede forzar. Llega cuando llega. Si no puedes entregarte a un hombre, eso significa que no puedes amar a un hombre. La entrega llega naturalmente con el amor. Si no hay amor, la entrega no puede producirse. ¡Olvídate de ello!

Quizá la que pregunta sea lesbiana: perfectamente bien, ¡entrégate a una mujer! Al menos entrégate a alguien al que te puedas entregar. Tal vez a través de esa entrega aprenderás también a entregarte a un hombre. Así es como se aprende.

Los niños al nacer son autosexuales: se aman sólo a sí mismos, no pueden amar a nadie más. Más tarde, el niño se hace homosexual: ama a alguien que es como él, no puede amar al opuesto. Luego, al seguir creciendo, se vuelve heterosexual: ahora puede amar al opuesto. Eso es lo que dice Jesús: «Ama a tu enemigo» —tu enemigo significa «la mujer»—. Tu enemigo significa lo opuesto; eso es lo más elevado en el amor. Y entonces llega un momento en el que el sexo desaparece, la persona se vuelve asexual. Pero ese es el punto más alto, y sólo se puede llegar a él a través de estas etapas. Quizá, la que pregunta está enganchada en algún sitio en la homosexualidad. Todo está bien. Dondequiera que estés, no importa en qué etapa estés, sé amoroso, entrégate. De esa etapa surgirá otra, crecerá por sí sola. No la fuerces. No estoy aquí para hacer que se sientan culpables, no estoy aquí para crear ninguna fisura en su ser. Estoy totalmente a favor de la relajación, porque sólo a través de la relajación llegarán a saber quiénes son. Así que entra en lo que te sea fácil. No seas masoquista, no trates de crearte problemas. Vive feliz, de forma relajada. Y lo que te sea fácil ahora mismo, sigue haciéndolo. Con ello sucederá algo mejor, pero sólo a través de ello. No puedes salir de allí de golpe.

La quinta pregunta:

¿Para qué sirve el universo físico si en última instancia el destino del hombre es trascenderlo?

Para eso sirve: de otra forma, ¿cómo ibas a trascender? El universo es necesario para trascender. El sufrimiento es necesario para trascender, la oscuridad es necesaria para trascender, el ego es necesario para trascender —porque sólo cuando trasciendes hay alegría, bendición.

Comprendo tu pregunta. Es una pregunta muy antigua, que ha sido hecha una y otra y otra vez —porque desconcierta a la mente—. Si Dios ha creado el mundo, ¿por qué ha creado sufrimiento en él? Podía haber entregado la felicidad como un regalo. ¿Por qué ha creado la ignorancia? ¿No es lo suficientemente poderoso como para crear seres iluminados desde un principio?

Lo es, y eso es lo que está haciendo. Pero ni siquiera Dios es lo suficientemente poderoso para hacer que suceda lo imposible. Sólo lo posible es posible. Sólo puedes saber lo que es la salud cuando tienes la posibilidad de estar enfermo; si no, no puedes saberlo. Sólo puedes conocer la luz cuando sabes lo que es la oscuridad. Sólo puedes conocer la relajación cuando sabes lo que es la tensión, sólo puedes conocer la libertad cuando sabes lo que es la esclavitud —van emparejadas—. Ni siquiera Dios es lo suficientemente poderoso para darte simple libertad. Con la libertad, en el mismo paquete, viene la esclavitud. Y tienes que atravesar la esclavitud para saborear la libertad.

Es como cuando no tienes hambre, no puedes disfrutar de la comida. Lo que estás preguntando es: «¿Para qué se necesita el hambre? ¿Por qué no podemos comer sin hambre?». El hambre crea dolor, el hambre crea la necesidad, y luego comes y estás alegre. Sin hambre no habría alegría. Puedes preguntar a la gente muy rica que ha perdido el apetito: no disfrutan la comida, no pueden. Es la intensidad del hambre la que trae la alegría. Por eso, cuando has comido, tienes que ayunar seis, siete, ocho horas, para disfrutar de la comida de nuevo.

La existencia es dialéctica: oscuridad/luz, vida/muerte, verano invierno, juventud/vejez —todos van juntos.

Tú preguntas:

> ¿Para qué sirve el universo físico si en última instancia el destino del hombre es trascenderlo?

Precisamente, para eso sirve. El universo está creado para que lo trasciendas. De otra forma, nunca sabrías lo que es la trascendencia. Puedes ser feliz, pero no sabrás lo que es la felicidad. Y ser feliz sin saber lo que es la felicidad no merece la pena. Y sólo podemos saber a través de lo opuesto —ése es su porqué.

La sexta pregunta:

> Todo el mundo, por supuesto, alcanza lo que alcanza y no alcanza lo que no alcanza. Y la línea entre percibir que lo estás alcanzando y no percibir que lo estás alcanzando parece muy fina. ¿Es diferente alcanzar lo que alcanzas, de percibirlo? Habiendo preguntado esto, me doy cuenta de que en un sentido es, por supuesto, diferente, porque la palabra es ambigua. «Alcanzar» significa conseguir y percibir. Bla, bla, bla... Por favor, acláramelo.

Anurag, eres un EST-úpido[2]. Bla, bla, bla.

---

2 EST. Movimiento esotérico generado en Estados Unidos, en el que «alcanzarlo» o «no alcanzarlo» es una idea de importancia central. (N. del T.)

La séptima pregunta:

¿Por qué debería tomar *sannyas*?

Porque puede que mañana no existas. Mañana por la mañana puede que no existas. Y *sannyas* no es otra cosa que la visión de vivir este momento plenamente, totalmente, absolutamente.

Sannyas significa simplemente que ya no pospondrás más tu vida. *Sannyas* significa simplemente que no vivirás de sueños, que atraparás este momento y le sacarás todo su jugo ahora mismo. Eso es *sannyas*: es una forma de vida intensa, sensible.

Y recuerda, la vida está repleta de accidentes. Nunca se sabe lo que puede pasar.

Escucha esta historia.

Un vendedor volvió inesperadamente a casa un día, y lo primero que soltó al abrir la puerta fue: «¿Dónde está él? ¡Sé que está aquí! ¡Lo siento en mis huesos!».

Su mujer, que estaba lavando los platos en ese momento, dijo: «¿A quién buscas?».

El vendedor: «No me vengas con esas. Ya sabes a quién busco, ¡y lo encontraré!». Miró en el armario, debajo de la cama y en el desván. Se asomó por la ventana del apartamento, un segundo piso, y vio a un joven rubio que entraba en un descapotable rojo.

«¡Ahí está!» exclamó, y cogió el frigorífico y lo lanzó por la ventana. El joven quedó aplastado en su coche y él mismo murió de un ataque al corazón...

San Pedro: «¿Qué le ha sucedido, joven?». Joven: «Me aplastó un frigorífico».

San Pedro: «¿Y a usted?».

El vendedor: «He muerto de un ataque al corazón al tirar un frigorífico por la ventana».

San Pedro a un tercer hombre: «¿Y usted de qué murió?».

Tercer hombre: «Pues nada, estaba sentado dentro de un frigorífico, sin meterme con nadie, cuando...».

La vida está llena de accidentes. Uno nunca sabe de dónde vendrá el frigorífico. Y quizá haya un hombre dentro de él, sin meterse con nadie...

Por eso te digo que te hagas *sannyasin*: este es el único momento para vivir, no hay otro.

Capítulo 9

¡Ido, ido, ido más allá!

Tasmaj jnatavyam: pragnaparamita
maha-mantro maha-vidyamantro «nuttara-mantro»
samasama-mantrah, sárva-duhkhaprasamanah,
satyam amithyatvat, prajnaparamitayam ukto mantrah. tadyatha:
gate gate paragate parasamgate bodhisvaha iti
prajnaparamita-hridayam samaptam.

Por lo tanto, uno debería reconocer al prajnaparamita
como al gran sortilegio, el sortilegio de la gran sabiduría,
el sortilegio supremo, el sortilegio inigualable,
que alivia todo sufrimiento, en verdad
—porque ¿qué podría ir mal?—.

Este sortilegio procede del prajnaparamita.
Dice así: Ido, ido, ido más allá, ido más allá totalmente.

¡Oh! ¡Qué despertar! ¡Aleluya!

Esto completa el Corazón de la sabiduría perfecta.

Teilhard de Chardin divide la evolución humana en cuatro etapas. A la primera le llama geosfera; a la segunda, biosfera; a la tercera, neosfera, y a la cuarta, cristisfera. Estas cuatro etapas son inmensamente significativas. Tienen que entenderlas. Entenderlas los ayudará a comprender el clímax del *Sutra del corazón*.

La geosfera: es el estado de consciencia absolutamente dormida, el estado de la materia. La materia es la consciencia dormida. La materia no es antagonista de la consciencia, la materia es un estado de consciencia dormida, que aún no ha despertado. Una roca es un Buda que duerme; un día u otro, la roca se convertirá en un Buda. Puede que tarde millones de años —eso no importa. La diferencia será sólo de tiempo, y el tiempo no importa mucho en esta eternidad. Por eso, en Oriente hacemos las estatuas de piedra —es muy simbólico: la roca y el Buda se tienden un puente a través de una estatua de piedra—. La roca es lo más bajo y el Buda lo más elevado. La estatua de piedra dice que incluso en la piedra hay un Buda oculto. La estatua de piedra dice que Buda no es otra cosa que la roca que ha llegado a manifestarse; la roca que ha expresado todo su potencial.

Ésta es la primera etapa: la geosfera. Es la materia, es inconsciencia, es sueño, es la *previda*. En este estado no hay libertad, porque la libertad llega con la consciencia. En este estado sólo hay causa y efecto. La ley es absoluta. Ni siquiera un accidente es posible. No se conoce la libertad. La libertad llega sólo como sombra de la consciencia. Cuanto más consciente te haces, más libre. De aquí que llamen a Buda *mukta* —absolutamente libre. La roca está en completa esclavitud, está encadenada por todas partes, en todas las dimensiones. La roca es el alma aprisionada, Buda es el alma que vuela. Ya no quedan cadenas, ni esclavitud, ni prisión; ningún muro rodea a Buda. Su ser no tiene fronteras. Su ser es tan extenso como la existencia misma. Es uno con el todo.

Pero en el mundo de la geosfera, causa-y-efecto es el único *dhamma*, la única ley, el único Tao. La ciencia sigue confinada en la geosfera, porque sigue pensando en términos de causa-y-efecto. La ciencia moderna es una ciencia muy rudimentaria, muy primitiva, porque no puede concebir otra cosa que la materia. Su concepción es muy limitada, y por eso está creando más sufrimiento que soluciones. Su visión es tan finita, su visión es tan diminuta, tan pequeña, que no puede reconciliarse con la totalidad de la existencia. Mira a través de un agujero diminuto y piensa que eso es todo. La ciencia está aún confinada en la geosfera. La ciencia es aún esclava, todavía no puede volar. Sólo tendrá alas cuando empiece a ir más allá de la causa y el efecto.

Sí, ya ha habido-pequeños vislumbres. El físico nuclear está internándose en un mundo que está más allá de la causa y el efecto, está cruzando el límite. De ahí que esté surgiendo el principio de la incertidumbre, surgiendo con mucha fuerza. Causa-y-efecto es el principio de la certeza: haces esto y tiene que suceder eso. Calientas agua a cien grados, y se evapora —eso es causa-y-efecto—. El agua no tiene libertad. No puede decir «¡Hoy no me apetece y no voy a evaporarme a los cien grados! ¡Me niego!». No, el agua no puede decir eso; no puede resistirse, no puede luchar contra la ley. Es muy observante de la ley, muy obediente. Otro día, cuando el agua se sienta muy feliz, no podrá decir: «No te molestes demasiado. Me voy a evaporar a los cincuenta grados. Te voy a hacer un favor». No, eso no es posible.

La física antigua, la ciencia antigua, no tenía ni idea del principio de incertidumbre. El principio de la incertidumbre quiere decir el principio de la libertad. Ahora la ciencia está empezando a entreverlo. Ya no están tan seguros como antes. Ahora ven que también en lo más profundo de la materia hay una cierta libertad. Es muy difícil decidir si el electrón es una partícula o una onda: se comporta de las dos formas, a veces de una y a veces de la otra. Y no hay forma de predecirlo. Es un quanta. Y no sólo eso —su libertad es tal, que a veces se comporta simultáneamente como onda y como partícula—. Para la ciencia antigua, eso es totalmente incomprensible e inconcebible. Aristóteles no habría podido entenderlo, Newton no habría podido entenderlo. Es imposible verlo. Es como decir que algo se está comportando como una línea y como un punto al mismo tiempo; es ilógico. ¿Cómo puede haber algo que se comporte como un punto *y* como una línea? O es una línea, o es un punto.

Pero ahora los físicos están empezando a entrever el núcleo más profundo de la materia. De forma muy indirecta, están tropezando con uno de los mayores factores de la vida: la libertad. Pero en la geosfera no existe. Es *sushupti*.

La palabra «*sushupti*» significa absolutamente dormido —ni siquiera un sueño se agita—. Las rocas no están ni siquiera soñando, no pueden soñar. Para soñar tendrían que ser un poco más conscientes. La roca simplemente está ahí. No tiene personalidad, no tiene alma —al menos en estado actual—. Ni siquiera puede soñar. Duerme sin nada que la perturbe. Día y noche, año tras año, sigue durmiendo. Ha dormido durante milenios, y seguirá durmiendo durante milenios. Ni un sólo sueño la perturba.

En yoga, dividimos la consciencia en cuatro fases. Están muy, muy relacionadas con la división de De Chardin. La primera es *sushupti*, el dormir profundo. La geosfera corresponde a esto. La geosfera se parece más a la muerte que a la vida. Por eso parece que la materia está muerta. ¡Y no lo está! Está esperando a que su vida crezca, es como una semilla. Parece muerta: está esperando el momento adecuado para explotar a la vida. Pero, ahora mismo, está muerta. No hay mente. Recuerda, tampoco en la última fase habrá mente. Un Buda está en un estado de no mente y la roca también está en un estado de no mente. De ahí el significado de una estatua de piedra: el encuentro de dos polaridades. «La roca está en un estado de no mente» significa que la roca está aún por debajo de la mente. Buda está en un estado de no mente: eso significa que Buda ha ido más allá de la mente. Hay una similitud, de la misma forma que hay una similitud entre un niño y un santo. El niño está por debajo de la mente, el santo está más allá de la mente. La roca tendrá que atravesar todo el torbellino de la vida que Buda ya ha atravesado. Buda se ha ido, e ido, e ido, e ido más allá, totalmente más allá. Pero hay una similitud: él se encuentra nuevamente en un estado de no mente. Se ha hecho tan consciente que no necesita la mente. La roca es tan inconsciente que la mente no puede existir. En la roca lo inconsciente es absoluto, de aquí que la mente no sea posible. En el Buda la consciencia es absoluta y la mente no es necesaria. Deja que te lo explique; es una de las cosas más importantes de aprender, de comprender.

La mente es necesaria sólo porque no eres realmente consciente. Cuando eres realmente consciente, hay capacidad de penetración, ves, no hay pensamientos. Actúas según tu visión, no según tu mente. La mente no es necesaria. Cuando ves que algo es verdad, la visión misma se convierte en tu acción.

Por ejemplo, estás en una casa y hay fuego. Lo *ves* —no lo piensas—. Sencillamente lo ves, y te precipitas fuera de la casa. No esperas, no reflexionas, no le das vueltas. No lo preguntas, no consultas libros, no acudes a nadie para pedirle consejo sobre qué hacer.

Vuelves de un paseo nocturno, y te encuentras con una serpiente en el camino. ¡Saltas! Antes de que llegue ningún pensamiento, saltas. No saltas por ningún pensamiento, sino por tu visión. Hay un gran peligro —el peligro mismo te hace vivo, intenso, consciente, y das el salto desde tu consciencia—. Es un salto sin mente.

Pero esos momentos son muy infrecuentes en tu vida porque aún no estás listo para vivir tu consciencia intensa y totalmente. Para Buda, es normal. Vive tan totalmente que nunca necesita la mente, nunca la consulta.

La primera esfera, la geosfera, es una esfera sin mente. No hay «yo», obviamente, porque sin mente, el yo no puede existir. En la cuarta esfera, nuevamente, tampoco habrá «yo» —porque ¿cómo puede existir el yo sin la mente?—. La mente necesita funcionar desde un centro, por eso crea el ego, el yo. La mente tiene que mantenerse a sí misma bajo control, la mente tiene que mantenerse a sí misma dentro de un cierto patrón, un orden. Tiene que sujetarse a sí misma. Para hacerlo crea un centro, porque sólo a través de un centro puede mantener el control. Así que, en cuanto llega la mente, el ego está en camino. Tarde o temprano la mente necesitará al ego. Sin el ego la mente no podrá funcionar. De otra forma, ¿quién controlará, quién dirigirá, quién manipulará, quién planeará, quién soñará, quién proyectará? ¿Y *quién* estará ahí para servir de constante referencia? —porque la mente va cambiando—. Un pensamiento tras otro, una procesión de pensamientos. Si no tienes un ego te perderás: no sabrás quién eres, ni a dónde vas, ni para qué.

En la geosfera no hay mente, ni yo, ni tiempo. Está por debajo del tiempo. El tiempo no ha llegado aún. La roca no conoce el pasado, el presente, el futuro. ¡Y lo mismo sucede con Buda! Él también está más allá del tiempo. No conoce pasado, ni presente, ni futuro. Vive en la eternidad. De hecho, ese es el verdadero significado de estar en el presente. «Estar en el presente» no se refiere a ese espacio que hay entre el pasado y el futuro. Ése es el significado que se da en los diccionarios: se llama presente al espacio que hay entre el pasado y el futuro. Pero eso no es el presente. ¿Qué tipo de presente es ése? Si ya se está volviendo pasado. Está saliéndose de la existencia. Si llamas «presente» a este momento, en el momento en que lo llamas «presente» ya se ha ido al pasado; ya no es presente. Y ese momento al que llamabas «futuro» —en el momento en que lo llamabas «futuro» se convirtió en presente y está en camino de convertirse en pasado—. Este presente no es un presente real. El presente que hay entre el pasado y el futuro es sólo parte del pasado y del futuro, de la procesión del tiempo.

El presente del que hablo, el *ahora* del que hablo o del que habla Buda, o Cristo, cuando dice: «No pienses en mañana. Mira los lirios del campo —no se esfuerzan, no les dan vueltas a las cosas, y mira qué bellos son ¡qué increíblemente bellos!—. Ni Salomón era tan bello engalanado en toda su gloria. Mira los lirios del campo». Esos lirios viven en una especie de «ahora»; no conocen el pasado, no conocen el futuro. Un Buda no conoce pasado, futuro ni presente. No conoce ninguna división. Ése es el estado de eternidad. Entonces el «ahora» existe totalmente. Sólo hay ahora, y sólo aquí, y nada más. Pero la roca también está en ese estado —inconsciente, por supuesto.

La segunda esfera es la biosfera. Significa la vida, la preconsciencia. La primera esfera era la materia, la segunda esfera es la vida: los árboles, los animales, los pájaros. Las rocas no pueden moverse, en las rocas no hay vida por ningún sitio, vida visible por ningún sitio. El árbol tiene más vida, el animal todavía más, el pájaro todavía más. El árbol tiene sus raíces en el suelo, no se puede mover mucho. Se mueve un poco, se balancea, pero no puede moverse mucho; no tiene tanta libertad. Ciertamente, tiene un poco de libertad, pero el animal tiene más libertad. Se puede mover, tiene opción a un poco más de libertad —el pájaro puede volar—. Ésta es la esfera llamada biosfera, la esfera de la vida. Es la preconsciencia; comienza a aparecer una consciencia rudimentaria. La roca era absolutamente inconsciente. No puede decirse que el árbol sea tan absolutamente inconsciente. Sí, es inconsciente, pero empieza a filtrarse algo de consciencia, está entrando un rayo de consciencia. Y el animal es un poco más consciente.

El primer estado corresponde al *sushupti* de Patanjali, el dormir más profundo. El segundo estado corresponde al *swabana* de Patanjali, el estado de sueño. La consciencia llega como un sueño. Sí, los perros sueñan. Puedes verlo —puedes mirar a un perro durmiendo y verás que sueña—. A veces trata de cazar moscas en sueños. Y a veces verás que está triste, y a veces que parece feliz. Mira a un gato, a veces salta en sueños sobre un ratón, puedes ver lo que está haciendo en su sueño —comiéndose el ratón, limpiándose el bigote—. Puedes mirar al gato: los sueños han entrado, están sucediendo cosas en el mundo de la consciencia. La consciencia está llegando a la superficie. La ley causa-efecto todavía predomina, pero no tanto como en una roca. Se ha hecho posible un poco de libertad, y de aquí que empiecen a suceder los accidentes. El animal tiene un poco de libertad. Puede elegir algunas cosas, puede ser temperamental: puede estar de buen humor y mostrarse amistoso contigo, o estar de mal humor y mostrarse hostil hacia ti. Un poco de capacidad de decisión ha entrado en su ser, pero sólo un poco, sólo el principio. El yo aún no está integrado. Es un yo muy disperso, una mezcolanza, pero está apareciendo. La estructura está tomando forma, la forma está surgiendo.

El animal está orientado hacia el pasado; vive en base al pasado. El animal no tiene idea del futuro —no puede planear para el futuro, no puede pensar en más adelante—. Incluso si algunas veces piensa en más adelante, lo hace de forma enormemente fragmentaria. Por ejemplo, cuando el animal tiene hambre puede pensar en el futuro, en unas cuantas horas por delante —conseguirá comida—. Tiene que esperar. Pero el animal no puede pensar en algo para dentro de un mes, dos meses, tres meses. El animal no puede concebir los años; no tiene calendario, no tiene concepto del tiempo. Su orientación es hacia el pasado. Supone que lo que ha estado sucediendo en el pasado sucederá también en el futuro. Su futuro es más o menos el mismo que el pasado; es una repetición. Está dominado por el pasado. El tiempo entra por el pasado, el yo entra por el pasado.

La tercera esfera es la neosfera, la mente; surge la consciencia de sí mismo. La primera era la inconsciencia, la segunda era la preconsciencia, la tercera es la consciencia de sí mismo. Llega la consciencia, pero con una desgracia unida a ella —el yo—. No puede ser de otra forma; el yo es un mal necesario. La consciencia viene con la idea del «yo». Comienza la reflexión, comienzan los pensamientos, la personalidad entra en la existencia. Y con la mente llega la orientación hacia el futuro: el hombre vive en el futuro, los animales viven en el pasado.

Las sociedades desarrolladas viven en el futuro, las sociedades subdesarrolladas viven en el pasado. La gente primitiva aún vive en el pasado. Sólo la gente civilizada vive en el futuro. Vivir en el futuro es un estado más alto que vivir en el pasado. Los jóvenes viven en el futuro, los viejos empiezan a vivir en el pasado. Los jóvenes están más vivos que los viejos. Los países nuevos, las culturas nuevas, viven en el futuro. Por ejemplo, Norteamérica vive en el futuro, India vive en el pasado. La India va cargando con cinco mil, diez mil años de pasado. Es un lastre pesado, difícil de llevar, aplasta, pero uno sigue llevándolo. Es una herencia, y uno está muy orgulloso del pasado.

Estar orgulloso del pasado es sencillamente un estado de incivilización. Hay que alcanzar el futuro, hay que entrar a tientas en el futuro. El pasado ya no existe, el futuro va a existir —hay que prepararse para él.

Puedes observarlo en muchas cosas. La mente india sólo se emociona con los acontecimientos del pasado. La gente sigue representando el drama de Rama cada año, y eso los emociona muchísimo. Han pasado miles de años y han estado representando el mismo drama una y otra y otra vez, y seguirán haciéndolo. Los emociona muchísimo. No se emocionaron tanto cuando el hombre caminó por vez primera sobre la Luna; no se emocionaron tanto como se emocionan —y siempre se han emocionado— con el drama de Rama. Se saben la historia, la han visto muchas veces, pero es su herencia; están muy orgullosos de ella.

Te sorprenderá saber que hay *mahatmas* hindúes y *mahatmas* jainas en la India, que han estado tratando de probar que el hombre no ha caminado sobre la Luna, que los americanos nos están engañando. ¿Por qué? —porque la Luna es un Dios. ¿Cómo vas a caminar sobre la Luna? Y hay gente que los escucha y los sigue.

Un monje jaina vino a verme una vez en Gujarat y dijo: «¡Apóyame! ¡Tengo ya miles de seguidores!». Y los tenía. Y todo el asunto, el tema de su vida, era que los norteamericanos nos habían engañado, que esas fotografías son trucos fotográficos que han producido, que las piedras que han traído de la Luna las han traído de Siberia o de alguna otra parte del planeta. Nadie ha ido y nadie irá jamás a la Luna, porque en las *shastras* jainas, en las escrituras jainas, está escrito que la Luna es un Dios. ¿Cómo vas a caminar sobre Dios? Esto es tener tendencia hacia el pasado. Esto frena mucho. Por eso India no puede crecer, no puede evolucionar, no puede progresar. Está estancada en el pasado.

Con la neosfera, con la mente, la consciencia de sí mismo, la reflexión, el pensamiento, la personalidad, entra en la existencia la tendencia hada el futuro. Y cuanto más te preparas para el futuro, más ansioso te vuelves, por supuesto. Los norteamericanos son las personas más tensas, más inquietas. Los indios son muy reposados, tan reposados que no son eficientes en absoluto. ¿Sabías que cuando los indios cambian una bombilla eléctrica tienen que hacerlo entre tres? —uno para sostener la bombilla y dos para dar vueltas a la escalera—. Gente muy reposada, muy relajada; no padecen de ansiedad, no saben realmente lo que es la ansiedad.

La ansiedad llega con el futuro, porque haces planes. No puedes seguir repitiéndote toda tu vida. Y cuando haces algo nuevo existe la posibilidad de error, más posibilidades de error. Cuanto más intentas lo nuevo, más ansioso te vuelves. Es por eso por lo que, psicológicamente, América es el país más perturbado, y la India el menos perturbado. Los animales no tienen ansiedad. Vivir en el pasado es un estado mental más bajo —más confortable, por supuesto, más cómodo—. Y los *mahatmas* hindúes siguen diciéndole al mundo: «Miren lo pacíficos que somos. No existe ninguna neurosis. Incluso si nos morimos de hambre, lo hacemos totalmente en silencio. Incluso si morimos, morimos con total aceptación. ¡Y ustedes se están volviendo locos!».

Pero recuerda, el progreso llega con la ansiedad. Con el progreso hay ansiedad, hay temblor —por si te equivocas, por si haces algo mal, por si no das en el clavo—. Con el pasado no hay problema: sigues repitiéndolo. Es un pasado asentado, conocemos sus caminos perfectamente. Has viajado por ellos, tus padres han viajado por ellos, y así sucesivamente, hasta Adán y Eva. Todo el mundo lo ha hecho; no hay posibilidad de equivocarse. Con algo nuevo entra la ansiedad, el miedo, el miedo al fracaso.

Esta tercera esfera, la neosfera, es la esfera de la ansiedad, la tensión. Si tienes que elegir entre la segunda y la tercera, elige la tercera, no elijas la segunda. Aunque no hay necesidad de elegir entre la tercera y la segunda, sí que puedes elegir entre la tercera y la cuarta; elige la cuarta. Elige siempre lo más elevado.

Recuerda, cuando condeno la mente india, no estoy condenando a Buda y no estoy condenando a Krishna. Ellos eligieron la cuarta; ellos también son reposados, también están relajados —pero su relajación proviene de abandonar el tiempo mismo, no de vivir en el pasado—. Están absolutamente relajados, no tienen ansiedad, neurosis. Su mente es un lago en calma, sin olas —pero no por elegir la segunda, sino por elegir la cuarta; no por permanecer por debajo de la mente, sino por ir más allá de la mente—. Pero es así como van las cosas.

La gente en India ha visto a Buda, y han visto el silencio, han visto la bendición de ese hombre, y han visto la gracia, han visto que la vida puede vivirse en esa relajación. ¿por qué no vivir una vida así?

Pero no han hecho ningún esfuerzo para llegar a la cuarta etapa. Por el contrario, han descendido de la tercera y se han aposentado en la segunda etapa. Esa etapa ofrece algo parecido al silencio de Buda, pero es «algo parecido», no es exactamente eso. Siempre es más fácil aposentarse en el pasado y volverse más conformista y cómodo. Buda no se ha aposentado en el pasado; ni siquiera se ha aposentado en el futuro. No se ha aposentado en el tiempo —ha abandonado el tiempo, ha abandonado la mente que crea el tiempo—. Ha abandonado el ego que crea la ansiedad.

Los indios han elegido abandonar el futuro porque parece que éste crea ansiedad: «¿Qué el futuro crea ansiedad? Pues abandonamos el futuro». Entonces retrocederás, recaerás en la etapa previa. Abandona el ego, y entonces irás más allá.

La tercera etapa es similar a lo que Patanjali llama despertar. La primera es dormir, la segunda soñar, la tercera despertar —su despertar, por supuesto, no el despertar de Buda—. Su mal llamado despertar: los ojos están abiertos, pero los sueños se pasean en tu interior; los ojos están abiertos, pero duermes en tu interior. Estás muy dormido incluso cuando estás despierto. Éste es el tercer estado. Y siempre es útil; si el día te cansa, caes en un sueño —eso te relaja.

Luego caes en un sueño profundo; eso te relaja aún más. Por la mañana estás fresco de nuevo. Retrocedes para descansar porque eso es lo que ya conoces y está en tu sistema; puedes ir allí.

El cuarto estado hay que crearlo. No está en tu sistema. Es tu potencial, pero nunca antes has estado en él. Es arduo, va contra la corriente, cuesta arriba.

El cuarto estado es la cristosfera —puedes llamarla budasfera, significa lo mismo; puedes llamarla krishnasfera, significa lo mismo—. Con el tercer estado hay una especie de libertad, una pseudolibertad, la libertad conocida como elección. Esto hay que entenderlo, es muy importante.

En la tercera etapa tienes simplemente una especie de seudo-libertad, y esa libertad es la libertad de elección. Por ejemplo dices: «Mi país tiene libertad religiosa». Eso significa que puedes elegir: puedes ir a una iglesia o a un templo, y el país y sus leyes no te crearán problemas. Puedes hacerte mahometano, o hindú, o cristiano —puedes elegir—. «El país es libre» significa que puedes elegir tu vida, dónde quieres vivir, qué quieres hacer, qué quieres decir. La libertad de expresión, la libertad —que puedes decir lo que quieras, que puedes hacer lo que quieras, que puedes elegir cualquier tendencia religiosa o política; puedes ser comunista, puedes ser fascista, puedes ser liberal, puedes ser demócrata, y todas esas tonterías. Puedes elegir. Es sólo una pseudolibertad. ¿Por qué la llamo pseudolibertad? —porque una mente que está llena de pensamientos no puede ser libre.

Si has vivido cincuenta años y tu mente ha sido condicionada por tus padres y los profesores y la sociedad, ¿crees que puedes elegir? Elegirás desde tus condicionamientos ¿Cómo va a ser eso una elección? Si desde un principio te han condicionado.

Es como cuando hipnotizas a alguien. Puedes llevar a alguien a Santosh, nuestro hipnotizador, y él puede hipnotizarlo y decirle, «mañana por la mañana irás al mercado y comprarás un cierto tipo de cigarrillo, una marca particular». Puede sugerirle eso en hipnosis profunda. Al día siguiente por la mañana, se levantará y no tendrá ni idea de que va a comprar una determinada marca de cigarrillos en el mercado, porque el condicionamiento ha entrado en el inconsciente, ha sido puesto en el inconsciente. Su mente consciente no lo sabe. Ni siquiera sabrá por qué va al mercado. Pero encontrará alguna racionalización: dirá: «Me apetece ir de compras hoy». ¿Por qué hoy? Él dirá: «Es mi libertad. Iré a donde quiera. ¿Quién eres tú para impedírmelo? Es mi libertad». Y es inconsciente, completamente inconsciente de que eso no es libertad en absoluto. E irá al mercado con la idea de que es libre, y puede que ni por un momento piense que va a comprar una determinada marca de cigarrillos. Y de pronto encuentra una tienda, y se dice a sí mismo: «¿Por qué no comprar un paquete de cigarrillos? Hace mucho que no fumo». ¡Y piensa que él está pensándolo! Y entra en la tienda y dice: «Dame un paquete de "555"». ¿Por qué no «Panamá»? ¿Por qué no «Willis»? ¿Por qué no «Berkeley»? El dirá : «¡Es mi elección! ¡Soy libre de elegir!». Y comprará «555», y seguirá siendo libre —al menos esa es su idea—. No es libre, ha sido condicionado.

Has sido condicionado como hindú, como cristiano, como mahometano, como indio, como chino, como alemán —¿cómo vas a ser libre?—. Has sido condicionado por tus padres, por tu sociedad, por tu barrio, por tu escuela, por tu colegio, tu universidad —¿cómo vas a ser libre? Tu libertad es falsa. Es simulada —sólo te da una sensación de libertad y te pone contento; es sólo esa clase de libertad. Cuando vas a la iglesia ¿lo haces por tu libertad? Cuando vas a un templo hindú ¿lo haces por tu libertad? Examínalo, y descubrirás que no vas por tu libertad. Naciste en una familia hindú.

A veces puede suceder que hayas nacido en una familia cristiana y sin embargo quieras ir a un templo hindú. Eso también es un condicionamiento —de distinta clase—. Quizá tus padres eran demasiado cristianos, *demasiado*, y no podías absorber tal cantidad de tonterías. Hay un límite. Te vuelves antagonista, empiezas a rebelarte; te haces reaccionario. Y tus padres solían arrastrarte a la iglesia. Ellos eran fuertes y tú eras un niño pequeño y no podías hacer nada; estabas desamparado. Pero siempre pensabas: «Ya verán». El día que te volviste fuerte dejaste de ir a la iglesia.

Pero esa idea, «Ya verán», te la han inculcado ellos con su obsesión por la iglesia. De nuevo es una hipnosis —de orden inverso, pero hipnosis—. Estás reaccionando, no eres libre. Si quieres ir a la iglesia no serás capaz, te encontrarás a ti mismo echándote para atrás. No irás, porque ésa es la iglesia a la que tus padres solían *llevarte*. No puedes ir a esa iglesia; te harás hindú. Empezarás a hacer cosas que tus padres nunca querían que hicieses sólo para escarmentarlos. Eso es una reacción. Lo primero es obediencia, lo segundo es desobediencia, pero no hay libertad en ninguna de las dos.

Y una cosa más: el que no seas libre no es sólo cuestión de condicionamientos. Cuando eliges entre dos cosas —quizá nadie te ha condicionado acerca de esas dos cosas; hay millones de cosas sobre las que no has recibido ningún tipo de condicionamiento—. Cuando eliges entre dos cosas, tu elección sale de la confusión, y con confusión no puede haber libertad. Quieres casarte con esta chica o con aquella —¿cómo vas a elegir?—. Estás confuso.

Recibo cartas de gente todos los días: «Estoy dividido entre dos mujeres. ¿Qué debo hacer? Una de ellas tiene un cuerpo muy hermoso, bien proporcionado, sus ojos son bellísimos, tienen cierto encanto; su cuerpo vibra, es radiante, está lleno de vida —pero psicológicamente no es hermosa—. La otra es bella psicológicamente, pero fea físicamente. ¿Qué hacer?». Y te sientes dividido.

Me contaron acerca de un hombre que pensaba casarse. Estaba enamorado de una mujer, pero ella era muy pobre. Era muy guapa, pero muy pobre. Y a su vez, otra mujer estaba enamorada de él. Era muy rica, pero muy fea. Y también había algo hermoso en ella —su melodía, su voz—. Era una gran cantante.

El hombre se sentía dividido. La mujer hermosa no tenía esa voz, esa voz melodiosa. Y él era un amante de la música. Esa mujer tenía una cara muy bella, pero para él la forma no era tan importante como la voz. Y además él era pobre y quería una mujer con mucho dinero para poder tener seguridad; así él podría dedicarse a la música totalmente, de todo corazón, y no necesitaría preocuparse del dinero y cosas así. Quería dedicar toda su vida a la música. Esa mujer tenía dos cosas: dinero y una voz hermosa —pero era terriblemente fea—. Costaba trabajo mirarla, su cara era repulsiva. La mujer pobre era guapa, pero su voz era ordinaria y además no tenía dinero. Así que si elegía a esta mujer tendría que abandonar su idilio con la música. Tendría que trabajar como empleado en alguna estúpida oficina, o de maestro o de alguna cosa por el estilo. Y no podría dedicarse a la música. La música necesita una dedicación total, la música es una señora muy celosa —no te permite ir a ningún sitio, quiere absorberte absolutamente, totalmente—. Así que él se sentía dividido. Y finalmente venció su amor por la música y se casó con la mujer fea.

Volvió a casa y se fueron a dormir. Las noches oscuras estaban bien porque así no veía a la mujer, no había problema. Pero por la mañana, cuando se filtraban los rayos del sol y él se despertaba y miraba la cara de la mujer, era tan repulsiva... Sacudía fuerte a la mujer y le decía: «¡Canta! ¡Canta inmediatamente!» —¡para protegerse de esa fealdad! La gente me escribe: «Nos sentimos divididos entre dos mujeres, o entre dos hombres. ¿Qué debemos hacer?». Esta confusión surge porque estás motivado. Existe una motivación: el dinero, la música, la seguridad.

No hay amor; por eso te sientes dividido. Si hubiese amor, un amor intenso, un amor apasionado, entonces no habría elección. Esa pasión decidiría por sí misma. No elegirías, no te sentirás dividido.

Pero la gente no es tan inteligente ni tan intensa. Viven con mucha tibieza, así-así; no viven intensamente. Su vida no tiene fuego.

La libertad real sucede sólo cuando tu vida se vuelve tan total en cada momento que no hay necesidad de decidir; esa totalidad decide.

¿Me comprendes? —la totalidad decide por sí misma—. No estás ante dos alternativas: casarte con esta mujer o con aquella. Tu corazón *está totalmente* con una. No hay motivos, así que no estás dividido. Y no hay confusión. Si decides con confusión, crearás conflictos. La confusión te llevará a confusiones más profundas. Que tu decisión nunca salga de la confusión.

Por eso Krishnamurti habla tanto del estado de no elección. La no elección es libertad. No eliges, simplemente te vuelves totalmente intenso. Te vuelves absolutamente alerta, consciente, atento.

Por ejemplo, estás escuchándome: puedes escuchar de una forma tibia —medio dormido, medio despierto, bostezando, pensando en mil y una cosas, planeando, dándole vueltas todavía a la noche anterior, residuos de todo tipo —y estás también escuchando—. Entonces surge la pregunta de si estoy diciendo la verdad o no. Si estás escuchando apasionadamente, si estás absolutamente aquí y ahora, la pasión misma decidirá. En esa intensidad sabrás lo que es la verdad. Si digo algo que es verdad, inmediatamente tocará tu corazón. Porque serás tan inteligente que, ¿cómo podrías perdértelo? Tu inteligencia estará tan alerta que, ¿cómo podrías perdértelo? Y si hay algo que no es verdad, lo verás inmediatamente. La visión vendrá, será inmediata. No habrá decisión por tu parte. «¿Debo seguir a este hombre o no?» Eso viene de la confusión. No has escuchado, no me has visto.

¡Compréndelo! Con la verdad no necesitas estar o no estar de acuerdo. La verdad tiene que ser oída totalmente, con sensibilidad, eso es todo. Y esa misma sensibilidad decide. Lo ves, inmediatamente sientes su verdad. En esa misma sensación, has entrado en la verdad —no es que estés o no estés de acuerdo; no es que yo te haya convencido, convertido—. No estoy convirtiendo a nadie. La verdad es la que convierte. Y la verdad no es una creencia, y la verdad no es una razón. La verdad es una presencia. Si estás presente la sentirás. Si no estás presente no la sentirás.

De forma que en la tercera etapa, la neosfera, hay pseudolibertad. Decides desde tu confusión. De aquí que la confusión siga creciendo. La confusión trae conflicto, porque siempre hay dos partes en ti —hacer esto o hacer eso, ser o no ser—. Y decidas lo que decidas, la otra parte continuará ahí, esperando que llegue la hora de su venganza. La libertad sucede solamente en la cuarta etapa.

La cristosfera es la cuarta. Con la cristosfera, la no-mente entra en la existencia —la no-mente de un Buda, de un Cristo, no la de una roca—. Con la cuarta llega la consciencia sin centro, sin ningún «yo» en ella; consciencia pura sin límite, consciencia infinita. Entonces no puedes decir «Soy consciente». No hay «yo», sólo hay consciencia. No tiene nombre ni forma. Es una «nada», un vacío. Con esta consciencia, el pensamiento no es necesario. La visión interna empieza a funcionar, la intuición empieza a funcionar.

El intelecto vive de la tuición. Otros tienen que enseñarte —eso es la tuición—. Nadie tiene que enseñarte la intuición: viene de dentro, crece en ti, es un florecimiento de tu ser. Ésta es la cualidad de la consciencia llamada meditación: intuición, penetración, consciencia sin centro, eternidad; o puedes llamarla el ahora, el presente. Pero recuerda, no es el presente entre el pasado y el futuro; es el presente en el que el pasado y el futuro se han disuelto.

Chardin lo llama «el punto omega», Buda lo llama nirvana, los jainas lo llaman *moksha*, Cristo lo llama «Dios el Padre». Son nombres diferentes. Todo este sutra trata del paso de la tercera a la cuarta, de la neosfera a la cristosfera, del intelecto a la inteligencia, de la autoconsciencia a la consciencia sin «yo». La tercera es como un despertar, un despertar ordinario, y la cuarta es lo que Patanjali llama *turiya*, «la cuarta». Él no le ha dado ningún nombre, y eso es muy hermoso. Si la llamas «cristosfera» parece cristiano; si la llama «krishnasfera» parece hindú; si le llamas «budasfera» parece budista. Paranjali es extremadamente puro; la llama simplemente «la cuarta». Eso lo contiene todo. No le ha dado un nombre particular. A las otras tres les da nombres porque tienen formas, y cuando hay formas el nombre es pertinente. Lo que no tiene forma no puede tener nombre —*turiya*, «la cuarta».

Todo este *Prajnaparamita Sutra* trata del paso de la tercera a la cuarta. Sariputra está en la cima de la tercera: la neosfera —reflexión, pensamiento, consciencia de sí mismo—. Ha viajado todo lo que era posible en la tercera, ha llegado al máximo dentro de ella. No le queda más. Está sobre la línea fronteriza...

... Por lo tanto, ¡oh! Sariputra...

Buda está más allá de la línea fronteriza y está llamando a Sariputra hacia adelante: «Ven... ven... y ven...». Todo el sutra está condensado en este último sutra de hoy. Todos los sutras eran, hasta ahora, tan sólo una preparación para esta última cima.

Tasmaj jnatavyam: prajnaparamita maha-mantro mahavidyamantro
'nuttara-mantro' samasama-mantrah... Por lo tanto, uno debería saber...
Tasmaj jnatavyam...

... ¡Por lo tanto, lo único que merece la pena saberse es esto!

Ésta es la conclusión de todo ese hermoso diálogo. El diálogo es entre dos energías: Buda y Sariputra, porque Sariputra no ha dicho ni una sola palabra. Éste es un diálogo muy superior al que existió entre Arjuna y Krishna en el Gita, porque Arjuna dijo algo. Fue verbal. Arjuna tiene más de estudiante que de discípulo. Se hace discípulo sólo muy al final. Cuando se convierte en discípulo, Krishna se convierte en maestro. Si el discípulo no es discípulo, ¿cómo puede el maestro ser maestro? Si el discípulo es sólo un estudiante, entonces el maestro es sólo un profesor.

Donde acaba el Gita —en ese punto empieza este *Prajnaparamita Sutra*—. Sariputra es un discípulo: absolutamente silencioso, no ha pronunciado ni una palabra, ni siquiera ha hecho una pregunta —verbalmente—. Sariputra es una búsqueda, no una pregunta. Todo su ser está preguntado, no su mente. No está verbalizando. Su existencia es un signo de interrogación. Está frente a Buda, todo su ser está sediento, en llamas, ardiendo. Viendo su estado, Buda sigue hablando. No es que el discípulo tenga que preguntar; el maestro sabe cuándo el discípulo lo necesita. El maestro sabe mucho mejor que el discípulo mismo lo que este necesita. El discípulo tiene que esperar. Quizá Sariputra *ha* esperado durante muchos años, durante casi veinte años este momento —en el que el Maestro vería la necesidad, en el que el maestro sentiría su hambre y su sed, en el que sería digno de recibir un regalo del Maestro—. El día ha llegado, ese momento afortunado ha llegado.

Tasmaj jnatavyam...

Buda dice: «Por lo tanto, ¡Oh! Sariputra, esto es lo único que merece la pena saberse». Y ahora condensa todo su mensaje en unas pocas palabras, en una corta frase, en un mantra, ¡porque Buda ha puesto en él todo lo necesario para el viaje entero! Lo ha puesto todo en esta pequeña, pequeñísima fórmula.

Por lo tanto, lo único que merece la pena saberse es el prajnaparamita como el gran sortilegio, el sortilegio de la gran sabiduría, el sortilegio supremo, el sortilegio inigualable.

Buda lo alaba al máximo; usa todos los superlativos posibles. Dice: «¡Éste es el gran sortilegio!». Sortilegio, mantra, significa fórmula mágica. Hay que comprender lo que es un mantra. Un mantra es algo muy, muy especial, que hay que comprender. Es un sortilegio, una fórmula mágica.

Implica el fenómeno de que, cualquier cosa que tengas no existe en realidad, y que cualquier cosa que crees que no tienes, ¡existe! Se necesita una fórmula mágica. ¡Tu problema no es real! —por eso se necesita una fórmula mágica.

Por ejemplo... una parábola:

Sucedió que un hombre tenía mucho miedo de los fantasmas. Y desgraciadamente, necesitaba atravesar el cementerio todos los días, al ir y al venir. Y a veces se le hacía tarde, y tenía que atravesar el cementerio por la noche. Su casa estaba detrás del cementerio, muy cerca de este. Y tenía tanto miedo de los fantasmas que su vida era una constante tortura. No podía dormir: los fantasmas lo perturbaban toda la noche. A veces llamaban a las puertas, a veces se movían dentro de la casa, y podía oír sus pisadas y sus susurros. Y a veces se le acercaban mucho y podía oír incluso su respiración. Su vida era un constante infierno.

Acudió a un maestro, y el maestro dijo: «Eso no es nada. Has acudido a la persona apropiada». Lo mismo que yo les digo a ustedes...

«Toma este mantra —con esto es suficiente, no necesitas preocuparte. Pon este mantra en una cajita de oro y llévala siempre contigo. Puedes colgártela del cuello».

Es como el medallón del *mala*: es un mantra; o como la caja mágica que doy a los *sannyasins* que se van. Es una caja mágica, es un mantra.

El maestro dijo: «Guarda este mantra. Ni siquiera necesitas repetirlo; es tan poderoso que no es necesario repetirlo. Tan sólo guárdalo en la cajita. Lleva la caja contigo y los fantasmas no te molestarán nunca más». Y así fue: ese día pasó por el cementerio casi como si fuese un paseo matutino. Nunca había sido tan fácil. ¡Solía pasar corriendo! Solía chillar, gritar, y tenía que cantar al pasar. Ese día caminó lentamente con la caja en la mano ¡y funcionó! No hubo fantasmas. Incluso se detuvo en medio del cementerio esperando a que viniese alguno, pero no apareció ningún fantasma. Había un silencio absoluto.

Luego se fue a casa. Puso la caja bajo su almohada. Esa noche nadie llamó a la puerta, nadie susurró, nadie se le acercó. Era la primera vez en su vida que dormía bien. Era un gran mantra. Pero ahora se apegó demasiado a la cajita. No podía dejarla en ningún sitio, tenía que llevarla todo el día.

La gente empezó a preguntarle: «¿Por qué llevas esa caja?». Y él respondía: «Es mi seguridad».

Tenía mucho miedo de perder la caja algún día. «¡Tendría grandes problemas, los fantasmas se vengarían!» Comía, y llevaba la cajita. Iba al baño, llevaba la cajita. Estaba haciendo el amor con alguna mujer, y llevaba la cajita. ¡Se estaba volviendo loco! Y el miedo ahora era excesivo: si se la robaban, si alguien le jugaba una mala pasada, o si la perdía en algún sitio o algo le ocurría a la cajita, ¡¿qué sucedería?! «¡Esos fantasmas llevan meses deseando crearme problemas! ¡Se abalanzarán sobre mí desde todas partes y me matarán!».

El maestro le preguntó un día que cómo le iban las cosas. Él replicó: «Todo va bien. Todo va perfectamente bien, pero ahora me torturan mis propios miedos. De nuevo no puedo dormir. Me paso toda la noche comprobando si la caja sigue allí. Me despierto una y otra vez para buscar la caja. Y si alguna vez se desliza aquí o allá en la cama. ¡tengo tanto miedo! ¡Me asusto tanto!».

El maestro dijo: «Ahora voy a darte otro mantra. Tira esa caja». Y él inquirió: «¿Y cómo voy a protegerme entonces de los fantasmas?».

El maestro contestó: «Esos fantasmas no existen. Esa caja es una tontería. Esos fantasmas no existen; por eso ha dado resultado la caja. Esos fantasmas están sólo en tu imaginación. Si existiesen realmente no tendrían miedo de la cajita. Son sólo ideas tuyas, esos fantasmas eran ideas tuyas. Ahora tienes una idea mejor, porque tienes un maestro. Y el maestro te ha dado una cajita, un sortilegio mágico. Ahora comprende aún más: los fantasmas no existen, por eso ha dado resultado esa cajita. Ahora no hay necesidad de obsesionarse con ella. ¡Tírala!». Un mantra es un sortilegio para eliminar cosas que en realidad no existen. Por ejemplo, un mantra te ayudará a abandonar el ego. El ego es un fantasma, sólo una idea. Por eso les digo que estoy aquí para quitarles cosas que no hay realmente en ustedes, y darles cosas que ya están ahí. Les doy cosas que ya tienen y les quito cosas que nunca han tenido, pero que creíais tener. Sus miserias, sus heridas, sus ambiciones, sus celos, sus miedos, avaricias, odios, apegos —todo son fantasmas. Un mantra es sólo un truco, una estrategia para ayudar a que se deshagan de sus fantasmas. Una vez que has dejado esos fantasmas, tienes que dejar también el mantra. Una vez que sientes que los fantasmas han desaparecido, ya no es necesario llevar el mantra. Y luego te reirás del absurdo de todo: los fantasmas eran falsos y el mantra era falso —pero ayudó.

Sucedió que un hombre tuvo la idea en un sueño de que se le había metido una serpiente por la boca y se había quedado en su estómago. Y sentía los movimientos de la serpiente. Ya sabes cómo son esas serpientes; todo el mundo las conoce. Y esto lo perturbaba mucho. Fue a ver a médicos, y le miraron por rayos X, pero... Él decía: «Está ahí, aunque no se vea por rayos X. Eso no importa. Estoy sufriendo, mi sufrimiento es real».

Entonces acudió a un maestro sufí. Alguien le dijo: «Vete a ver a un maestro sufí. Sólo un maestro puede ayudarte en eso. Los médicos no te ayudarán mucho. Ellos tratan enfermedades reales; los maestros tratan enfermedades irreales. Acude a un maestro».

Y lo hizo. Y el maestro aseguró: «De acuerdo, haré algo. La serpiente saldrá mañana por la mañana». A la mañana siguiente el maestro ya lo había preparado: encontró una serpiente, se la dio a la esposa del hombre, y le dijo: «Arréglelo todo para que cuando él despierte encuentre a la serpiente arrastrándose por la cama». Y el hombre gritó, chilló y saltó.

Y dijo: «¡Ahí! ¡Ahí está! ¡La serpiente! Y esos doctores estúpidos decían que no había serpiente, que no había nada. ¡Y estás ahí!». Y desde ese día el problema desapareció. Eso fue un mantra. El problema no era real.

Todos tus problemas son creaciones tuyas. Un mantra es una estrategia para quitarte tus ilusiones, y cuando las ilusiones se han ido, lo que queda es la verdad. El mantra sólo quita lo falso. No te puede dar lo real, sólo puede quitar lo falso. Pero eso es suficiente. Una vez que se ha quitado lo falso, una vez que se ha comprendido la falsedad de lo falso, surge la verdad. Y la verdad libera. La verdad es liberación.

Buda dice:

> *El prajnaparamita, como el gran sortilegio,*
> *el sortilegio de la gran sabiduría, el sortilegio supremo,*
> *el sortilegio inigualable —sarva-dukhka prasamanah—;*
> *que alivia todo sufrimiento.*

Buda dice que este mantra tiene tanto potencial que es suficiente para eliminar todo sufrimiento. Con sólo este mantra será suficiente, te llevará a la orilla que está más allá.

> *satyam amithyatvat —en verdad; porque, ¿qué podría ir mal?*

Buda dice que este mantra te hará tan sólo ver lo falso como falso. Y cuando conoces la verdad, ¿qué puede ir mal? Entonces nada puede ir mal —*satyam amithyatvat*.

Esta palabra *amithya* viene de la raíz *mithya*. *Mithya* significa falso, *amithya* significa no falso. La palabra *mithya* existe en la palabra inglesa «*myth*» (mito). Mito significa lo falso. Mito viene de la misma raíz, *mithya*. Un mito es lo que aparenta ser real pero no lo es.

En otra palabra inglesa, «*miss*», como en «*to miss*» (errar, perdernos algo, no comprender), también existe la misma raíz, mithya. «*Misunderstanding*» (malentendido) —ese «mis» viene de *mithya*—. O cuando decimos «*He missed*» (erró, no lo cogió, no lo comprendió), ese «to miss», también viene de *mithya*.

Es la verdad lo que seguimos perdiéndonos. Nos la seguimos perdiendo porque seguimos aferrándonos a lo falso. Nos perdemos la verdad porque nos aferramos a lo falso. Si dejamos lo falso no nos perdemos nada en absoluto. Y ése es también el significado básico de la palabra «*sin*» (pecado). «Sin» significa «*to miss*», errar, no dar en el blanco. Cada vez que te aferras a lo falso cometes un pecado, porque te aferras a ello, te pierdes la verdad.

Te aferras a la idea de Dios y es falsa. Todas las ideas son falsas. Te aferras a cierta idea de Dios y esa es la barrera. Buda dice que este mantra removerá todas tus barreras; sólo te dará nada. En la nada, surge la verdad, porque no hay nada que obstaculice. «Nada» significa que ya no hay nada obstaculizando —todas las ideas falsas han sido abandonadas en el camino—. Estás vacío, receptivo, abierto, vienes a la verdad desnudo, vacío —ésa es la única forma de acercarte a ella—. Entonces nada puede ir mal.

Prajnaparamitayam ukto mantrah —«Este sortilegio procede del *prajnaparamita*»—. Y Buda dice: «En él he dado lo último, lo supremo. No hay más y no hay posibilidad de mejorarlo».

Y yo también les digo: ya no hay posibilidad de mejorarlo. «Nada» es el mantra más grande. Si puedes entrar en la nada, entonces no hace falta nada más. Y ése es el mensaje completo del *Prajnaparamita Sutra*.

Tadyatha... dice así:

Buda condensa ahora toda la escritura, todo el diálogo, todo el mensaje en unas pocas palabras.

*Tadyatha... dice así: Gaté gaté paragaté parasamgaté
bodhisvaha: ido, ido, ido más allá, ido totalmente más allá.*

¡Oh, qué despertar! ¡Aleluya!

Buda usa la palabra «ido» cuatro veces. Estas son las cuatro cosas para las que usa «ido»: la geosfera, la biosfera, la neosfera, la cristosfera. «Ido» —ido de la materia, ido del cuerpo, ido de lo visible, lo tangible—. Usa de nuevo «ido» por segunda vez —ido de la vida, de la llamada rueda de la vida y la muerte—. «Ido más allá», por tercera vez usa «ido» —ahora ido más allá de la mente, el pensamiento, el yo, el ego—. «Ido totalmente más allá» —ahora lo usa por cuarta vez... ido incluso más allá del más allá, la cristosfera—. Ahora ha entrado en lo no creado.

La vida ha descrito un círculo completo. Éste es el punto omega, y este es también el alfa. Este es el símbolo que debes haber visto en muchos libros, en muchos templos, en los monasterios antiguos —el símbolo de la serpiente mordiendo su propia cola con la boca.

Ido, ido, ido más allá, ido totalmente...

Has vuelto a casa.

¡Oh, qué despertar!

¡Qué *satori*! ¡Qué *samadhi*! Éste es el despertar, el estado de Buda...

¡Aleluya! Puedes preguntar a Aneeta: ella canta el «Aleluya». Éste es el aleluya. Éste es el estado de aleluya: cuando todo se ha ido, cuando todo ha desaparecido y sólo queda la nada pura. Ésta es la bendición —¡aleluya!—. Éste es el éxtasis que busca todo el mundo. De forma correcta o errada, pero todo el mundo busca este éxtasis.

Eres un Buda, y todavía no eres un Buda: ése es el dilema, ésa es la paradoja. Has sido creado para ser un Buda, pero estás perdiéndotelo. Este sutra te tiende un puente, este sutra te ayuda a convenirte en lo que estás destinado a ser. Este sutra te ayuda a llevar a tu ser hasta la plenitud. Recuerda, este sutra no es sólo para ser repetido, como se ha hecho a lo largo de los siglos en China, Corea, Tailandia, Japón, Ceilán. Ellos siguen repitiendo: *Gaté gaté paragaté parasamgaté bodhisvaha*. Esa repetición no los ayudará.

Este mantra no es sólo para ser repetido. Tiene que ser comprendido, tiene que convertirse en tu ser. Sigue yendo más allá de cada nombre y forma, sigue yendo más allá de cada identidad, sigue yendo más allá de cada limitación. Sigue haciéndote más grande, enorme, inmenso. Ni siquiera el cielo es tu límite. Sigue...

Gaté gaté paragaté parasamgaté bodhisvaha.

Svaha es la expresión del éxtasis supremo. No significa nada; es exactamente igual que «aleluya». Es una gran exclamación de alegría. La bendición ha sucedido —estás lleno, absolutamente lleno—. Pero este sutra no es sólo para ser repetido, recuerda. Buda lo ha condensado en unas pocas palabras para que puedas recordarlo. En estas pocas palabras ha puesto todo su mensaje, el mensaje de toda su vida. Eres un Buda. Y a no ser que lo reconozcas así, sufrirás. Este sutra proclama que eres un Buda. Por eso comencé estas charlas saludando al Buda que hay en ti. ¡Proclamo que sois Budas! ¡Reconocedlo!

La palabra «reconocer» es hermosa. Significa: vuélvete y mira. Vuelve a mirarte («*re-spect*»). La palabra «*respect*» (respetar) también es apropiada: significa «*re-spect*», mirar de nuevo. Eso es lo que quiere decir Jesús con arrepentimiento. La palabra aramea original significa retorno; no tiene nada que ver con el arrepentimiento cristiano. Arrepentirse significa retornar —un retorno de ciento ochenta grados—. Patanjali lo llama *pratiyahar* —entrar, retirarse al interior—. Y Mahavir lo llama *pratikrama* —no salir, entrar, entrar en casa.

El espacio entre tu yo irreal y tu yo real es obviamente un espacio falso, porque tú eres tu yo real todo el tiempo —sólo que soñando, pensando que eres otra persona—. Abandona eso. Mira quién eres. Y no te dejes engañar por creencias e ideologías y escrituras y conocimientos. ¡Deja todo eso! ¡Déjalo incondicionalmente! Descarga todos los muebles que llevas en tu ser. Deja una habitación vacía, y esa habitación vacía te revelará la verdad. En ese reconocimiento, *svaha*, ¡aleluya! Un gran éxtasis brota en canciones, en danza, en silencio, en creatividad. Uno nunca sabe lo que sucederá. Cómo se expresará en ti ese éxtasis, nunca se sabe; cada uno lo expresará a su manera —Jesús a su manera, Buda en la suya, Meera en la suya—. Todo el mundo lo hace a su manera. Hay quien se vuelve absolutamente silencioso —el silencio es su canción—. Otros empiezan a cantar —Meera, Chaitanya— cantar en su silencio. Otros danzan —sin saber qué decir, entran en una danza loca; esa es su forma—. Otros pintarán, otros compondrán música, otros puede que esculpan, u otros puede que hagan alguna otra cosa. Habrá tantas expresiones como personas. Así que nunca imites; tan sólo espera a que tu propia expresión tome posesión de ti. Deja que tu *svaha*, tu aleluya, sea tuya, auténticamente tuya. Y eso sucede cuando eres una nada.

La nada es el sabor de todo este sutra. Hazte nada y serás todo. Sólo los perdedores pueden ser los ganadores en este juego. Piérdelo todo y lo tendrás todo. Aférrate, posee, y lo perderás todo.

A Buda se lo conoce como *Mantra Adipatti*: el dador de sortilegios, el Maestro de sortilegios, el *mahaguru* —pero no en el sentido en el que ha caído esa palabra, convirtiéndose en algo sucio en los tiempos modernos—. «Gurú» se ha convertido en una sucia palabrota. No en ese sentido. Krishnamurti dice que es alérgico a los gurús. Es verdad.

Buda es *realmente* un *mahaguru*. La palabra «gurú» significa cargado de cielo, cargado de alegría, cargado de éxtasis, cargado de *svaha*; cargado como una nube llena de lluvia, lista para derramarse sobre cualquiera que está sediento, lista para compartir. «Gurú» significa cargado, cargado de cielo.

«Gurú» significa también alguien que destruye la oscuridad de los demás. No estoy hablando de los mal llamados gurús que siguen paseándose por el mundo. Ellos no destruyen tu oscuridad; te imponen su oscuridad, te imponen su ignorancia. Y estos gurús están proliferando como ninguna otra cosa. Los puedes encontrar por todas partes: un Muktananda esparciéndose por aquí, otro Maharishi Mahesh Yogui esparciéndose por allá —crecen como hongos por todas partes.

Un gurú es alguien que te hace libre. Un gurú es alguien que reparte libertad. Un gurú es alguien que te libera, Buda es uno de los *mahagurus*. Su mensaje es el más grande que haya sido entregado al hombre. Y este sutra es una de las más grandes expresiones de Buda. Él habló durante cuarenta y dos años y dijo muchas cosas. Pero nada comparable a esto. Esto es único. Eres afortunado de haber estado aquí para escucharlo y meditar sobre ello. Ahora sé más afortunado todavía —conviértete en ello.

Capítulo 10

Sannyas: entrando en la corriente

La primera pregunta:

> ¿Cuáles son las características de un *sannyasin*?

Es muy difícil definir a un *sannyasin*, y más aún si se trata de definir a mis *sannyasins*.

Sannyas es básicamente una rebelión con respecto a todas las estructuras, de aquí la dificultad de definirlo. *Sannyas* es una forma de vivir inestructuradamente. *Sannyas* es tener un carácter sin carácter. Al decir «sin carácter» quiero decir que ya no dependes del pasado. El carácter significa el pasado, la forma en la que has vivido en el pasado, la forma de vivir a la que te has habituado —todos tus hábitos y condicionamientos y creencias y experiencias— eso es tu carácter. Un *sannyasin* es alguien que ya no vive en el pasado o mediante el pasado, alguien que vive en el momento; como consecuencia, es impredecible.

Un hombre con carácter es predecible; un *sannyasin* es impredecible porque un *sannyasin* es libertad. Un *sannyasin* no es solamente libre, es libertad. Es una rebelión viviente. Aun así lo intentaré: se pueden dar algunas pistas, no exactamente definiciones, unas cuantas indicaciones, dedos señalando a la luna. No te dejes cautivar por los dedos. Los dedos no definen la luna, sólo indican. Los dedos no tienen nada que ver con la luna. Puede que sean largos, puede que sean cortos, puede que sean artísticos, puede que sean feos, puede que sean blancos, puede que sean negros, puede que estén llenos de salud, puede que estén enfermos —eso no importa—. Simplemente indican. Olvídate del dedo y mira la luna.

Lo que voy a dar no es una definición: eso no es posible en este caso. Y de hecho, nunca es posible una definición de algo que esté vivo.

Sólo se puede dar una definición de algo que está muerto, que ya no crece, que ya no florece, que ya no tiene posibilidades, potencial, que está agotado y gastado. Entonces es posible la definición. Puedes definir a un hombre muerto, no puedes definir a un hombre vivo.

La vida significa básicamente que lo nuevo es aún posible. Así que estas no son definiciones.

El *sannyasin* tradicional tenía una definición, muy precisa. Por eso está muerto. Llamo a mi *sannyas* «*neo-sannyas*» por esta razón particular: mi *sannyas* es una apertura, un viaje, una danza, una historia de amor con lo desconocido, un romance con la existencia misma, la búsqueda de una relación orgásmica con la totalidad. Todo lo demás ha fracasado en el mundo. Todo lo que estaba definido, que era preciso, que era lógico, ha fracasado. Las religiones han fracasado, la política ha fracasado, las ideologías han fracasado —y eran muy precisas—. Eran proyectos para el futuro del hombre. Todos han fracasado. Todos los programas han fracasado.

Pero ahora *sannyas* no es un programa. Es una exploración, no un programa. Cuando te haces *sannyasin* te inicio en la libertad y en nada más. Es una gran responsabilidad ser libre, porque entonces no tienes nada en lo que apoyarte excepto en tu propio ser interno, tu propia consciencia. No tienes nada que haga de puntal, que sirva de apoyo. Te quito todos los puntales y apoyos; te dejo solo, te dejo absolutamente solo. En esa soledad... la flor de *sannyas*. En esa soledad, la flor de *sannyas* brota por sí misma.

Sannyas no tiene carácter. No tiene moral; no es inmoral, es amoral. O, tiene una moral más elevada que nunca viene del exterior, sino de dentro. No permite ninguna imposición del exterior, porque todas las imposiciones del exterior os convierten en siervos, en esclavos. Y mi esfuerzo es darles dignidad, gloria. Mi esfuerzo aquí es darles esplendor. Todos los demás esfuerzos han fracasado. Era inevitable, porque el fracaso estaba dentro de ellos. Todos ellos estaban orientados a las estructuras, y cualquier tipo de estructura se vuelve pesada en el corazón del hombre, tarde o temprano. Toda estructura se convierte en prisión, y un día u otro tendrás que rebelarte contra ella. ¿No lo has observado a lo largo de la historia? —toda revolución se vuelve a su vez represiva—. Ha sucedido en Rusia, ha sucedido en China. Después de cada revolución, los revolucionarios se vuelven antirrevolucionarios. Una vez que llegan al poder, tienen sus propias estructuras para imponerlas a la sociedad. Y una vez que empiezan a imponer sus estructuras, la esclavitud cambia para convertirse en un nuevo tipo de esclavitud, pero nunca en libertad. Todas las revoluciones han fracasado.

Esto no es una revolución. Esto es rebelión. La revolución es social, colectiva; la rebelión es individual. No estamos interesados en dar ninguna estructura a la sociedad. ¡Basta de estructuras! Que se vayan todas las estructuras. Queremos individuos en el mundo, moviéndose libremente, moviéndose conscientemente, por supuesto. Y su responsabilidad llega a través de su propia consciencia. Se comportan correctamente no porque estén tratando de cumplir ciertos mandamientos; se comportan correctamente, se comportan certeramente porque toman interés.

¿Lo sabías? ¿Sabías que la palabra «*accurate*» (correcto, preciso, certero) viene de «*care*» (interesarse por, cuidar)? La palabra «*accurate*» significa en su raíz tomar interés. Cuando te interesas por algo eres certero. Si te interesas por alguien, eres correcto en tu relación.

Un *sannyasin* es alguien que se interesa por sí mismo, y naturalmente se interesa por todos los demás —porque no puedes ser feliz solo—. Únicamente puedes ser feliz en un mundo feliz, en un ambiente feliz. Si todo el mundo está gimiendo y llorando y es infeliz, es dificilísimo que seas feliz. Así que uno se interesa por la felicidad —por su propia felicidad—, se interesa por la felicidad de todos los demás, porque la felicidad sólo sucede en una atmósfera feliz.

Pero este interés no tiene su causa en ningún dogma. Existe a causa del amor. Y naturalmente, el amor primero es el amor hacia ti mismo. Luego, los otros amores le siguen.

Los demás esfuerzos han fracasado porque estaban orientados a la mente. Estaban basados en el proceso del pensamiento, eran conclusiones de la mente. *Sannyas* no es una conclusión de la mente. *Sannyas* no está orientado al pensamiento. No tiene raíces en el pensamiento. *Sannyas* es el estado de visión interna; es meditación, no mente. Está enraizado en la alegría, no en el pensamiento. Está enraizado en la celebración, no en el pensamiento. Está enraizado en la consciencia en la que no se encuentran pensamientos. No es una elección: no es una elección entre dos pensamientos, es el abandono de todos los pensamientos. Es vivir desde la nada.

> *Por lo tanto, ¡oh! Sariputra,*
> *la forma es la nada, la nada es forma.*

Sannyas es aquello de lo que hablábamos el otro día —*svaha*, ¡aleluya!—. Es alegría de ser.

¿Pero cómo vas a definir la alegría de ser? No puede ser definida, porque la alegría de ser de cada uno será diferente. Mi alegría será la misma, su sabor será el mismo, pero el florecimiento será diferente. Los lotos, las rosas, las caléndulas —todas florecen, y el proceso de florecimiento es el mismo—. Pero la caléndula florece a su manera particular, la rosa a la suya, y el loto a la suya. Sus colores son diferentes, sus expresiones son diferentes, aunque el espíritu es el mismo. Y cuando florecen, y lanzan su susurro al viento, y cuando comparten su fragancia con el cielo, todas están alegres.

Cada *sannyasin* será una persona totalmente única. No estoy interesado en la sociedad. No estoy interesado en la colectividad. Mi interés es absolutamente en el individuo, ¡en ti!

Y la meditación puede triunfar donde la mente ha fracasado, porque la meditación es una revolución radical en tu ser —no la revolución que cambia el gobierno, no la revolución que cambia la economía, sino la revolución que cambia tu consciencia, que te transforma desde la neosfera a la cristosfera, que te cambia de ser una persona dormida a ser un alma despierta—. Y cuando estás despierto, todo lo que haces es bueno.

Ésa es mi definición de «bueno» y «virtud»: la acción de una persona despierta es virtud, y la acción de una persona no despierta es pecado. No hay otra definición de «pecado» y «virtud». Depende de la persona —su consciencia, la cualidad que ella transfiere al acto—. Así que a veces sucede que un mismo acto puede ser virtuoso o pecaminoso. Los actos puedes ser aparentemente iguales, pero las personas que hay detrás de los actos pueden ser diferentes.

Por ejemplo, Jesús entró en el templo de Jerusalén con un látigo en la mano para echar a los cambistas. Puso patas arriba sus tenderetes de cambio de moneda. Solo, sin ayuda, echó a todos los cambistas del templo. Parece muy violento —Jesús con un látigo echando a la gente fuera del templo—. Pero no era violento. Lenin haciendo lo mismo sería violento, y el acto sería pecaminoso. Jesús realizando el mismo acto es virtuoso. Actúa por amor; se toma interés. ¡También se interesa por los cambistas! Está actuando a causa de su interés, de su conexión, de su amor, de su consciencia. Está actuando drásticamente porque sólo eso les dará una sacudida y creará una situación en la que sea posible algún cambio.

El acto puede ser el mismo, pero si la persona está despierta, la naturaleza del acto cambia.

Un *sannyasin* es una persona que vive cada vez más en un estado de alerta. Y cuanto más personas haya completamente conscientes, mejor será el mundo que se cree. La civilización no ha sucedido aún.

Cuentan que alguien preguntó al príncipe de Gales: «¿Qué piensa de la civilización?». Y dicen que el príncipe de Gales contestó: «Es una buena idea. Se necesita que alguien la lleve a cabo. Aún no ha sucedido». *Sannyas* es sólo un comienzo, la semilla de un mundo totalmente diferente en el que las personas son libres para ser ellas mismas, en el que las personas no se sienten constreñidas, lisiadas, paralizadas, en el que las personas no están reprimidas, forzadas a sentirse culpables, en el que se acepta la alegría, en el que el buen humor es la norma, en el que la seriedad ha desaparecido, en el que ha entrado una sinceridad sin seriedad, un espíritu de juego. Éstas pueden ser las indicaciones, los dedos señalando la luna.

Primero: una apertura a la experiencia. La gente ordinariamente está cerrada; no están abiertos a experimentar. Antes de experimentar cualquier cosa ya tienen prejuicios sobre ella. No quieren experimentar, no quieren explorar. ¡Esto es una solemne tontería!

Llega un hombre y quiere meditar y si le digo que vaya y medite, dice: «¿Qué conseguiré bailando? ¿Cómo puede surgir la meditación del baile?». Le pregunto: «¿Has bailado alguna vez?». Y dice: «No, nunca». Ésa es una mente cerrada. Una mente abierta diría: «Muy bien, lo haré y veré. Quizá pueda suceder bailando». Una mente abierta para probarlo, sin ningún prejuicio. Ese hombre que dice: «¿Cómo puede suceder la meditación bailando?» —incluso si se lo persuade para que medite, llevará esa idea en la cabeza: «¿Cómo puede surgir la meditación del baile?». Y la meditación no sucederá en él. Y si no sucede, su viejo prejuicio saldrá fortalecido. Pero la meditación no ha sucedido *a causa* del prejuicio.

Éste es el círculo vicioso de la mente cerrada. El hombre viene lleno de ideas, viene con ideas prefabricadas. No está abierto a hecho nuevos, y el mundo está constantemente bombardeado por nuevos hechos. El mundo sigue cambiando y la mente cerrada permanece estancada en el pasado. Y el mundo sigue cambiando, y algo nuevo desciende al mundo a cada momento. Dios sigue pintando el mundo continuamente, una y otra vez, y ustedes siguen llevando en sus cabezas ideologías viejas, muertas.

Así que la primera característica de un *sannyasin* es la apertura a la experiencia. No decidirá antes de haber experimentado. Nunca decidirá antes de haber experimentado. No tendrá ningún sistema de creencias.

No dirá: «Esto es así porque lo dice Buda». No dirá: «Esto es así porque está escrito en los Vedas». Dirá: «Estoy dispuesto a entrar en ello y ver si es así o no».

El mensaje de despedida de Buda a sus discípulos fue este: «Recuerden…», y había estado repitiéndolo durante toda su vida, una y otra vez; su último mensaje también fue éste —«Recuerden, no crean nada porque yo lo haya dicho. Nunca crean nada a no ser que lo hayan experimentado». Un *sannyasin* no llevará muchas creencias consigo; de hecho, no llevará ninguna. Sólo llevará sus propias experiencias. Y la belleza de la experiencia es que siempre está abierta, porque es posible seguir adelante en la exploración. Y la creencia siempre está cerrada; llega a un tope. La creencia siempre está terminada. La experiencia nunca está terminada, permanece inacabada. Mientras estés vivo, ¿cómo puede estar terminada tu experiencia? Tu experiencia crece, cambia, se mueve. Se mueve continuamente desde lo conocido a lo desconocido y desde lo desconocido a lo incognoscible. Y recuerda, la experiencia tiene belleza porque está sin acabar.

Entre las canciones más bellas se encuentran aquellas que están inacabadas. Entre los mejores libros se encuentran aquellos que están sin acabar. Entre las mejores músicas se encuentran las que están inacabadas. Lo inacabado tiene belleza.

Hay una parábola zen:

Un rey acudió a un maestro zen para aprender jardinería. El maestro le enseñó durante tres años, el rey tenía un jardín bello y grande —miles de jardineros trabajaban en él—, y cualquier cosa que decía el maestro, el rey iba y lo experimentaba en el jardín. Al cabo de tres años el jardín estaba acabado del todo, y el rey invitó al Maestro a que fuese a verlo. Incluso el rey estaba muy nervioso, porque el maestro era muy estricto: «¿Lo apreciará?» —iba a ser como una especie de examen— «¿Dirá: "Sí, me has comprendido"?».

Y cuidaron todo al detalle. El jardín había sido rematado hermosamente, no faltaba nada. Sólo entonces llevó el rey al maestro para que lo viese. Pero el maestro se mostró triste desde el principio. Miró alrededor, anduvo por el jardín de un lado a otro, y se fue poniendo más y más serio. El rey se asustó mucho. Nunca lo había visto tan serio: «¿Por qué está tan serio? ¿Hay algo que está tan mal?». Una y otra vez el maestro movía la cabeza, diciendo «No» para sus adentros.

Y el rey preguntó: «¿Qué sucede? ¿Qué es lo que está mal? ¿Por qué no me lo dice? Se está poniendo muy serio y triste, y sólo sacude su cabeza negando. ¿Por qué? ¿Qué es lo que está mal? Yo no veo nada que esté mal. Todo lo que me ha estado diciendo lo he puesto en práctica en este jardín».

El maestro dijo: «Está tan acabado que está muerto. Está demasiado completo —por eso sacudo mi cabeza y digo no—. Tiene que quedar inacabado. ¿Dónde están las hojas muertas? ¿Dónde están las hojas secas? ¡No veo ni una sola hoja seca!».

Habían retirado todas las hojas secas —no había ninguna hoja seca en los senderos; no había hojas secas en los árboles, ninguna hoja vieja que se hubiera puesto amarilla—. «¿Dónde están esas hojas?»

El rey dijo: «He dicho a mis jardineros que retiren todo. Que lo hiciesen tan rigurosamente como pudiesen».

Y el maestro dijo: «Por eso tiene este aspecto tan mortecino, tan de hecho-por-el-hombre. Las cosas de Dios nunca están terminadas». Y el maestro corrió fuera del jardín. Habían hecho un montón con todas las hojas secas: él trajo algunas en un cubo y las arrojó a los vientos. Y el viento las cogió y empezó a jugar con ellas, y las hojas comenzaron a moverse por los senderos. Y el maestro estaba encantado. Y dijo: «¡Mira qué vivo parece!». Y con las hojas secas entró el sonido —la música de las hojas secas, el viento jugando con las hojas secas. El jardín ahora tenía un susurro; antes era insulso y muerto como un cementerio. Aquel silencio no estaba vivo.

Me encanta esta historia. El maestro dijo: «Está demasiado completo. por eso está mal».

Savita estuvo aquí la otra noche. Me contaba que está escribiendo una novela, y está muy confusa, no sabe qué hacer. Ha llegado a un punto en el que puede acabarla, pero existe también la posibilidad de alargarla. Aún no está completa. Le dije: «Acábala. Acábala mientras esté sin finalizar —así tendrá algo misterioso— ese estar sin finalizar ».

Y le dije: «Si tu protagonista aún quiere hacer algo, deja que se haga *sannyasin*. Y entonces las cosas estarán más allá de tu capacidad. ¿Qué podrás hacer entonces? Pondrás fin a la novela y sin embargo las cosas seguirán creciendo».

Ninguna historia puede ser bella si está totalmente terminada. Estaría totalmente muerta. La experiencia siempre permanece abierta —eso significa inacabada—. La creencia siempre está completa y acabada. La primera característica es la apertura a la experiencia.

La mente son todas tus creencias reunidas. Apertura significa no-mente; apertura significa que pones tu mente a un lado y estás listo para mirar la vida una y otra vez de forma nueva, no con los viejos ojos. La mente continúa dándote ideas: «Mira a través de esto». Pero entonces la cosa se colorea; entonces no la miras, entonces proyectas una idea sobre ella. Entonces la verdad se convierte en una pantalla en la que tú vas proyectando. No mires a través de la mente, mira a través de la nada —*shunyata*—. Cuando miras a través de la no-mente, tu percepción es eficiente, porque entonces ves lo que es. Y la verdad libera. Todo lo demás crea esclavitud, sólo la verdad libera.

En esos momentos de no-mente, la verdad empieza a filtrarse en ti como la luz. Cuanto más disfrutas esta luz, esta verdad, más valeroso y capaz de abandonar la mente te vuelves. Tarde o temprano llega un día en el que miras y no tienes mente. No buscas nada, simplemente miras. Tu mirada es pura. En ese momento te conviertes en *avalokita*, alguien que mira con ojos puros. Ése es uno de los nombres de Buda —*Avalokita*: el que mira sin ideas, el que simplemente mira.

Sucedió una vez que un hombre escupió a la cara a Buda. Él se limpió la cara y preguntó al hombre: «¿Tienes algo más que decir?». Sus discípulos estaban muy conmocionados y enfadados.

Su principal discípulo, Ananda, le dijo: «¡Esto es demasiado! No podemos hacer nada porque estás tú aquí. ¡De otra forma habríamos matado a ese hombre! Ese hombre te ha escupido, y tú le preguntas: "¿Tienes algo más que decir?"».

Y Buda dijo: «Sí, porque esa es una forma de decir algo —escupir—. Quizá el hombre estaba tan furioso que no le servían las palabras; por eso ha escupido». Cuando las palabras no sirven, ¿qué haces? Sonríes, lloras, vienen las lágrimas, abrazas, das un sopapo —haces algo. Si hay demasiada ira ¿qué harás? No puedes encontrar una palabra suficientemente fuerte, violenta. ¿Qué harás? —escupes.

Ésta es la visión de Buda —sin mente—. Mira al hombre: «¿Qué sucede? ¿Por qué está escupiéndome?». No está involucrado en ello en absoluto. No introduce sus experiencias e ideas del pasado de que escupir es malo, que eso es insultante y humillante. Ninguna idea interfiere. Simplemente examina la realidad de ese hombre que le está escupiendo. Está absolutamente interesado: «¿Por qué? Este hombre debe tener problemas, problemas lingüísticos. Quiere decir algo pero no encuentra palabras adecuadas para hacerlo. Por eso, torpemente, escupe».

Buda dijo: «Ésa es la razón por la que pregunto si tiene algo más que decir». El hombre estaba aturdido, porque no se esperaba eso. Había venido a humillar a Buda, pero Buda no estaba humillado. Buda derramaba su compasión sobre él. Esa noche no pudo dormir. Pensaba en ello una y otra vez. Le resultaba muy difícil de encajar: «¿Qué tipo de hombre es éste? ¿Qué clase de hombre es éste? Le escupo y pregunta simplemente —y con tremendo amor— "¿Tienes algo más que decir?"». Volvió por la mañana temprano, cayó a los pies de Buda y dijo: «Señor, excúsame, perdóname. No he podido dormir en toda la noche». Y Buda se rio y le dijo: «¡Tonto! ¿Por qué? Yo he dormido perfectamente bien. ¿Por qué tendrías *tú* que inquietarte tanto por esa pequeñez? No me ha herido. Como ves, mi cara está como antes. ¿Por qué te has preocupado tanto?».

Y el hombre dijo: «He venido para hacerme discípulo tuyo. Iníciame. Quiero estar contigo. He visto algo único, sobrehumano. Pero primero, perdóname».

Y Buda dijo: «Qué tontería. ¿Cómo podría perdonarte? —si ni siquiera le he prestado atención—. No estaba enfadado, ¿así que cómo puedo perdonarte?». Habían pasado veinticuatro horas y estaban sentados a orillas del Ganges. Y Buda dijo: «Mira cuánta agua ha pasado por el Ganges en veinticuatro horas: toda esa vida ha pasado por ti, toda esa vida ha pasado por mí. Ya no es el mismo Ganges. Yo no soy el mismo hombre. De hecho, nunca me has escupido, fue otra persona. Han pasado veinticuatro horas, y no eres el mismo hombre que escupió. ¿De forma que, quién puede perdonar a quién? Lo pasado, pasado está».

Ésta es la visión de la no-mente. Puede hacer milagros. El *sannyasin* vive abierto a todo.

La segunda característica es vivir existencialmente. Un *sannyasin* no vive según ideas: que uno debería ser así, uno debería ser asá, uno debería comportarse de tal forma, uno no debería comportarse de tal forma. No vive según ideas, responde a la existencia. Responde con todo su corazón a cualquier cosa, sea la que sea. Su ser está aquí-ahora. Espontaneidad, sencillez, naturalidad —éstas son sus características.

No vive una vida confeccionada de antemano. No lleva mapas —cómo vivir, cómo no vivir—. Permite la vida; va con ella a dondequiera que le lleve.

Un *sannyasin* no es un nadador, y no intenta ir contra la corriente. Va con el todo, fluye con la corriente. Fluye tan totalmente con la corriente que pronto deja de estar separado de la corriente, se convierte en la corriente. Eso es lo que Buda llama *srotapanna* —alguien que ha entrado en la corriente—. Ese es también el principio del *sannyas* de Buda —alguien que ha entrado en la corriente, alguien que ha llegado a relajarse en la existencia—. No lleva evaluaciones, no hace juicios. Vivir existencialmente significa que cada momento tiene que decidirse por sí mismo. ¡La vida es atómica! No decides de antemano cómo vivir, no ensayas, no preparas una forma de vivir. Cada momento llega, trae una situación; estás ahí para responder —respondes—. Ordinariamente, la gente vive un tipo de vida muy extraño. Si vas a tener una entrevista, la preparas, piensas: qué me van a preguntar y cómo voy a responder, cómo me voy a sentar, y de qué manera voy a estar de pie. Todo se vuelve falso porque está ensayado. ¿Y qué sucede entonces? Cuando vas con tanto ensayo, *nunca* estás totalmente allí. Te están preguntando algo y tú estás buscando en tu memoria, porque llevas una respuesta preparada —si eso será apropiado o no, si eso servirá o no. Sigues perdiéndote el quid de la cuestión. No estás totalmente allí; no puedes estar totalmente allí, estás enredado en la memoria. Y entonces sucede lo siguiente: cuando sales empiezas a pensar que deberías haber respondido de tal y tal forma. A eso se le llama «el ingenio de escalera»: cuando estás bajando la escalera, empiezas a pensar: «Debería haber respondido esto, debería haber dicho esto». Te vuelves muy sabio de nuevo. Eres sabio antes, eres sabio después. En el medio, es otra cosa.

Y en el medio está la vida. La existencia está ahí.

La tercera característica de un *sannyasin* es la confianza en el propio organismo. La gente confía en otros, el *sannyasin* confía en su propio organismo. Cuerpo, mente, alma, todo está incluido. Si siente ganas de amar, fluye en el amor. Si no siente ganas de amar, dice: «Lo siento» —pero nunca finge.

El que no es *sannyasin* sigue fingiendo. Su vida es una vida vivida con máscaras. Llega a casa, abraza a su mujer, y no quiere abrazarla. Y dice: «Te quiero», pero esas palabras suenan muy falsas porque no vienen del corazón. Vienen de Dale Carnegie. Ha estado leyendo *Cómo ganar amigos e influenciar a la gente* y ese tipo de tonterías. Y está lleno de esas tonterías, y carga con ellas y las practica. Toda su vida se vuelve falsa, una pseudovida, una parodia. Y nunca está satisfecho, naturalmente; no puede estarlo, porque la satisfacción sólo llega con una vida auténtica. Si no te sientes amoroso, tienes que decirlo. No hay necesidad de fingir. Si te sientes enfadado, tienes que decirlo. Tienes que ser fiel a tu organismo, tienes que confiar en tu organismo. Y te sorprenderás: cuanto más confías, mucho más clara se te hace la sabiduría del organismo.

Tu cuerpo tiene su propia sabiduría —lleva la sabiduría de los siglos en sus células—. Tu cuerpo siente hambre y tú estás haciendo ayuno, porque tu religión dice que ese día tienes que ayunar —y tu cuerpo siente hambre—. No confías en tu organismo, confías en una escritura muerta. Haces ayuno porque alguien ha escrito en algún libro que ese día tienes que ayunar. Escucha a tu cuerpo. Sí, habrá días en los que el cuerpo diga «¡Haz un ayuno!» —entonces hazlo—. Pero no hay necesidad de escuchar a las escrituras. El hombre que escribió esa escritura no te tenía en mente, en absoluto. No pudo pensar en ti. No te tenía presente, no estaba escribiendo sobre ti. Es como si te pones enfermo y vas a la casa de un médico muerto y buscas entre sus recetas; encuentras una, y empiezas a seguirla. Esa receta fue hecha para otra persona, para otra enfermedad, en otra situación.

Acuérdate de confiar en tu propio organismo. Cuando sientas que el cuerpo está diciendo que no comas, ¡para inmediatamente! Cuando el cuerpo diga que comas, entonces no te importe si las escrituras dicen que ayunes o no. Si tu cuerpo dice que comas tres veces al día, perfectamente bien. Si dice que comas una vez al día, perfectamente bien. Comienza a aprender a escuchar a tu cuerpo, porque es tu cuerpo. Estás en él, tienes que respetarlo. Y tienes que confiar en él. Es tu templo; es sacrílego imponer cosas al cuerpo. ¡Nada debería ser impuesto por ningún motivo! Y esto no sólo te enseñará a confiar en tu cuerpo, esto te irá enseñando a confiar también en la existencia —porque tu cuerpo es parte de la existencia—. Entonces tu confianza crecerá, y confiarás en los árboles y en las estrellas y en la luna y en el sol y en los océanos: confiarás en la gente. Pero el principio de la confianza tiene que ser la confianza en tu propio organismo. Confía en tu corazón.

Alguien ha hecho una pregunta: ha decidido vivir con su esposa porque piensa que vivir con la propia esposa y no dejarla nunca, no separarse nunca, y no hacer nunca el amor con otra mujer, es una gran cualidad espiritual.

Quizá lo sea para unos, quizá no lo sea para otros. Depende. Pero el que pregunta dice: «He decidido esto, pero tengo problemas. Me siento atraído por otras mujeres: me siento culpable. Y no me siento atraído por mi esposa —también entonces me siento culpable—. Y no quiero hacer el amor con mi esposa porque no surge el deseo. Pero tengo que hacer el amor con mi esposa para satisfacerla. Si hago el amor con ella, entonces me siento culpable con respecto a mí mismo, por no ser sincero conmigo mismo. Así que es el cuento de nunca acabar».

Cuando no quieres hacer el amor, entonces el amor es la cosa más fea del mundo. Sólo lo más bello puede ser lo más feo. El amor es una de las más bellas experiencias, pero sólo cuando fluyes en él, cuando es espontáneo, cuando es apasionado, cuando estás lleno de él, dominado por él, poseído por él, borracho de él, absorto en él —sólo entonces—. Entonces te lleva a la más alta cima de la alegría. Pero si no estás poseído por él, y si no sientes ningún amor por tu esposa o por tu marido, y estás *haciéndolo*... entonces la expresión inglesa da en el clavo, es correcta: haciendo el amor. Entonces estás *haciéndolo*, no está sucediendo. Es feo, es prostitución. No importa con quién estés *haciéndolo*; es prostitución. Es criminal. Y eso no te hará espiritual de ningún modo. Tan sólo te volverás un reprimido sexual, nada más. Si haces el amor te sentirás culpable, si no haces el amor te sentirás culpable.

Pero este hombre tiene ideas acerca de cómo deberían ser un marido y una mujer. Y la esposa también debe estar sufriendo. Los dos están atados, aburridos el uno del otro, cada uno quiere deshacerse del otro pero no pueden hacerlo porque no confían en su organismo. Si tu organismo dice: «Esten jumos, crezcan jumos, fluyan jumos»; si tu organismo se siente feliz y entusiasmado y excitado y hay éxtasis, ve con la mujer una vida, dos vidas, tres vidas, todas las vidas que quieran. Esten juntos, y se acercarán más y más a Dios. Y su intimidad tendrá un carácter espiritual.

Pero este tipo de intimidad, no. Una intimidad forzada te irá haciendo menos y menos espiritual, y naturalmente tu mente comenzará a buscar caminos: tu mente estará más y más obsesionada con el sexo. ¿Y cómo puedes crecer espiritualmente cuando hay demasiada obsesión?

Escucha al organismo, y ten el suficiente coraje para hacer lo que el organismo te dice. Y no estoy diciendo que te separes de tu esposa. Pero si eso tiene que llegar, llegará. Y será bueno para los dos. Eso al menos le debes a tu esposa. Si tienes un mínimo interés por tu esposa y ya no la amas, entonces tienes que decírselo. Con profunda tristeza… la despedida será triste, ¿pero qué se puede hacer? Estás desamparado. No te irás enfadado, no te irás con rencores y quejas. Te irás con un inmenso desamparo en tu corazón. Querías estar con ella, pero tu organismo dice no. ¿Qué puedes hacer?

Puedes forzar a tu organismo, y el organismo puede ir y continuar con la relación, pero no habrá alegría. Y sin alegría ¿cómo puedes tener una relación? Entonces el matrimonio es falso; es legal, pero falso. Un *sannyasin* es alguien que confía en su propio organismo, y esa confianza le ayuda a relajarse en su ser, y le ayuda a relajarse en la totalidad de la existencia. Esa confianza trae consigo una aceptación general de uno mismo y de los demás. Te permite estar enraizado, centrado. Y entonces hay una gran fuerza y poder, porque estás centrado en tu propio cuerpo, en tu propio ser. Tienes raíces en el suelo. De lo contrario, ves a la gente desarraigada, como árboles que han sido arrancados del suelo. Se están muriendo, no viven. Por eso no hay mucha alegría en la vida. No ves la cualidad de la risa; falta la celebración. E incluso si la gente celebra, también eso es falso.

Por ejemplo, es el cumpleaños de Krishna, y la gente lo celebra.

¿Cómo puedes celebrar el cumpleaños de Krishna? Ni siquiera has celebrado tu propio cumpleaños. Y alguien que nació hace cinco mil años —¿cómo te puede interesar eso, y como puedes celebrarlo?—. Todo es falso. ¿Cómo puedes celebrar el cumpleaños de Jesucristo? Es imposible. No has celebrado al Dios que ha venido a ti, que está dentro de ti. ¿Cómo puedes celebrar el que algún otro Dios haya nacido en un establo hace dos mil años?

En tu propio cuerpo, en tu propio ser, en este mismo momento, está Dios y no lo has celebrado. No puedes celebrar. La celebración tiene que suceder primero en tu propia casa, muy cerca. Entonces se convierte en una gran marejada y se expande por toda la existencia.

La cuarta es un sentido de libertad.

El *sannyasin* no es sólo libre, es libertad. Siempre vive de forma libre. Libertad no significa libertinaje. El libertinaje no es libertad, el libertinaje es sólo una reacción contra la esclavitud; te vas al otro extremo. La libertad no es el otro extremo, no es una reacción. La libertad es esta comprensión: «Si tengo que ser, entonces tengo que ser libre. No hay otra forma de ser. Si estoy demasiado poseído por la iglesia, por el hinduismo, por el cristianismo, por el islam, entonces no puedo ser. Entonces esto seguirá creando esclavitud en torno a mí. Seguirá forzándome a sentirme como un ser tullido. Tengo que ser libre. Tengo que asumir el riesgo de ser libre. Tengo que aceptar ese peligro».

La libertad no es muy cómoda, no es muy confortable. Es arriesgada. Un *sannyasin* asume ese riesgo. Eso no significa que vaya luchando con todos y cada uno. No significa que cuando la ley diga que conduzcas por la derecha o por la izquierda, él esté en contra de eso, no. No está interesado en trivialidades. Si la ley dice que conduzcas por la izquierda, él conduce por la izquierda —porque eso no es esclavitud—. Pero acerca de las cosas importantes, esenciales... Si el padre dice: «Cásate con esta mujer porque es rica y tendremos mucho dinero», él dirá: «No. ¿Cómo voy a casarme con una mujer si no estoy enamorado de ella? Eso no sería respetuoso para con la mujer». Si el padre dice: «Ve a la iglesia todos los domingos porque has nacido en un hogar cristiano», dirá: «Iré a la iglesia si lo siento, no iré porque tú me lo digas. El nacimiento es accidental; no tiene mucha importancia. La iglesia no es muy esencial. Si siento que tengo que ir, iré».

No estoy diciendo que no vayan a la iglesia, sino que vayan sólo cuando haya surgido el deseo de hacerlo. Entonces será una comunión. De lo contrario, no hay necesidad de ir.

El *sannyasin* siempre mantendrá intacta su libertad en lo que respecta a cosas esenciales. Y como respeta la libertad, respetará también la libertad de los demás. Nunca interferirá en la libertad de nadie, quienquiera que sea el otro. Si tu esposa se ha enamorado de alguien te sientes herido, lloras lágrimas de tristeza, pero ese es tu problema. No le pondrás impedimentos. No dirás: «¡Basta ya, estoy sufriendo!». Dirás: «Es tu libertad. Si yo sufro, es mi problema. Tengo que abordarlo, tengo que enfrentarlo. Si me siento celoso, tengo que deshacerme de mis celos. Pero tú sigue a lo tuyo. Aunque eso me hiera, aunque me hubiese gustado que no te fueses con nadie, ese es mi problema. No puedo invadir tu libertad».

El amor respeta tanto que da libertad. Y si el amor no está dando libertad, no es amor, es otra cosa.

Un *sannyasin* tiene un inmenso respeto por su propia libertad, cuida mucho su propia libertad, y lo mismo hace con la libertad de los demás. Este sentido de libertad le da individualidad. No forma parte de la mente de las masas. Es de cierta forma único —su modo de vida, su estilo, su ambiente, su individualidad—. Existe a su manera, ama su propia canción. Tiene un sentido de identidad: sabe quién es, profundiza cada vez más este autoconocimiento, y nunca transige. Independencia, rebelión —recuerda, no revolución sino rebelión— esa es la naturaleza del *sannyasin*. Y existe una gran diferencia.

La revolución no es muy revolucionaria. La revolución también continúa funcionando en la misma estructura.

Por ejemplo, en India, durante siglos, a los intocables, la casta más baja, no se les ha permitido entrar en los templos. Los brahmines nunca les han permitido entrar a un templo: «El templo se ensuciará si entran». Durante siglos, en India, los intocables no han entrado al templo. Eso es feo. Entonces llegó Mahatma Gandhi —lo intentó tenazmente, luchó tenazmente—. Quería que se permitiese a los intocables entrar en los templos; toda su vida fue una lucha por ello. Gandhi es revolucionario pero no rebelde. ¿Por qué revolucionario? ¿Qué es entonces la rebelión?

Alguien le preguntó a Krishnamurti sobre la lucha de Gandhi para que se permitiese a los intocables entrar en los templos. ¿Y saben lo que dijo Krishnamurti? Dijo: «Pero si Dios no está en los templos». Eso es rebelión.

El enfoque de Gandhi es revolucionario, pero al igual que los brahmines, cree que Dios está en los templos. La estructura es la misma. Él cree que es importantísimo que la gente entre en los templos; si no entran en los templos se perderán a Dios. Ésa es la idea del brahmín, ésa es la idea de la sociedad que ha impedido a los intocables entrar a los templos, que les ha prohibido la entrada. La idea es la misma: que Dios vive en los templos, que los que consigan entrar en los templos estarán más cerca de Dios, por supuesto. Y a los que no se les permita, se lo perderán. Gandhi es revolucionario, pero la revolución cree en la misma estructura. Es una reacción.

Krishnamurti es rebelde. Dice «Pero Dios no está en los templos, ¿así que por qué molestarse? Ni los brahmines alcanzan a Dios allí, ni lo conseguirán los intocables. ¿Por qué molestarse? Es estúpido». Todas las revoluciones son reaccionarias, reacciones a un cierto patrón. Siempre que reaccionas, tu reacción no tiene mucho de revolución, porque crees en el mismo modelo. Vas en contra de él, por supuesto, pero crees. El substrato profundo es el mismo.

Gandhi piensa que los brahmines están disfrutando mucho, que están alcanzando a Dios en demasía. ¿Y los intocables? —a ellos se les ha privado—. Pero Gandhi no ha observado a los brahmines: durante siglos han estado adorando en los templos y no han conseguido nada. ¡Es absurdo! Los que están dentro de los templos no han conseguido nada, ¿así que por qué molestarse? ¿Y por qué llevar allí a gente que no está dentro? No tiene sentido.

Un *sannyasin* es rebelde. Lo que quiero decir con rebelión es que su visión es absolutamente diferente. No funciona con la misma lógica, en la misma estructura, en el mismo modelo. No está en contra del modelo —porque si estás en contra de un cierto modelo tendrás que crear otro modelo con el que luchar contra él—. Y todos los modelos son parecidos. Un *sannyasin* es alguien que simplemente se ha salido. No está en contra del modelo, ha comprendido la estupidez de todos los modelos. Ha examinado la insensatez de todos los modelos y se ha salido. Es un rebelde.

La quinta es la creatividad. El viejo *sannyas* era muy poco creativo. Se pensaba que alguien que se hace *sannyasin* se va a una cueva del Himalaya y se sienta allí, y que eso estaba perfectamente bien. No se necesitaba nada más. Puedes ir a ver a los monjes jainas: están sentados en sus templos, sin hacer nada —sin creatividad de ningún tipo, con aspecto insulso y estúpido, sin ninguna llama de inteligencia en absoluto—. Y la gente los venera y toca sus pies. Pregunta «¿Por qué tocas sus pies?», y te dirán: «Este hombre ha renunciado al mundo» —como si renunciar al mundo fuese un valor en sí mismo—. «¿Qué ha hecho?», y dirán: «Ha ayunado. Ayuna durante meses enteros» —como si el no comer fuese un valor en sí mismo.

Pero no preguntes qué ha pintado, qué belleza ha creado en el mundo, qué poema ha compuesto, qué canción ha traído a la existencia, qué música, qué danza, qué inventó. «¿Cuál es su creación?» te dirán: «¿De qué estás hablando? ¡Es un *sannyasin*! Simplemente se sienta en el templo y permite que la gente toque sus pies, eso es todo». Y hay tanta gente sentada así en India...

Mi concepción de un *sannyasin* es que su energía tiene que ser creativa, que tiene que traer un poco más de belleza al mundo, que tiene que traer un poco más de alegría al mundo, que tiene que encontrar nuevas formas de danzar, de cantar, de hacer música, que traerá bellos poemas. Creará algo, será creativo. Los días de los *sannyasins* sin creatividad se han terminado. El nuevo *sannyasin* sólo puede existir si es creativo.

Debería contribuir con algo. Permanecer sin creatividad es casi un pecado, porque existes y no contribuyes. Comes, ocupas espacio, y no contribuyes con nada. Mis *sannyasins* tienen que ser creadores. Y cuando estás en profunda creatividad, estás cerca de Dios. Eso es realmente la oración, eso es la meditación. Dios es el creador, y si ustedes no son creadores estarán muy lejos de Dios. Dios sólo conoce un lenguaje, el lenguaje de la creatividad. Por eso cuando compones música, cuando te pierdes en ello completamente, algo divino empieza a filtrarse y a salir de tu ser. Ésa es la de la creatividad, ése es el éxtasis —¡*svaha*!

La sexta es el sentido del humor, la risa, el espíritu de juego, la sinceridad no seria. El viejo *sannyas* no reía, estaba muerto, aletargado. El nuevo *sannyasin* tiene que llevar más y más risa a su ser. Tiene que ser un *sannyasin* que ríe, porque tu risa es tu relajación, y tu risa puede crear situaciones en las que otros también se relajen. El templo debería estar lleno de alegría y risa y danza. No debería ser como una iglesia cristiana. La iglesia es como un cementerio. Y con la cruz allí parece casi una adoración de la muerte… un poco morboso. No puedes reír en una iglesia. No estaría permitida una carcajada; la gente pensaría que estás loco o algo así. Cuando la gente entra en una iglesia, se pone seria, rígida, con la cara larga.

Para mí, la risa es una cualidad religiosa, muy esencial. Tiene que formar parte del mundo interno de un *sannyasin*: el sentido del humor.

La séptima es un estado de meditación, de soledad, la cima de las experiencias místicas que sucede cuando estás solo, cuando estás absolutamente solo dentro de ti mismo.

Sannyas hace que estés solo; no aislado, sino solo; no solitario, sino con una cierta soledad. Puedes ser feliz sólo, ya no dependes de los demás. Puedes sentarte solo en tu habitación y puedes ser absolutamente feliz. No necesitas ir a un club, no necesitas tener siempre amigos a tu alrededor, no necesitas ir al cine. Puedes cerrar los ojos y entrar en la felicidad interna: eso es el estado meditativo.

Y la octava es el amor, la conexión, la relación. Recuerda, sólo puedes relacionarte cuando has aprendido a estar sólo, nunca antes. Sólo dos individuos pueden relacionarse. Sólo dos libertades pueden acercarse y abrazarse. Sólo dos «nadas» pueden penetrarse y fundirse. Si no eres capaz de estar sólo, tu relación es falsa. Es sólo un truco para evitar tu soledad, nada más.

Y eso es lo que hacen millones de personas. Su amor no es otra cosa que su incapacidad de estar solos. Así que van con alguien, se toman de la mano, simulan que aman, pero en lo profundo el único problema es que no pueden estar solos. Así que necesitan a alguien para ir por ahí, necesitan alguien a quien agarrarse, necesitan alguien en quien apoyarse. Y los otros también están utilizándolos de la misma forma, porque el otro tampoco puede estar sólo, es incapaz. El otro también te utiliza como un instrumento que le ayuda a escaparse de sí mismo.

De forma que dos personas de las que ustedes dicen que están enamoradas, más o menos se odian a sí mismas. A causa de ese odio, se escapan. El otro les ayuda a escapar, así que dependen del otro, se vuelven adictas al otro. No puedes vivir sin tu esposa, no puedes vivir sin tu marido, porque eres un adicto. Pero un *sannyasin* es uno... Por eso digo que la séptima característica es la soledad, y la octava característica es el amor-relación.

Y éstas son las dos posibilidades: puedes ser feliz solo y también pueden ser felices juntos. Estos son los dos tipos de éxtasis posibles para la humanidad. Puedes entrar en *samadhi* estando solo y puedes entrar en *samadhi* cuando estás junto a alguien, en profundo amor. Y hay dos tipos de personas: los extrovertidos encontrarán más fácil alcanzar su cima a través del otro, y los introvertidos encontrarán más fácil alcanzar su cima más alta estando solos. Pero un camino no es antagonista del otro; ambos pueden ir juntos. Uno será más fuerte, y eso será el factor decisivo para ver si eres extrovertido o introvertido. El sendero de Buda es el sendero del introvertido; él sólo habla de la meditación. El sendero de Cristo es extrovertido; trata del amor.

Mis *sannyasins* tienen que ser una síntesis de ambos. Habrá un énfasis. Alguien estará más claramente en armonía consigo mismo que con los demás, y a alguien le sucederá lo contrario —estará más en armonía con otra persona—. Pero no hay necesidad de quedarse enganchado a un tipo de experiencia. Ambas experiencias pueden estar al alcance.

Y la novena es la trascendencia, Tao —no ego, no mente, nadie, nada, en armonía con la totalidad.

Ése es todo el mensaje del *Prajnaparamita Sutra*, *El sutra del Corazón*: *Gaté gaté paragaté* —Ido, ido, ido más allá; *parasamgaté, bodhisvaha*— ido totalmente más allá. ¡Qué éxtasis! ¡Aleluya!

La trascendencia es la cualidad última y más elevada de un *sannyasin*.

Pero estas son sólo indicaciones, no son definiciones. Tómalas de forma muy líquida. No vayas a tomarte lo que he dicho de forma rígida —muy líquida, con una especie de visión vaga, con una visión crepuscular—, no como cuando hay un cielo a pleno sol. Las cosas entonces están muy definidas. En el crepúsculo, cuando el sol se ha puesto y la noche no ha caído aún, hay las dos cosas, justo en el medio, el intervalo. Tómate de esa forma cualquier cosa que yo haya dicho. Permanece líquido, fluido. Nunca crees ninguna rigidez a tu alrededor. Nunca te vuelvas definible.

La segunda pregunta:

Querido Osho: ¿De verdad que no te reconocería si fueses un taxista? Primero, en vez de llevarme directamente a MG Road, me volverías loco durante hora y media. Segundo, te negarías a aceptar el pago del importe y en su lugar pedirías mi vida. Tercero, después de dejarme en absoluta desolación, te irías con tu sonrisa celestial y se encendería tu letrero: «Suficiente por hoy». ¿Podría aún no reconocer a ese taxista? Entonces mejor que me hubiese ido andando.

La pregunta es de Swami Anand Adi.

Adi está tan loco que no puedo estar seguro de si podría reconocerme o no. ¡Podría! Los locos están locos. Con los locos nunca puedes estar muy seguro. Sí Adi, es posible; puede ser que me reconocieras incluso de taxista.

Y dices: «Primero, en vez de llevarme directamente a MG Road, me volverías loco durante hora y media». Eso es verdad.

Ayúdame a volverte loco. porque tu cordura no merece la pena.

Tu cordura es como una roca en tu corazón. Déjame que te saque... que la saque de ti. Es una especie de cirugía: duele, hace daño. Te gustaría aferrarte a esa roca. Te gustaría ir directamente a MG Road. Pero la totalidad de mi enfoque es que no hay ningún sitio a donde ir, ninguna MG Road. No hay meta en la vida. La vida es un viaje sin destino. Así que tengo que llevarte en zigzag, una y otra y otra vez, hasta que estés realmente cansado y digas: «¡Basta! ¡Basta por hoy!».

Segundo: «Te negarías a aceptar el pago del importe y en su lugar pedirías mi vida». Eso también es verdad, Adi. Menos de eso no servirá. Menos de eso no tiene ningún valor. Ésa es toda mi enseñanza: ¡que no tienes nada que perder excepto todo!

Y tercero: «Después de dejarme en absoluta desolación, te irías con tu sonrisa celestial, y se encendería tu letrero: "¡Suficiente por hoy!"». Eso depende de ti. Puedes participar en mi «sonrisa celestial».

Hace falta coraje. Has invertido tanto en tu desolación que sigues manteniéndola. Pero recuerda, cuanto más la mantengas, más y más grande se irá haciendo cada día la inversión. ¡Déjala! Hoy es más fácil: mañana será más difícil, porque habrás invertido veinticuatro horas más en ella. Déjala lo antes posible. No pospongas, porque todos los aplazamientos son peligrosos. Mientras sigues posponiendo tu malestar se va haciendo más grande y sigue extendiendo sus raíces en tu ser.

Y sé por qué te aterras a tu malestar —porque tienes la idea de que «algo es mejor que nada»—. Y todo mi enfoque es: la Nada es Dios. Sigues aferrándote a tu malestar porque te da la sensación de que tienes algo, al menos algo —puede ser malestar, ansiedad, sufrimiento— pero algo, al *menos* algo: «No estoy vacío». Tienes mucho miedo del vacío, y Dios sólo llega a través del vacío.

Deja que te ayude a convertirte en nada. Y entonces llega esa sonrisa celestial —llega de la nada—. Cuando dentro de ti no haya nada, tendrás una sonrisa en todo tu ser. Es la sonrisa de la nada.

Mira cómo arrastras una gran carga de malestar, y ve que tú estás arrastrándola. Y ve que tú eres el responsable de arrastrarla o no arrastrarla: puedes dejarla en este mismo momento. Y *sannyas* consiste únicamente en dejarla.

De Anand Adi tengo que decir: me temo que me reconocería incluso si fuese un taxista. Puede que me reconociese mejor de lo que me reconoce ahora. Está verdaderamente loco.

Hay mucha más gente que me reconocería de cualquier forma, en cualquier sido. Sólo esos son los que están conmigo —los que me reconocerían en cualquier sitio.

Jesús murió. Su cuerpo fue guardado en una cueva después de la crucifixión. María Magdalena fue a verlo al tercer día, y el cuerpo no estaba allí. Exploró los alrededores, y vio a un jardinero trabajando fuera. Así que se acercó al jardinero y le preguntó «¿Has visto adónde han llevado el cuerpo de Jesús?».

Y el jardinero empezó a reírse, y dijo: «¿No me reconoces?». Era Jesús mismo, resucitado. Cuando Jesús habló, entonces… sólo entonces le reconoció Magdalena. Pero era una mujer. Lo hizo bien —no perfectamente bien, porque primero pensó que era un jardinero—. Pero sin embargo, inmediatamente, en el momento en que pronunció una sola palabra y lo miró a los ojos, lo reconoció. Pero después Jesús empezó a buscar a los demás discípulos.

Se encontró con dos discípulos en el camino —iban a otra ciudad y hablaban continuamente de lo que le había sucedido a su maestro: que había sido crucificado, y las repercusiones que ello iba a tener, y que ningún milagro había sucedido, y que esperaban el milagro... Y Jesús caminó con ellos, y también hablaban a Jesús, pensando que era un extraño. Caminaron juntos durante cuatro millas y no pudieron reconocer a Jesús: y él habló y no pudieron reconocerlo. Nunca lo miraron. Luego se sentaron a comer en un restaurante, y en el momento en que Jesús partió el pan, entonces lo reconocieron —porque la forma en que solía partir el pan era solamente suya, única—. Ese gesto era suyo; nadie podría haberlo imitado: con tanto respeto, reverencia, con tal oración, como si el pan fuera Dios. Entonces lo reconocieron, pero les llevó mucho tiempo. Caminaron durante cuatro millas, hablaron durante cuatro millas, y no lo pudieron reconocer.

Hay muchos aquí que me reconocerían bajo cualquier forma. Pero también hay muchos aquí que ni siquiera me han reconocido en esta forma. Depende de ti. Si llevas ciertas ideas, entonces es muy difícil.

Alguien me ha escrito diciendo que es seguidor de Sri Aurobindo; está perplejo, y quiere elegir. Y no puede elegir entre seguir con Aurobindo o conmigo. Y me pide: «Decide tú».

¿Cómo puedo decidir *yo* eso? Y si lo decido, será equivocado. Tú tendrás que examinarlo. Y no estoy diciendo que elijas, estoy diciendo que lo *observes*. Si realmente amabas a Sri Aurobindo, ¿entonces para qué vienes aquí? Si ha sucedido a través de él, ha sucedido; no hay necesidad de venir aquí. Si no ha sucedido y vienes a mí, entonces dile adiós. Pero la gente es muy lista: quieren cabalgar en los dos caballos. Tendrán problemas.

Esto sucede todos los días. La gente viene a mí y están amarrados a algún otro sitio. Si están amarrados a algún otro sitio, entonces sus ojos no están listos para verme. Y este hombre dice: «Osho, si tú me dijeras que el mismo Sri Aurobindo me ha enviado a ti, me sería muy fácil aceptarte» —a través de Aurobindo—. Y tengo que decir esa mentira.

¿Por qué iba a enviarte a mí Aurobindo? ¿Y por qué tengo que decirte eso? —para que puedas hacer una componenda de algún modo, para que puedas decir, «Bien, es la voluntad de Aurobindo. No estoy yendo contra Aurobindo»—. ¡Qué cobarde eres! ¡Qué miedo tienes a perder el asidero de las cosas! Si algo ha sucedido, no voy a decirte que lo pierdas —vete. Éste no es el sitio para ti. Si no ha sucedido nada, entonces olvídate totalmente de Sri Aurobindo; sólo entonces puedes estar conmigo. Y para eso, no es necesario elegir, sino ver. ¡Mira dentro de ti!

Y la última pregunta:

Cuando volví ayer por la noche a mi habitación en el hotel, había una pequeña lagartija sobre mi almohada.

Tuviste suerte de que no fuera una bella rana, porque las ranas bellas tienen tendencia a convertirse en príncipes feos durante la noche. Una lagartija es muy inocente; no te preocupes.

Y la última, última:

Tengo sesenta y cinco años y aún sigo pensando en el sexo continuamente. ¿Qué es lo que anda mal en mí?

¡No hay nada mal en que estés vivo, en que aún seas joven! Sólo una cosa parece andar mal; que piensas que hay algo de malo en el sexo. No hay nada malo en el sexo en sí. Pero debes haberlo estado reprimiendo, de lo contrario lo hubieses trascendido. Ya no esperes más. ¡Acaba con ello! ¡Entra en ello! De otra forma darás vueltas y te agitarás en la tumba pensando en el sexo.

Todavía estás vivo; algo se puede hacer. Y no te sientas culpable. En el sexo no hay nada por lo que sentirse culpable, es una bella energía. Puede convertirse en el pasaje, el vehículo hacia Dios. Sí, el sexo ha sido condenado a lo largo de los siglos, pero no hay por qué creer en esas condenas. El pensar que es malo ha sido tu condicionamiento, pero puedes abandonar ese condicionamiento. Puedes recobrar tu frescura de nuevo y empezar a penetrar en él. Y no te preocupes porque tengas sesenta y cinco años.

Un rabino, un cura y un ministro protestante —tres clérigos viejos— estaban tomando el té juntos una tarde, y la conversación giró al tema de sus momentos más embarazosos. Cuando le llegó el turno al rabino, explicó cómo lo había pillado su madre mirando por un agujero de la puerta del baño mientras la criada se bañaba.

Los otros dos se rieron entre dientes. «Sí», dijo el cura, «la de travesuras que hemos hecho cuando éramos jóvenes».

«¿De qué estás hablando?», dijo el rabino, «¡Si esto fue ayer!».

No te preocupes demasiado. Ya has reprimido lo suficiente. Ahora entra en ello. Acéptalo como un regalo de Dios, porque si no, la represión conducirá a la perversión.

Esta pequeña historia… medita sobre ella…

Un italiano ya viejo tenía una fábrica de pasta y sus tres hijas trabajaban para él. Un día estaban todos sentados haciendo pasta, y el padre le dice a la hija mayor: «Agnes, si no estuvieses haciendo raviolis y espaguetis, ¿quién entre todo el mundo te gustaría ser?».

«Oh, papá, me gustaría ser Sofía Loren. ¡Es tan bella! Todos los hombres andan detrás de ella»

«Muy bien», dice el padre. «Y tú, María, dile a tu papá, si no estuvieses aquí, en este apestoso y viejo Nápoles, haciendo espaguetis, ¿quién entre todo el mundo te gustaría ser?».

«Me gustaría ser Gina Lollobrigida. ¡Es tan bella! Todos los hombres andan detrás de ella. ¡Tiene un Alpha Romeo y un Cadillac!».

«Muy bien», dice el padre. Luego, volviéndose a la más pequeña, dice: «Lucía, ¡bella! *Allora, digli tuo papa*, si no estuvieses aquí, metida hasta los codos en los raviolis, ¿quién entre todo el mundo te gustaría ser?».

«¡Me gustaría ser la Factoría Victoria!».

«¡¡¿Qué?!!», grita el padre, «¿Quién diablos es esa Factoría Victoria?». Lucía saca un recorte de periódico de su sujetador y se lo enseña:

Factoría Victoria. Será montada por 400 hombres en dos semanas.

Para más información

Para más información acerca de Osho, la meditación
y el OSHO International Meditation Resort, visita:

www.OSHO.com
Facebook.com/Oshointernational
YouTube/OSHOInternational

Si quieres acceder a las OSHO Talks originales en inglés
visita: *https://www.audible.com/author/Osho/*

Acerca del autor

Osho desafía cualquier intento de clasificación. Sus miles de charlas abarcan desde la búsqueda individual de sentido, hasta los problemas sociales y políticos más urgentes de la sociedad actual. Los libros de Osho no fueron escritos, sino transcritos a partir de grabaciones de audio y video de sus charlas espontáneas ante audiencias internacionales. Como él mismo dice: «Recuerda: lo que estoy diciendo no es sólo para ti... también hablo para las generaciones futuras».

El *Sunday Times* de Londres lo ha descrito como uno de los «1000 creadores del siglo XX», y el escritor estadounidense Tom Robbins lo llamó «el hombre más peligroso desde Jesucristo». El *Sunday Mid-Day* (India) lo incluyó entre las diez personas —junto con Gandhi, Nehru y Buda— que han cambiado el destino de India.

Sobre su propia obra, Osho afirmó que está ayudando a crear las condiciones para el nacimiento de un nuevo tipo de ser humano. A este nuevo ser lo describe a menudo como «Zorba, el Buda»: capaz de disfrutar tanto de los placeres terrenales de un Zorba, el griego, como de la serenidad silenciosa de un Gautama, el Buda. El hilo conductor de todas sus charlas y meditaciones es una visión que integra tanto la sabiduría intemporal de todas las épocas pasadas, como el máximo potencial de la ciencia y la tecnología actuales (y futuras).

Osho es reconocido por su contribución revolucionaria a la ciencia de la transformación interior, con un enfoque de la meditación que toma en cuenta el ritmo acelerado de la vida contemporánea. Sus exclusivas OSHO Active Meditations® están diseñadas primero para liberar las tensiones acumuladas en el cuerpo y la mente, de modo que luego sea más sencillo experimentar la quietud y la relajación sin pensamientos en la vida diaria.

Está disponible en español una obra autobiográfica del autor:
Autobiografía de un místico espiritualmente incorrecto, de Editorial Kairós.

Acerca del Osho International Meditation Resort

Ubicación:

Situado a 100 millas al sureste de Mumbai, en la próspera y moderna ciudad de Pune, India, el OSHO International Meditation Resort es un destino vacacional diferente. El Resort de Meditación se extiende sobre 28 acres de espectaculares jardines en una hermosa zona residencial arbolada.

Meditaciones OSHO

Un programa diario completo de meditaciones para todo tipo de personas incluye tanto métodos tradicionales, como revolucionarios, en particular las OSHO Active Meditations®. Las meditaciones se llevan a cabo en lo que podría ser el salón de meditación más grande del mundo: el Auditorio OSHO.

OSHO Multiversity

Sesiones individuales, cursos y talleres abarcan desde artes creativas hasta salud holística, transformación personal, relaciones y transiciones de vida, la integración de la meditación como estilo de vida en lo personal y lo laboral, ciencias esotéricas, y el enfoque «Zen» para el deporte y la recreación.

El secreto del éxito de la OSHO Multiversity radica en que todos sus programas se combinan con la meditación, apoyando la comprensión de que, como seres humanos, somos mucho más que la suma de nuestras partes.

Gastronomía

Diversos espacios ofrecen deliciosa comida vegetariana occidental, asiática e india —la mayoría cultivada de manera orgánica especialmente para el resort. Panes y pasteles se hornean en la propia panadería del lugar.

Vida nocturna

Cada noche hay múltiples actividades para elegir —¡el baile ocupa el primer lugar! Otras opciones incluyen meditaciones de luna llena bajo las estrellas, espectáculos variados, presentaciones musicales y meditaciones aplicadas a la vida diaria.

También puedes simplemente disfrutar de encuentros en el Plaza Café, o pasear en la serenidad nocturna de los jardines de este entorno de cuento de hadas.

Instalaciones

En la Galería puedes adquirir todos los productos básicos y artículos de tocador. La OSHO Multimedia Gallery ofrece una amplia gama de productos multimedia de OSHO. Además, el campus cuenta con banco, agencia de viajes y un Cyber Café. Para quienes disfrutan de las compras, Pune ofrece de todo: desde productos tradicionales y artesanales de India hasta las principales marcas internacionales.

Alojamiento

Puedes optar por hospedarte en las elegantes habitaciones de la OSHO Guesthouse, o bien, para estancias más largas en el campus, elegir uno de los programas OSHO Living-In. Además, hay una amplia variedad de hoteles y apartamentos con servicios en las cercanías.

www.osho.com/meditationresort

www.osho.com/guesthouse

www.osho.com/livingin

Para más información:

www.OSHO.com

INTERNATIONAL

Un sitio web multilingüe y completo que incluye una revista, libros de OSHO, charlas de OSHO en formatos de audio y video, el archivo textual de la Biblioteca OSHO en inglés e hindi, así como amplia información sobre las Meditaciones OSHO.

También encontrarás el calendario de programas de la OSHO Multiversity y detalles sobre el OSHO International Meditation Resort.

Sitios web:

www.OSHO.com/AllAboutOSHO
www.OSHOtimes.com
www.Facebook.com/OSHO.international
www.YouTube.com/OSHOinternational
www.Twitter.com/OSHO
www.Instagram.com/OSHOinternational

Para contactar con OSHO International Foundation:
www.osho.com/oshointernational
oshointernational@oshointernational.com